Créez un site web pour les nuls

10e édition

Créez un site web pour les nuls

10e édition

David Crowder

FIRST Editions

Créez un site web pour les Nuls 10e édition

Titre de l'édition originale : *Bulding a Web Site 4th edition For Dummies*

Pour les Nuls est une marque déposée de Wiley Publishing, Inc.
For Dummies est une marque déposée de Wiley Publishing, Inc.

Collection dirigée par Jean-Pierre Cano
Traduction : Philip Escartin
Mise en page : maged

Edition française publiée en accord avec Wiley Publishing, Inc.

Éditions First, un département d'Édi8
12 avenue d'Italie
75013 Paris
Tél. : 01 44 16 09 00
Fax : 01 44 16 09 01
E-mail : firstinfo@efirst.com
Web : www.editionsfirst.fr
ISBN : 978-2-412-03440-8
Dépôt légal : 1er trimestre 2018

Imprimé en France

Sommaire

Introduction

Vous avez peut-être un site web qui ne vous donne pas entière satisfaction ou vous projetez d'en créer un et souhaitez qu'il soit absolument parfait. Vous avez visité des sites extraordinaires et n'avez qu'une idée en tête : que le vôtre rivalise d'ingéniosité et d'inventivité avec eux ! Bientôt, votre rêve sera réalité. Dans cet ouvrage, vous découvrirez les principaux outils, techniques, trucs et astuces qui vous permettront de créer le site dont vous rêvez.

Si vous n'avez aucune expérience de la création web, cet ouvrage présente les outils avec lesquels vous pourrez concevoir des animations, des images et des sites, sans que vous ayez à saisir une seule ligne de code HTML, DHTML, JavaScript, AJAX, ou encore PHP. « Une ligne de code ? » D'accord ! Votre interrogation montre que ce livre est vraiment fait pour vous.

Au sujet de ce livre

Ce livre n'est pas un ouvrage de plus sur la conception de sites web. Il s'agit de bien autre chose. Nous avons décidé d'écrire *le* livre, le seul qui nous eût été vraiment utile pour créer notre premier site web, tout en sortant des sentiers battus. Nous avons rassemblé et testé une multitude d'outils, de trucs et d'astuces, et de sites web, afin de sélectionner les meilleurs pour les partager avec vous. Nous sommes impatients de vous les faire découvrir. Parmi la vingtaine d'ouvrages d'informatique et sur l'Internet dont nous sommes les auteurs ou coauteurs, celui-ci est vraiment notre préféré.

À la fois drôle et sérieux, cet ouvrage vous donnera des idées amusantes pour égayer votre site, ainsi que des astuces pour gagner de l'argent grâce à l'Internet.

Pour profiter de ce livre

Chaque chapitre est une entité indépendante. Vous n'êtes pas obligé de lire tout le livre, ni de le lire linéairement. Feuilletez le sommaire, consultez l'index et lancez-vous ! Lorsque vous aurez fini de lire les parties qui vous intéressent le plus, jetez quand même un œil aux autres, vous y découvrirez une foule d'informations étonnantes et inattendues ! Vous ne le regretterez pas, car tous les chapitres offrent de véritables trésors !

Connaissances de base

Nous partons du principe que vous ne disposez pas forcément d'une expérience en matière de création de pages web, mais que vous connaissez ce nouveau média et désirez y apparaître un jour ou l'autre pour donner à votre vie une dimension planétaire.

Nous ne sommes même pas certains que vous ayez déjà travaillé (sinon tenté de le faire) dans un programme de création web comme Dreamweaver, dans le Bloc-notes de Windows, dans un éditeur de texte Unix ou dans tout autre programme dont la simple évocation du nom enfoncerait davantage le clou de votre ignorance. En revanche, nous supposons que les commandes et fonctions principales de votre système d'exploitation (disons Windows XP, ou le récent Windows Vista en attendant le prometteur Windows 7) sont acquises. Ainsi, quand nous vous demandons de copier et coller du texte ou de sauvegarder votre fichier, vous comprenez de quoi il retourne.

Conventions utilisées dans ce livre

Cet ouvrage est conçu et organisé avec rigueur. Nous respectons certaines règles de typographie et de mise en forme précises qui vous permettront de vous y retrouver facilement.

Le code, qui fait régulièrement son apparition, ressemble à ceci :

```
<HTML>
<HEAD>
<SCRIPT>
…
</SCRIPT>
<TITLE>
…
</TITLE>
</HEAD>
…
```

Dans cet ouvrage, les éléments HTML sont en lettres capitales et leurs attributs en lettres minuscules, comme dans cet exemple :

```
<INPUT type="hidden » name="answer" value="yes">
```

(Vous n'y comprenez rien ! Tant mieux ! Vous n'avez pas acheté ce livre pour rien !) Si la valeur d'un attribut est saisie en casse normale, vous la recopiez telle quelle. L'italique indique qu'il s'agit de caractères joker que vous devez remplacer par une valeur réelle. Dans l'exemple suivant, remplacez *monimage* par le nom de l'image que vous souhaitez utiliser ; *photofamille.jpg*, par exemple. (Notez l'extension .jpg qui désigne un format de fichier très répandu sur le Web, média qui n'en supporte que deux autres : GIF et PNG.)

```
<IMG src=»monimage»>
```

Comment est organisé cet ouvrage

Le souci premier de ce livre est la clarté. Il se compose de sept parties. Nous les avons définies avec l'aide des personnes citées dans les remerciements. Chaque partie compte trois à cinq chapitres, eux-mêmes organisés en sections.

Première partie : Généralités sur les sites web

La première partie vous apprend à rassembler vos pages web pour en faire un site cohérent. Vous y apprendrez à concevoir un site efficace de A à Z et vous familiariserez avec les notions de l'e-commerce (le commerce électronique, c'est-à-dire les ventes et les achats de produits et services sur l'Internet). Enfin, les plus téméraires d'entre vous plongeront dans les bases du langage HTML sans lequel les pages web ne pourraient s'afficher dans les navigateurs.

Deuxième partie : Donner du pep à son site

La deuxième partie vous indique mille façons de bien faire fonctionner votre site et de lui donner un look d'enfer, tant sur le plan visuel qu'audio. Il traite des différentes manières d'ajouter des fonctionnalités à votre site web, dont des outils de recherche et de navigation. Vous découvrirez où trouver des images et des éléments multimédias.

Troisième partie : L'art de recevoir

La troisième partie vous apprend à impliquer vos visiteurs pour qu'ils reviennent avec plaisir. Vous découvrirez comment recevoir des commentaires de la part de vos visiteurs à l'aide de sondages, de formulaires, de messages et de salons de discussion. Vous trouverez également des jeux et un guide plein de nouveautés pour un site en perpétuelle évolution.

Quatrième partie : Créer son site sans programmation (ou presque)

Même si son contenu intéresse tous les créateurs web, cette partie s'adresse davantage à ceux qui veulent créer un site sans saisir la moindre ligne de code HTML ou JavaScript. Les outils les plus pointus sont désormais regroupés par un seul grand éditeur de l'imagerie numérique, je veux parler de Adobe. Vous découvrirez la création et l'optimisation des images dans des programmes aussi réputés que Fireworks et Photoshop. Vous apprendrez à créer des boutons dont l'état change en fonction de la position du pointeur de la souris. Vous toucherez également du bout du doigt les principes de mise en page, de gestion et de maintenance des sites dans l'application web Dreamweaver. Ensuite, pour les plus aventureux, nous verrons comment mettre en œuvre des codes JavaScript de manière à ajouter de l'interactivité avancée, et comment profiter des Extensions Dreamweaver, sortes de petits programmes annexes qui améliorent et singularisent votre expérience de la conception web. Nous verrons comment utiliser Photoshop CC pour préparer des images pour le Web, voire pour diffuser des images haute résolution sans pénaliser la vitesse de téléchargement. Avec la fonction Zoomify pour afficher des images haute résolution aussi rapidement que des images JPEG standard. Vous apprendrez également à créer un site web HTML5 sur l'éditeur en ligne wix.com. Il permet à qui n'a ni les moyens, ni l'envie d'apprendre HTML et JavaScript, de créer gratuitement et rapidement des sites esthétiques, fonctionnels, que vous mettez facilement à jour, et que vous publiez avec une aisance déconcertante. Enfin, nous terminerons par l'étude globale de Muse CC, un logiciel de création web destiné aux designers qui ne veulent pas saisir la moindre ligne de code.

Cinquième partie : Publier et faire connaître son site

La cinquième partie vous dévoile ce qu'il faut savoir pour mettre votre site en ligne et le rendre accessible au plus grand nombre. Vous apprendrez à utiliser les options des hébergeurs de sites web, à vous inscrire dans les moteurs de recherche et à créer des liens réciproques avec d'autres sites. À l'issue de cette partie, vous saurez également garder le contact avec vos visiteurs pour ne pas tomber dans les oubliettes du Web.

Glossaire des mots magiques et mystérieux

Ce glossaire très complet vous propose un répertoire des termes techniques qui ont pu vous dérouter dans cet ouvrage.

Les icônes de cet ouvrage

Les icônes situées en marge indiquent que le sujet abordé est d'un intérêt particulier.

Une astuce qui vous fera gagner un temps précieux.

Attention ! Il s'agit là d'un sujet délicat, soyez vigilant !

Il n'est absolument pas nécessaire de connaître ces détails techniques, mais ils peuvent s'avérer intéressants.

Il s'agit là d'informations particulièrement utiles à ne jamais oublier !

Se plonger dans cet ouvrage

Eh bien, tournez la page, parcourez le sommaire ou partez en quête du sujet qui vous préoccupe dans l'index, et plongez-vous dans cet ouvrage riche et passionnant !

L'un des points les plus délicats a été d'attribuer à chaque site visité la bonne partie, le bon chapitre, la bonne section. Un même site couvre souvent de nombreux domaines, aussi nous vous conseillons, lorsque vous visitez un site, de le décortiquer en long, en large et en travers, pour y découvrir les trésors et ressources qu'il recèle !

Bonne lecture !

Généralités sur les sites web

DANS CETTE PARTIE...

Nous allons faire le tour des notions de base nécessaires à l'élaboration d'un site Internet. Le Chapitre 1 établit la différence entre une série de pages web et un site web cohérent. Le Chapitre 2 vous livre tous les secrets de la réussite d'un site Internet, de A à Z. Le Chapitre 3 aborde le langage de programmation HTML dont la méconnaissance n'est plus un obstacle à la création de pages et de sites web. Ce chapitre intéressera davantage les lecteurs ayant une connaissance de la création web en général, et renseignera les autres sans les rebuter (c'est bien là l'essentiel). Le Chapitre 4 est une réflexion globale sur la mise en œuvre de sites commerciaux (le fameux e-commerce), complétée par une étude du paiement des transactions.

Chapitre 1

Équilibre : le maître mot des sites web

DANS CE CHAPITRE :

» **Donner une cohérence au site.**

» **Fidéliser les visiteurs.**

» **Exalter sa créativité.**

Avant de vous lancer dans la grande aventure du Net, posez-vous la question de savoir ce qu'est un bon site Internet ? Est-ce un assemblage de belles pages, de belles images, d'éléments équilibrés, un ensemble de pages liées entre elles et stockées sur le même serveur, une bonne technique, des scripts JavaScript novateurs, une flopée de pages interactives submergées d'ActionScript, des pop-up qui s'ouvrent dans tous les sens ou encore des pages qui clignotent comme les guirlandes d'un sapin de Noël ?

Aujourd'hui, en quelques semaines de déambulations web, l'internaute que vous êtes se forge une culture de la création web. Il voit un site avec ceci et cela et se dit : « Je veux faire pareil. » Très bien ! Mais la nature même du site que vous envisagez de créer impose-t-elle nécessairement une débauche d'effets qui risque de nuire à sa lisibilité, à sa compréhension ?

Rappelons ce qu'est un site web, et comment cerner vos besoins pour implémenter dans vos pages les techniques vraiment indispensables.

Le Web dans tous ses états

Ah ! Le Web ! Il est partout et tout le monde en parle ; c'est peut-être même parce que tout le monde en parle qu'il est partout, même sur votre télévision (si vous le désirez). En outre, celui qui ne connaît pas le Web passe pour le plus complet des idiots, alors qu'on ne lui en voudra pas d'ignorer l'existence de Louis-Ferdinand Céline, Mozart, Beethoven (le musicien, pas le chien) ou encore Jean-Luc Godard ou Robert Bresson. (À l'énoncé de ces noms, je sens poindre en vous une sorte de malaise lié à une culture générale défaillante. Qu'importe ! Saisissez ces noms dans un moteur de recherche et vous saurez de qui je parle ! L'intelligence, c'est cela aujourd'hui : savoir comment trouver l'information et surtout la vérifier.) Ainsi, si l'on ne connaît pas le Web, on n'est pas « in » et... qui n'est pas « in » n'est pas loin d'être « out » ! Pire même, « has been ».

Mais le Web, qu'est-ce exactement ? Personne ne pourrait le dire, car personne n'en est propriétaire. Se retranchant derrière des considérations purement techniques, on tente de vous expliquer ce qu'est le Web et à quoi il sert. La question à laquelle nous devons chercher une réponse avant de surfer sur le Web et, *a fortiori*, de créer un site, est : le Web est-il vraiment si indispensable ?

Un réseau d'ordinateurs interconnectés

Dans les années 1960, en pleine Guerre froide, les États-Unis ont voulu protéger leurs systèmes informatiques contre d'éventuelles attaques de l'URSS, le grand ennemi du moment. L'idée a alors germé dans l'esprit d'informaticiens et de militaires que, si une bombe rayait Washington de la carte, mieux valait stocker les informations en divers endroits pour ne pas assister à leur anéantissement sans rien pouvoir y faire. L'idée d'un réseau interconnecté dont la disparition d'un élément ne mettrait pas en péril l'existence du tout dont il fait partie était née. ARPANET et MILNET, deux systèmes mis au service des militaires, forgèrent les bases de ce que l'on connaît aujourd'hui sous le nom d'*Internet*.

L'Internet

C'est à partir de 1973 que l'on peut dater l'émergence de l'Internet tel qu'on le connaît aujourd'hui, mais avec des développements et une implication davantage marqués depuis le début de ce nouveau siècle. Servir l'armée est une chose, mais les scientifiques ont vu dans ces transmissions à distance la possibilité d'échanger des informations essentielles sur leurs travaux. Ils ont alors développé un réseau au travers des universités en l'articulant autour d'un protocole de communication novateur nommé TCP/IP (*Transfer Control Protocol/Internet Protocol*), qui est toujours utilisé de nos jours. Avec le protocole IP, deux ordinateurs séparés par des milliers, voire des millions de kilomètres, peuvent communiquer. Ils reçoivent une adresse IP, c'est-à-dire un numéro qui permet de les identifier sur l'Internet. Ce protocole de transfert est aujourd'hui international ; chaque fois que vous allez sur l'Internet, votre ordinateur reçoit, de la part de votre fournisseur d'accès, un numéro IP qui l'identifie sur ce gigantesque réseau. Validé en tant que tel, vous pouvez, derrière votre écran, visiter les millions de pages qui constituent aujourd'hui le Web.

En résumé, nous pouvons dire que l'Internet est un réseau où les ordinateurs communiquent entre eux grâce à l'attribution d'une adresse IP qui permet de les identifier les uns les autres.

Le Web

Le Web est une partie de l'Internet. C'est d'ailleurs la seule qui vous intéresse vraiment en tant qu'utilisateur et futur créateur. Nous dirons que le Web (qui signifie « toile » en français, mais au sens de « spyder web », c'est-à-dire « toile d'araignée ») est un service de l'Internet proposant d'autres services. L'un des plus importants, qui a contribué au succès du Web, est la messagerie électronique. Vous ne comprenez pas ? L'e-mail ! Ce n'est tout de même pas sorcier !

L'e-mail est un service du Web mis à votre disposition par un fournisseur d'accès. Cela permet d'envoyer des courriers à toute personne disposant d'une adresse e-mail du type `jean-jean@fai.fr`.

À cela, nous pouvons ajouter Gopher, ancêtre de notre World Wide Web (autre nom du Web), et FTP (*File Transfer Protocol*), qui permet de transférer des fichiers à travers ce vaste réseau que représente l'Internet.

Et vous, dans tout cela ? Ne retenez que l'aspect web de l'Internet. Votre souci étant de créer des sites web (Non ? Alors vous vous êtes trompé d'ouvrage !), vous accéderez fondamentalement à ce service de l'Internet en faisant une incursion dans l'univers FTP pour publier, sur le Web, les magnifiques pages que vous aurez créées sur votre merveilleux ordinateur.

Vous trouverez le « secteur » FTP du Web assez facilement. En effet, la majorité d'entre vous passe par un FAI, un fournisseur d'accès Internet (comme Free ou Orange, pour ne citer qu'eux), pour publier leurs pages web. Ce fournisseur met à votre disposition un espace disque pour publier vos sites. Pour simplifier, nous dirons que le visiteur de votre site accède à la partie publique de votre FAI. En revanche, pour publier vos pages, le FAI vous communique un nom d'utilisateur, un mot de passe et une adresse spécifique privée, c'est-à-dire un secteur auquel on accède grâce au protocole FTP. Là, c'est comme si le disque dur mis à votre disposition par le FAI était un des vôtres, la seule restriction étant d'utiliser le protocole FTP pour transférer des fichiers de votre disque dur à celui du FAI et réciproquement. Ne vous inquiétez pas, l'utilisation de FTP est quasi transparente pour vous, car les programmes de gestion de sites web, voire les applications FTP comme FileZilla, sont d'une utilisation enfantine.

Procédure générique de création d'un site web

Je ne vais pas vous encombrer votre esprit de termes techniques incompréhensibles, mais plutôt énumérer les étapes qui permettent de comprendre facilement comment un site peut exister sur l'Internet.

N'oubliez jamais que tous les sites que vous visitez sont hébergés sur un *serveur*. Un *serveur* est un énorme ordinateur (il y en a parfois plusieurs) rempli de disques durs (comme le vôtre) qui stockent des fichiers dans un format que peuvent lire les navigateurs web. Il en résulte l'affichage d'une page web remplie d'éléments statiques et dynamiques : textes, images fixes, mais aussi des choses qui bougent et font du bruit (n'ayez pas peur, ces bébêtes sont purement virtuelles).

Voici comment un site existe sur le Web :

1. **Créez votre site en local, c'est-à-dire sur votre ordinateur.**

   Ses éléments sont stockés sur votre disque dur, et la création peut se faire à l'aide d'outils présentés dans la quatrième partie de cet ouvrage.

2. **Grâce aux outils de publication fournis par votre FAI (*fournisseur d'accès à l'Internet* ou ISP en anglais), aux possibilités de vos outils de création web ou à un utilitaire de transfert FTP, copiez tous les fichiers de votre site sur le disque dur de votre serveur (votre fournisseur d'accès).**

   Aujourd'hui, tous les FAI proposent gratuitement aux internautes une quantité non négligeable d'espace disque (plus de 100 Mo par adresse créée, avec certains FAI qui proposent jusqu'à 10 Go) pour publier des pages web.

   Il est également possible de souscrire un contrat d'hébergement spécifique auprès d'une société dont l'objet est de vous communiquer une adresse Internet unique, que l'on appelle alors *nom de domaine*. Ainsi, l'adresse de votre site sera `www.masociété.com`, et non `http://login.nomdufai.fr/nomd'utilisateur/index.htm`, quand vous publiez vos pages chez un fournisseur d'accès traditionnel. Dans le premier cas, on vous identifie immédiatement ; dans le second, il faut une sacrée mémoire.

   Si vous publiez vos pages chez un FAI, la méthode la plus simple pour vous faire connaître est de vous répertorier auprès de multiples moteurs de recherche, et d'insérer l'adresse de votre site dans tous vos messages électroniques et sur les sites de vos amis ou partenaires. Il suffira alors à l'utilisateur de cliquer sur le lien du site pour y être parachuté en moins de temps qu'il n'en faut pour l'écrire.

Vous trouverez également sur le Web des sites dédiés à la création de sites web directement en ligne. Dans ce cas, vous disposerez d'un hébergement gratuit jusqu'à concurrence d'un certain nombre de méga ou de gigaoctets. Au-delà, vous achèterez un espace de stockage supplémentaire. Avec ce genre de prestataire, la création d'un site commercial est payante. Cela semble normal puisque grâce à leurs serveurs vous allez probablement gagner de l'argent !

3. **Faites connaître l'adresse de votre site.**

   Consultez la cinquième partie, « Publier et faire connaître son site ».

4. **Attendez la réaction de vos visiteurs, par e-mails ou par formulaires.**

   Ne vous inquiétez pas, tout cela est décrit au fil de cet ouvrage de référence.

Mais, avant d'en arriver là, vous devez immédiatement prendre conscience qu'un site ne s'improvise pas ! De nombreuses considérations permettent de mesurer le degré de complexité de votre site, qu'il s'agisse d'une simple page personnelle ou d'un univers à la conception artistique sophistiquée qui placera votre site au panthéon des cyber-œuvres.

Travailler à la cohérence du site

Quel que soit le langage de développement choisi, il ne présage pas de la qualité future de votre site. Que vous utilisiez le HTML (*HyperText Markup Language*), le CFML (*Cold Fusion Markup Language*), l'ASP (*Active Server Pages*), le DHTML (*Dynamic HTML*), le XML (*eXtended Markup Language*), PHP, et XHTML, ou encore ce mélange de langage qu'est AJAX, vous n'êtes jamais à l'abri d'un site sans saveur. Si l'on a tendance à mettre l'accent sur les dernières avancées technologiques, il n'en demeure pas moins que ce qui distingue un bon site d'un mauvais est bien plus souvent le facteur humain que le facteur technologique.

Ces termes vous parlent aussi clairement qu'un Japonais en vacances à Paris ? Pas d'inquiétude ! Les langages de programmation de sites web ne sont pas indispensables à la création d'univers impressionnants, conviviaux et dynamiques. Reportez-vous à la quatrième partie qui traite outils indispensables à la création web, dont la complémentarité vous fera vite oublier HTML, DHTML, XML et consorts. La création de sites web n'est pas l'apanage des gourous de langages de programmation.

Malgré l'affirmation ci-dessus, n'oubliez jamais que certains effets dynamiques, graphiques, interactifs ne peuvent être réalisés qu'en écrivant, modifiant ou améliorant le code HTML automatiquement généré par les outils de conception web présentés dans cet ouvrage que sont Dreamweaver, Fireworks, et Muse pour ne parler que des plus importants. À cela s'ajoutent l'intégration de codes JavaScript et le tout-puissant ActionScript, utilisé principalement dans Flash pour créer des sites web interactifs, des dessins animés et même des jeux ! Dans l'absolu, la création d'un excellent site impose plusieurs niveaux d'intervention : la conception graphique, la mise en page et la navigation, et enfin l'interactivité apportée par des programmeurs.

L'esprit du site

Bien avant de vous poser des questions telles que la police à utiliser ou la couleur de l'arrière-plan, vous devez définir l'esprit général du site. Cette tâche peut être très simple. Par exemple, le site de recrutement d'une entreprise devra montrer à quel point celle-ci constitue le lieu de travail idéal et combien il serait ridicule d'aller chercher ailleurs. Un site de recherche généalogique sera orienté vers l'histoire, le suivi d'une famille à travers ses différents membres et les différentes époques.

Il arrive parfois que la définition de l'esprit du site soit une tâche très ardue. Ainsi, un site d'e-commerce pourra-t-il être orienté produits de luxe ou, au contraire, articles de consommation courante. Il est évident que, dans l'un et l'autre cas, votre cible n'est pas la même – il faudra donc adapter le site en conséquence. Bien que les principes généraux restent les mêmes (la navigation, l'ergonomie, etc.), le contenu éditorial et l'aspect graphique devront être complètement différents.

Le site d'articles de consommation courante comptera, par exemple, des images aux couleurs plus vives et prendra pour mascotte un personnage de dessin animé coupant une liasse de billets. Le site de produits de luxe, quant à lui, devra absolument refléter ce luxe, grâce à des couleurs plus profondes, un esthétisme plus discret, très contemporain. Si les deux sites doivent illustrer leurs produits, le site de produits de luxe pourra, par exemple, présenter ses produits en situation, portés par des mannequins en tenue de soirée.

Délimiter le sujet

Si vous avez déjà utilisé des groupes de discussion ou des listes de diffusion, vous avez pu apprécier à quel point il est pénible de tomber sur des messages qui n'ont rien à voir avec le sujet traité. Lorsque vous recherchez des informations sur le dernier shampooing pharmaceutique contre les pellicules, il est toujours désagréable de tomber sur des messages concernant les téléphones portables ou le prix du baril de brut. En général, ce genre de digression est très rapidement condamné par les utilisateurs ou le modérateur qui demandent que les règles du jeu soient respectées.

Quand vous vous chargez du développement d'un site Internet, personne n'est là pour vous dire si vous êtes hors sujet ou non, sauf si vous faites partie d'une équipe de développement. Il faut donc clairement définir les limites de votre projet.

Si vous décidez de créer un site de matériel électronique haut de gamme, demandez-vous si vous voulez traiter tous les appareils disponibles sur le marché ou si vous préférez spécialiser votre site dans les lecteurs MP3, les tablettes numériques ou les appareils photo numériques. Dans le cadre d'un site consacré à l'église, décidez-vous entre l'Église avec un grand É, ses textes, ses dogmes et ses pratiques, et l'église de votre paroisse, avec les horaires de la messe et du catéchisme et les événements paroissiaux marquants. Si vous ne connaissez pas les limites de votre site dès le départ, vous rencontrerez inévitablement des difficultés lors du développement.

Fidéliser les visiteurs

Même si vous n'avez rien à vendre, il est important que les visiteurs reviennent sur votre site, car le taux de fréquentation constitue un bon indice de réussite ou d'échec.

Pour cela, vous devez porter plusieurs casquettes. Il faut regarder votre site web avec des yeux de développeur, mais également avec ceux d'un visiteur. Posez-vous la question suivante : que voudriez-vous trouver sur le site en tant que visiteur ? Puis, en tant que développeur, réalisez-le !

Vous pouvez également demander l'avis de personnes de confiance. À vous ensuite de tenir compte ou non de leurs remarques et suggestions.

Créer un site agréable

Pour que les visiteurs s'attardent sur votre site et qu'ils y reviennent, rendez-le le plus agréable possible. En effet, s'ils ne s'y plaisent pas, ils ne l'enregistreront pas dans leurs favoris et vous tomberez dans les oubliettes de la Toile ! Pour créer un site agréable, vous devez vous poser les questions suivantes :

» Le site est-il organisé de façon logique ? Si ce n'est pas le cas, vous risquez de décourager, voire d'agacer, vos visiteurs.

» Le style et le contenu sont-ils homogènes et réguliers ? Pour satisfaire vos visiteurs, ceux-ci doivent trouver rapidement les informations qu'ils ont l'habitude de chercher sur votre site. C'est un point clef de la fidélisation d'un cercle de visiteurs.

» Passe-t-on facilement d'une page à l'autre ? Les internautes n'apprécient guère les sites dont la navigation est compliquée ou trop dirigiste (voir le Chapitre 2 pour quelques trucs et astuces sur la navigation).

» Si le site contient de nombreuses pages, possède-t-il un système de recherche ? N'oubliez pas que l'internaute est souvent pressé et impatient. S'il ne peut pas trouver rapidement ce qu'il est venu chercher, n'espérez pas qu'il revienne !

» Le site est-il attractif avec une introduction, des boutons dynamiques, des animations vectorielles, une interface professionnelle ; en d'autres termes : est-il moderne ?

Renouveler le site

Si aucune nouveauté n'enrichit votre site, les internautes se lasseront vite. Il est bien rare que les visites se maintiennent sur un site au contenu figé. Il existe quelques exceptions telles que les dictionnaires de langue ou les glossaires – et encore. Même si vous traitez de sujets résolument modernes comme les langages de programmation, vous devez faire des mises à jour le plus régulièrement possible.

Si votre sujet principal ne se prête pas au changement, inventez des rubriques annexes qui apporteront leur lot de nouveautés. Créez des rubriques « Astuce du jour » ou une page de liens régulièrement mise à jour ou encore une rubrique « Le saviez-vous ? » – tout ce qui vous permettra de renouveler votre site.

La fréquence de mise à jour de votre site dépend de son contenu. S'il traite de sujets d'actualité, il doit être mis à jour toutes les heures. Si vous offrez une analyse de l'information, ne procédez qu'à une mise à jour quotidienne, hebdomadaire ou mensuelle.

Il est recommandé d'établir un calendrier de mise à jour. Quelle que soit la fréquence de mise à jour que vous choisissez, vous devez vous y tenir. En effet, les visiteurs s'y habituent... alors, publiez régulièrement de nouveaux éléments afin que votre site soit plus agréable aux yeux des internautes.

Un site doit être mis à jour au moins une fois par mois. Sinon, n'espérez pas que vos visiteurs vous soient fidèles.

Attention ! Mise à jour ne veut pas dire refonte complète du site. La page d'accueil restera la même pendant au moins un an, mais le contenu des rubriques devra évoluer périodiquement. Il n'est pas judicieux de modifier le système de navigation mis en place dans la page d'accueil, car les internautes mettent toujours un peu de temps à s'y habituer. Une fois cette familiarisation obtenue, n'allez pas les perturber la semaine suivante avec une interface totalement refondue. Ne procédez à cette évolution, tant d'un point de vue convivial qu'esthétique, qu'au bout de nombreux mois.

Exalter sa créativité

Bien que la création d'un site web exige nombre de connaissances techniques et qu'elle pose des problèmes purement pratiques, elle demande également une grande créativité. C'est souvent ce qui distingue un bon site d'un excellent.

Autant l'internaute pardonnera l'absence d'éléments interactifs, autant il jugera votre site sur sa navigation et son esthétisme. L'aspect graphique est trop souvent négligé par les créateurs de sites qui sont avant tout des techniciens et qui, malheureusement, le demeurent.

Cette créativité peut être le résultat d'une collaboration étroite entre des techniciens d'un côté (programmeurs en HTML, XML, DHTML, ActionScript, CGI, JavaScript, PHP et j'en passe), et de l'autre un infographiste pour qui des outils comme Photoshop, Fireworks, Paint Shop Pro et bien d'autres encore n'ont plus de secrets.

L'aspect créatif n'est pas uniquement graphique. Songez à l'ambiance audio qui prend une place prépondérante avec l'émergence de l'ADSL. Un site accompagnant musicalement l'internaute est souvent un plus. *Idem* avec la vidéo qui, si elle est bien utilisée, peut ouvrir des champs d'exploitation et d'exploration tout à fait singuliers.

Les bonnes adresses du Net

Le Tableau 1.1 donne les adresses de quelques sites offrant des informations sur les sujets abordés dans ce chapitre.

TABLEAU 1.1 **Ressources Internet.**

Contenu du site web	Adresse Internet
Tout pour les webmasters	http://www.supportduweb.com/
Créer un bon site web	http://www.glscript.com/home/CREERSONSITE/CREATION/index.php
Aide à la création	http://www.webrankinfo.com/annuaire/site-5699.htm
Ressources et conseils	http://www.commentcamarche.net/web/webintro.php3

Chapitre 2

Poser les jalons

DANS CE CHAPITRE :

- » **Choisir un sujet.**
- » **Étudier votre cible.**
- » **Définir les besoins.**
- » **Rendre le site attirant.**
- » **S'organiser.**
- » **Faire fonctionner les pages principales.**
- » **Créer un système de navigation efficace.**

Vous voici angoissé à l'idée d'investir l'univers de la création web : « par où dois-je commencer ? » et « comment toute cette histoire va-t-elle se terminer ? ». *Je pense donc je suis* est une formule qui voyage mal dans la création web. En effet, à quoi faut-il penser pour être quoi ?

Quel est l'élément clé de la réussite d'un site ? Les avis divergent. Certains vous diront que le graphisme est essentiel, d'autres soutiendront qu'un contenu de qualité est plus important. On trouve également les ardents défenseurs de l'ergonomie. Pourtant, rien ne prouve l'existence d'une quelconque échelle d'importance entre ces divers éléments. Après tout, un joli site qui ne fonctionne pas ne sert à rien et un site fonctionnel, mais hideux n'est pas plus attirant.

Dans ce chapitre, nous allons faire le tour de quelques considérations fondamentales concernant l'élaboration d'un site Internet, à l'issue desquelles nous étudierons sept règles de base à respecter – toutefois, rien n'est obligatoire, c'est à vous de juger.

Cependant, sachez que la pertinence d'une existence web dépend des technologies que vous êtes capable de mettre en place. Mais avant de les envisager, attaquez le Web avec la bonne stratégie, car ici plus qu'ailleurs rien ne s'improvise.

Esquisser un plan

Pourquoi voulez-vous créer un site ? À quoi et à qui le destinez-vous ? Voulez-vous vous présenter aux élections ? Défendre votre cause la plus chère ? Chercher un emploi ? Vendre des légumes ? Exposer des œuvres d'art ? Réfléchissez-y bien ! Ces questions, et bien d'autres encore, vous aideront à définir le *but* ultime de votre site, à ne pas confondre avec son *sujet*. Par exemple, un site comme celui affiché sur la Figure 2.1 a été savamment planifié pour offrir de nombreuses informations cohérentes, bien organisées, et complètes.

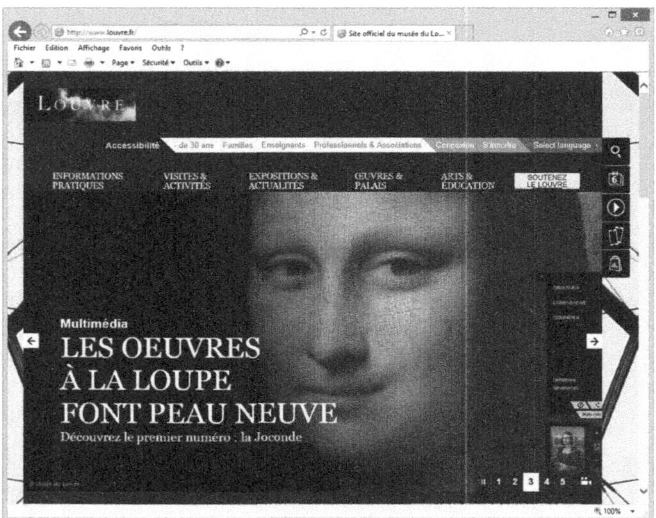

FIGURE 2.1 Le résultat d'un site qui a été parfaitement bien pensé.

Quel est le but du site ?

Définir un sujet ne suffit pas, il faut également décider d'un but, d'un objectif justifiant l'existence du site. Prenons l'exemple d'un site sur les tomates farcies. Certes, tout le monde connaît la tomate farcie, mais elle peut intéresser beaucoup de gens qui souhaitent s'initier aux diverses manières de la préparer. Mais que comptez-vous apporter au monde de la tomate farcie ? Avez-vous des recettes à partager, comme sur le site de la Figure 2.2 ? Voulez-vous créer un fan-club de la tomate farcie ? Bref, à quoi va servir votre site ? Réfléchissez bien aux raisons qui vous poussent à créer un site web. Pourquoi voulez-vous partager votre connaissance des tomates farcies ? Vous pourriez vous contenter de conserver quelques liens dans vos favoris. Si vous créez un site, c'est que vous comptez apporter quelque chose à la communauté Internet, mais quoi ? En créant un site Internet sur votre passion, vous ne pouvez vous contenter d'une série de liens, vous devez être didactique, intéressant ; en un mot : nécessaire. Chaque texte, chaque image, chaque information doit être à sa place, indispensable et explicatif. N'oubliez pas de penser à votre nom de domaine, il doit être du type `www.toutsurlatomatefarcie.com`.

Un nom de domaine aussi précis que celui indiqué ci-dessus n'est pas toujours indispensable ou possible. En effet, un nom de domaine se paye. *De facto*, tout le monde n'a pas les moyens de s'en offrir un, surtout dans un secteur où la gratuité s'érige comme une sorte de loi naturelle. Dans ce cas, vous utiliserez le site FTP du FAI pour publier vos pages, et l'adresse du site sera bien moins simple à retenir et peu explicite. Si, par exemple, vous êtes un utilisateur de Free, commencez par créer une adresse e-mail `toutsurlatomatefarcie@free.fr`, à partir de laquelle l'adresse de toutsurlatomatefarcie deviendra : `http://toutsurlatomatefarcie.free.fr/index.html`. Si vous partez de votre nom d'utilisateur habituel, l'adresse sera encore plus complexe : `http://<nom d'utilisateur>.free.fr/toutsurlatomatefarcie.html`. Bien sûr, d'autres fournisseurs d'accès Internet pourront vous proposer un système d'adresse différent, mais il reposera, quoi qu'il en soit, sur un accès passant par l'espace du FAI réservé aux pages web personnelles et non sur un accès 3w direct.

FIGURE 2.2 Un site dont le but est indiscutable.

Le public ciblé

Quel type d'internaute voulez-vous toucher ? À quelle catégorie socioculturelle vous adressez-vous ? Si vous l'ignorez, vous aurez beaucoup de mal à choisir le type de site à créer.

Cherchez le maximum d'informations concernant votre visiteur type. N'hésitez pas à aller voir sur les sites concurrents. Vous serez surpris de la facilité avec laquelle on peut obtenir des renseignements sur les visiteurs d'un site. En effet, sur l'Internet, point de secret, les informations sont en général disponibles d'un simple clic de souris.

Vous ne parvenez pas à obtenir des informations sur les visiteurs d'un site ? Envoyez un e-mail au webmaster ! Les webmestres (terme français) et autres administrateurs de sites sont bien souvent très coopératifs et d'un grand secours.

Les compétences requises

Quelle part du site réalisez-vous vous-même ? Avez-vous besoin des compétences d'autres personnes ? Vous avez certainement décidé de l'aspect général et du contenu du site. Si vous voulez sous-traiter une partie de la réalisation, assurez-vous que vos sous-traitants ont bien compris ce que vous attendiez d'eux.

En quête de sous-traitants, ne vous fiez pas aux diplômes. Demandez à voir les travaux, rendez-vous sur les sites réalisés, testez un maximum de fonctions, vérifiez la navigabilité, l'ergonomie, regardez le graphisme, l'interactivité, les technologies implémentées ou toute spécificité propre à la spécialisation du sous-traitant recherché – c'est la meilleure façon de savoir si tel spécialiste est l'homme de la situation.

Ne confiez pas votre travail au neveu de l'ami de votre ancien collègue de bureau sous le simple prétexte qu'il possède un fluide unique avec les ordinateurs ! La conception de sites web performants est un véritable métier qui ne tolère pas l'à-peu-près.

Une question s'impose : allez-vous héberger votre site vous-même ou le faire héberger sur un serveur distant ? La cinquième partie traite ce point plus en détail. Pour résumer l'enjeu, sachez qu'héberger votre site vous en donne le contrôle total, tandis que le faire héberger vous épargne beaucoup de soucis. À vous de choisir.

Choisir un style graphique

Le graphisme d'un site Internet ne déroge pas aux règles régissant l'art en général. Que ce soit en peinture, en littérature ou en musique, le superflu n'est jamais à sa place. Faites en sorte qu'on ne trouve sur vos pages que le minimum nécessaire, que chaque élément puisse justifier de sa présence. Tout encombrement ou fioriture inutile nuira à l'esthétisme, à la lisibilité et donc à l'efficacité de votre site.

Apprécier le niveau de votre public

De votre public (vos visiteurs) dépend le contenu de votre site. Définissez votre public cible. Est-il expert, débutant ou confirmé quant aux thèmes abordés ? Le contenu proposé doit être au niveau de votre public. Un contenu trop technique sera aussi rébarbatif à un visiteur novice qu'un contenu trop simpliste à un visiteur expert.

Votre public influence non seulement le contenu de votre site, mais également son esthétique. N'espérez pas reprendre le graphisme d'un site s'adressant à des étudiants fans de musique techno pour la réalisation d'un site de nouvelles d'actualité destinées aux officiers de marine.

Dans le premier cas, choisissez des couleurs vives, festives et une typographie très fantaisie. Tout doit respirer la fête, la musique, la jeunesse. Dans le second cas, choisissez des couleurs plus froides, comme un bleu profond, et une typo plus formelle.

Quel que soit votre public, posez-vous ces questions :

- Comment parlent-ils entre eux ? Les joueurs d'une équipe de foot n'emploient pas les mêmes expressions que les cartographes. Quel est le mode de langage du public ? Les visiteurs potentiels possèdent-ils un jargon, un argot particulier ? Si c'est le cas, vous sentez-vous capable de l'assumer ?
- Que portent-ils comme couleurs et types de vêtements ? Ces deux éléments constituent une véritable mine d'informations. Quelqu'un qui porte un costume et une cravate en plein été vit dans un monde différent de l'individu en jogging. Vous pouvez définir les couleurs préférées d'un groupe d'individus à partir de celles qu'ils portent sur eux.
- Dans quel monde vivent-ils ? Certaines personnes vivent dans un monde se limitant à leur maison, leur lieu de travail et les quelques rues séparant ces deux univers. D'autres conjuguent au quotidien e-mail, téléphone portable, vidéoconférence et voyages d'affaires, tandis que d'autres encore vivent suspendus à la Bourse et aux fluctuations du CAC 40. Quoi qu'il en soit, tout ce qui ne fait pas partie de l'univers de votre public n'a pas sa place sur votre site Internet.

Réunissez un maximum d'informations sur votre public cible. Plus vous connaîtrez ses goûts, ses habitudes, son mode de vie, mieux vous le comprendrez, plus il sera réceptif à votre site. C'est l'une des clés de la réussite d'un bon site.

Éviter la surcharge d'informations

Si vous êtes de ceux qui ne tolèrent la présence de leurs enceintes sur leur bureau que si elles sont parfaitement parallèles au moniteur, si votre panier de linge sale est toujours vide, alors vous pouvez passer les quelques paragraphes qui suivent. Mais si vous n'êtes pas trop maniaque, jetez-y un œil. Toutefois, évitez les sites comme celui de la Figure 2.3. En plus, il est moche !

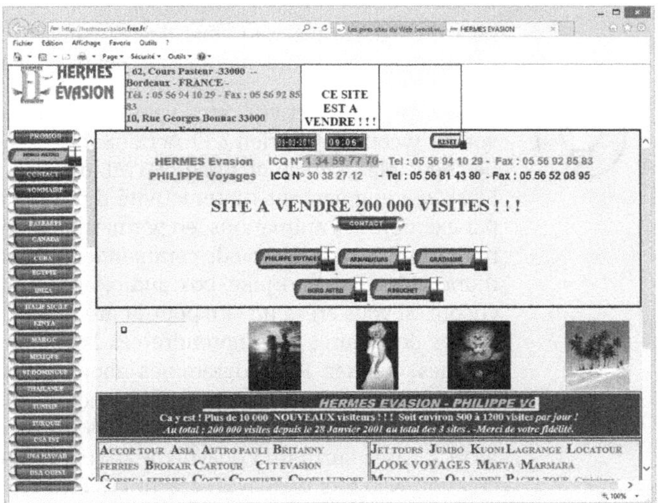

FIGURE 2.3 Comment retrouver ses petits dans un site aussi laid ?

Pour de nombreux webmestres, la page principale d'un site doit contenir toutes sortes d'informations. Il en est même qui arrivent à faire tenir l'essentiel de leur site sur la page principale. Imaginez un roman dans lequel les 27 personnages sont introduits dans les deux premières pages et vous aurez une idée assez juste de l'état d'esprit des internautes se rendant sur un tel site.

Lorsque vous visitez un site, essayez de trouver la frontière entre un site surchargé d'artifices JavaScript, Java, ActionScript ou autre, et un site trop aride. La plupart du temps, dès qu'une nouvelle technologie est disponible, les concepteurs de sites tiennent absolument à l'intégrer dans leurs réalisations. Mais attention ! Trop d'artifices techniques nuisent à la cohérence du site. Et surtout, posez-vous cette question : mon site a-t-il vraiment besoin de cette technologie pour fonctionner ? Est-ce que je ne l'intègre pas simplement pour frimer ?

Si un artifice ou un gadget Java ou JavaScript ne sert pas directement le sujet de votre site, renoncez-y. Ne cédez pas à la tentation provoquée par un petit gadget Java qui n'apporte rien à votre site.

Cela ne signifie pas que vous deviez freiner toute velléité de création, sachez simplement rester sobre et lisible.

JavaScript, Java, ActiveX, etc., vous donnent de l'urticaire, car vous n'y comprenez rien ? Et ActionScript ? Pas plus. Il s'agit de codes placés dans une page HTML ou dans une animation Flash qui augmentent l'interactivité d'un site en déclenchant par exemple des animations, en permettant de remplir des formulaires d'inscription ou de commandes, en lançant la lecture d'une vidéo ou d'un juke-box audio, et bien d'autres choses encore. Si vous créez un site pour la première fois sans vouloir passer des heures à comprendre ces langages de script spécifiques, utilisez les programmes abordés dans les sections « Introductions et éléments dynamiques », plus loin dans ce chapitre, et « Les programmes WYSIWYG » en fin de Chapitre 3. Lisez surtout la quatrième partie. Les programmes de création web dits WYSIWYG créent ces éléments à votre place. Le code adéquat étant géré en tâche de fond.

Malgré cette souplesse, certaines animations et éléments interactifs ne peuvent trouver leur pleine mesure qu'en écrivant du code JavaScript, VBScript et, surtout, ActionScript. Par exemple, dans Flash, l'écriture d'un code est indispensable pour déclencher une action spécifique quand on clique sur un bouton, comme la lecture et l'arrêt d'un fichier audio MP3.

Construire un bon système de navigation

Il faut se rendre à l'évidence : nombre de sites web offrent un système de navigation pour le moins catastrophique. Combien de sites ne proposent même pas de bouton pour retourner sur la page d'accueil ? Ce genre de négligence oblige les internautes à se déplacer dans le site en saisissant des morceaux d'adresse dans la barre d'adresse du navigateur ! Tant pis pour l'ergonomie ! Sachez que la grande majorité des internautes ne passeront pas ce genre d'obstacle. Quel est l'intérêt de construire un site Internet que la plupart des gens quitteront dans la minute ?

Assurez-vous également que l'ensemble de vos pages est accessible, qu'elles soient correctement liées au reste du site. Les pages orphelines sont une pure perte de temps puisque personne ne peut les atteindre. Bien sûr, un moteur de recherche peut, par hasard, diriger un internaute sur votre page orpheline, mais ce dernier ne pourra pas remonter la hiérarchie de vos pages pour arriver sur la page d'accueil.

Tapis rouge ou pas ?

Combien de fois vous êtes-vous retrouvé nez à nez avec une phrase du type « Cliquez ici pour entrer » ? Pourtant, elle n'a aucun intérêt. Souvent dépourvue de tout autre contenu, elle apparaît généralement sur la première page d'un site. Pourquoi avoir créé cette première page ? Ne serait-il pas plus simple d'entrer directement dans le vif du sujet ? Si le contenu du site vous intéresse, conservez-en la deuxième page dans vos favoris, pas celle qui vous invite à cliquer pour entrer. Il est important de ne pas créer de liens inutiles. Les visiteurs doivent arriver directement sur quelque chose d'intéressant. Pour les mêmes raisons, si vous créez un moteur de recherche, il doit être accessible sur la première page de votre site. Les visiteurs ne doivent pas se livrer à un obscur jeu de piste entre vos liens pour arriver au moteur de recherche. Attention ! Vous n'êtes pas obligé de dévoiler tout votre site dès la page d'accueil : il faut simplement que la navigation soit ergonomique et rapide.

Sur certains sites, pourtant, il est conseillé de créer de nombreux liens. Ce sont des sites regorgeant d'images, comme les galeries d'art électroniques ou les sites d'exposition d'art. Pour éviter une certaine lenteur d'affichage, vous devez placer assez peu d'images sur chaque page et lier les pages entre elles par des liens hypertextes. Vous pouvez également afficher une miniature de chaque image sur une page. L'image agrandie apparaîtra seulement lorsque le visiteur cliquera sur la miniature correspondante.

La Figure 2.4 illustre parfaitement cette méthode. Elle possède l'avantage de laisser au visiteur le soin de décider des images à visionner, sans l'obliger à attendre le chargement de l'ensemble. Elle permet également de diminuer substantiellement les temps de chargement et de présenter un plus grand nombre d'images sur une même page.

FIGURE 2.4 Les miniatures permettent de gagner en temps de chargement pour les pages contenant beaucoup d'images.

D'un point A à un point B

Un système de navigation se doit d'être logique, compréhensible, naturel et agréable. Pour cela, essayez de réunir vos liens par thème. Vous n'êtes pas obligé pour autant de les placer sur une seule et même page ou dans une barre de navigation. Encore une fois, c'est votre site ! Vous avez la liberté de l'organiser comme vous le souhaitez. Essayez simplement d'ordonner vos liens pour que le visiteur sache instinctivement où trouver ce qu'il cherche (rendez-vous au Chapitre 5 pour en savoir plus sur la navigation).

Le site web de la chaîne Arte (`www.arte.tv/fr`) illustre le principe de l'ergonomie. On y trouve rapidement ce que l'on cherche tout en ayant accès à des informations mises à jour quotidiennement. Ainsi la page principale propose-t-elle une série de liens permettant de se promener dans les différentes rubriques du site comme de visionner les informations mises à jour quotidiennement (voir la Figure 2.5).

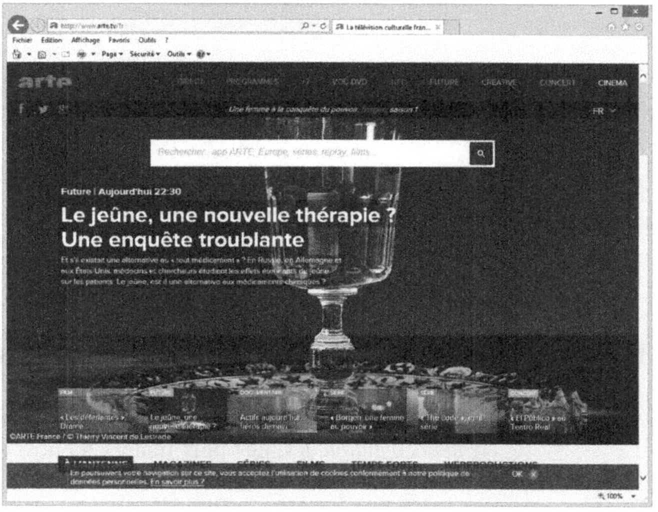

FIGURE 2.5 La présence de liens textuels et de liens image permet d'obtenir une bonne lisibilité.

Vous pouvez, par exemple, cliquer sur le bouton CINÉMA (voir la Figure 2.5) pour accéder aux horaires de diffusion et aux notices des films programmés par la chaîne, mais également à des articles liés à l'actualité cinématographique.

Sur chaque page du site, un moteur de recherche vous permet de partir en quête d'un sujet précis traité par le site, éventuellement à une date antérieure (voir Figure 2.6).

FIGURE 2.6 Le moteur de recherche permet souvent de gagner un temps précieux pour atteindre une information particulière.

Comme vous pouvez le constater, les liens sont ici classés par thème, ce qui permet de trouver rapidement ce que l'on cherche ou de se promener d'article en article au gré de son humeur du moment.

Introductions et éléments dynamiques

Nouvelle donne de la conception web : les *introductions* et les *éléments dynamiques*. Les plus malins d'entre vous me diront que les éléments dynamiques ne datent pas d'aujourd'hui, et que le JavaScript et/ou le DHTML permettent de les coder depuis longtemps.

Ne perdant jamais de vue que ce livre s'adresse à des néophytes, j'insiste sur les éléments dynamiques, car leur mise en œuvre n'est plus réservée aux gourous de la création web, et sur les *introductions*, véritable nouvelle approche des sites modernes qui, elles aussi, ne sont plus le domaine réservé des techniciens de la première heure de l'Internet.

Les introductions

Autrefois, il suffisait de saisir l'adresse Internet d'un site dans la barre d'adresse d'un navigateur pour arriver sur sa page d'accueil. Aujourd'hui, cela ne suffit plus. De nombreux sites utilisent des animations qui présentent le site avant que l'on puisse le visiter. Ces présentations sont parfois impressionnantes, mais souvent inutiles. Leur but est de vous émerveiller. Vous voyez défiler sous vos yeux ébahis des animations exceptionnelles qui se terminent par la mise en place d'une interface de navigation à couper le souffle.

C'est superbe. Mais votre premier site en a-t-il vraiment besoin ? À vous de juger en fonction des techniques que vous vous sentez capable de mettre en œuvre sur le Web. Sachez cependant qu'un site doit non seulement informer et divertir, mais de plus en plus impressionner.

Les éléments dynamiques

Ils apparaissent généralement dans l'interface du site. On les trouve sur la page d'accueil sous forme de boutons, d'images ou de texte. Ils sont plus que des liens, même si leur fonction première est d'envoyer l'internaute vers une autre section du site quand il clique dessus.

Par exemple, au passage du pointeur de la souris, le bouton va changer de forme, de couleur, des éléments vont suivre son déplacement, un menu JavaScript se déroulera ou des informations s'afficheront dans une autre partie de la page web (effet de *rollover* à distance). Presque tout est imaginable.

Vos ambitions web nécessitent-elles la mise en place de technologies aussi complexes à maîtriser au travers de logiciels dont l'apprentissage exige quelques efforts ? Tout dépend de l'auditoire visé. Mais je dirais qu'aujourd'hui il est difficile de ne pas donner un peu de vie aux éléments constituant l'interface de votre site web, sous peine de passer pour un « ringard ».

Les introductions et les éléments dynamiques peuvent être conçus sans passer par l'écriture d'un code HTML et de divers applets Java complexes. Deux programmes phares aident à la réalisation intuitive de ces éléments : *Flash* de Adobe, pour des animations pures et de l'interactivité poussée, et *Fireworks*, de ce même éditeur, et pour des *rollovers* variés et des menus déroulants. Toutefois, les interfaces animées en Flash ont tendance à disparaître. En effet, les sites web se devant d'être accessibles à tous, notamment aux malvoyants par lecture du contenu des pages, la technologie Flash ne permet pas une lecture du contenu des pages, car le texte utilisé est de type graphique.

Toute interactivité nécessite un script. Cliquer sur un bouton pour déclencher une animation ne peut se faire sans un minimum de programmation.

La mise en œuvre de JavaScript et d'ActionScript s'avère complexe. Ces deux langages permettent d'obtenir des choses étonnantes, mais au prix de gros investissements personnels. À vous de juger si le jeu de votre site vaut la chandelle de ce déploiement technologique.

Ne vous inquiétez pas ! Les boutons les plus simples qui jouent uniquement le rôle de liens hypertextes se programment sans saisir la moindre ligne de code dans des programmes comme Fireworks, Dreamweaver, et Muse.

Les règles d'or

Nous avons concentré ici les grands conseils que nous pouvons vous donner en tant que concepteurs de sites web et internautes avertis. C'est également un petit résumé des informations essentielles de ce chapitre.

- **Règle 1 :** La Toile permet d'entrer en contact avec un grand nombre d'individus.
- **Règle 2 :** Votre site doit être organisé et lisible.
- **Règle 3 :** La navigation doit être claire, simple et conviviale.
- **Règle 4 :** ÉVITEZ les liens inutiles.
- **Règle 5 :** Groupez les éléments indispensables.

» **Règle 6 :** Offrez le plus de choix possible à vos visiteurs.

N'oubliez pas que le jugement porté sur un site web tient plus du subjectif et de l'art que de la science exacte. Si un artiste que vous appréciez ou un ami doué en art critiquent l'esthétisme de votre site, ne soyez pas vexé, tirez-en les leçons qui s'imposent.

» **Règle 7 :** Pensez aux éléments dynamiques et, pourquoi pas, à une introduction présentant le contenu du site.

» **Règle 8 :** C'est votre site Internet, c'est vous qui décidez.

Les bonnes adresses du Net

Voici quelques liens vers des sites qui vous permettront de compléter les informations contenues dans ce chapitre.

TABLEAU 2.1 **Ressources Internet.**

Contenu du site web	Adresse web
Trucs et conseils	`http://www.conseil-creation.com/informatique/internet/index.php`
Trucs et astuces pour webmasters	`http://www.supportduweb.com/`
Conseils en HTML	`www.infres.enst.fr/~premiere/deb.html`
Aides diverses	`http://www.commentcamarche.net/web/conception.php3`
Conseils à la réalisation	`http://www.lecompagnon.info/internet/web.htm`

Chapitre 3

Construire une page avec HTML (notions)

DANS CE CHAPITRE :

- **Présentation de HTML pour les Nuls.**
- **Aperçu des balises.**
- **Les programmes de conception de pages web.**
- **Concevoir la structure de ses pages web.**
- **Mettre en forme le texte à l'aide des balises HTML.**
- **Tout ce que vous avez toujours voulu savoir sur les liens.**
- **Illustrer son site web.**

Avant d'aller plus loin dans la conception de sites Internet, nous allons découvrir quelques notions de HTML, ou nous rafraîchir la mémoire. Nous verrons comment utiliser ce langage pour créer des pages web, mettre en forme graphiques et textes, choisir la couleur des pages ou encore créer des liens. Nous vous guiderons ensuite dans le choix d'un programme de conception de mosaïques d'images.

Nous citerons quelques programmes de conception de pages Internet et de retouche d'images.

Vous vous sentez parfaitement au point dans tous ces domaines ? Jetez quand même un œil à ce qui suit, vous y trouverez quelques adresses intéressantes.

Vous ne vous sentez pas parfaitement au point dans tous ces domaines ? Peu importe ! Ma haute considération des néophytes que vous êtes me pousse à une honnêteté sans limites qui se condense dans les deux affirmations suivantes :

- » En tant que *nul* patenté, inutile pour le moment de vous casser la tête avec HTML. Consultez immédiatement la section « Les programmes WYSISWYG », plus loin dans ce chapitre, puis passez aux Chapitres 12 et 13, pour en finir avec les considérations générales de conception des sites web.
- » Un jour ou l'autre, vous devrez mettre le nez dans HTML, même si vous concevez vos sites uniquement en WYSIWYG.

HTML, ça sert à quoi ?

Prenons une image assez simple pour définir HTML : c'est un langage universel qui tient le Web à bout de bras. Aucune page du Web n'échappe à ce langage de description, ou à ses évolutions comme DHTML ou XML (arrêtons-nous ici, car la migraine vous guette), et le déploiement de XHTML. Ainsi, lorsque vous arrivez sur un site, une page web s'affiche dans votre navigateur. Vous y contemplez du texte, des images, des animations, des vidéos, et entendez parfois de la musique. Sachez que tous ces éléments ont été créés dans des logiciels spécifiques ; comme Word pour le texte ; Photoshop, Fireworks, Paint Shop Pro, etc., pour les images ; Premiere Pro, Final Cut Pro, Pinnacle Studio, QuickTime, etc., pour la vidéo ; et enfin WaveLab, SoundForge, Audition, et j'en passe, pour le son.

Une fois ces éléments créés, il faut les placer dans une ou plusieurs pages web pour qu'ils s'affichent correctement dans un navigateur web. C'est le langage HTML qui permet d'y arriver.

Nous pouvons dire que HTML est un *langage structurel*, c'est-à-dire qu'il définit l'ossature des pages web. C'est la charpente de tout bon site.

C'est également un *langage de conception*. Il permet à un développeur de mettre en place tous les éléments évoqués ci-dessus.

HTML, grâce à des *balises*, c'est-à-dire des morceaux de code enfermés entre deux identificateurs, assure un respect total de la position des éléments d'une page. Comme le Web répond à ces contraintes draconiennes, il est bien plus difficile de mettre en page une page web que n'importe quel document destiné à l'impression.

Nous pouvons dire que les éléments d'une page web sont répartis dans la nature d'un disque dur. Ils se trouvent stockés dans un ou plusieurs dossiers, et c'est le code HTML qui indique au navigateur web le ou les dossiers à ouvrir pour positionner tel et tel élément à tel et tel endroit de la page web.

Il est dangereux de créer une page web dans un logiciel de traitement de texte ou tout autre programme qui ne travaille pas avec les contraintes du Web à l'esprit. Bien plus faciles à manipuler, vos documents web se révéleront catastrophiques dès que vous les enregistrerez au format HTML, format indispensable à leur publication sur l'Internet. Bien évidemment, si vous vous contentez d'un texte avec une image dessous, la page Word (ou issue de tout autre traitement de texte) sera identique dans sa version HTML. Mais, dès qu'un site présente des ambitions techniques, soit vous le concevez en saisissant manuellement le code HTML, soit vous utilisez les possibilités d'un logiciel aussi puissant que Dreamweaver

HTML signifie *Hypertext Markup Langage*. Vous le placerez à l'occasion dans un dîner.

Conclusion à cette section : si vous n'avez pas le temps et/ou le courage d'apprendre HTML, utilisez les meilleurs logiciels WYSIWYG du moment, comme cela est décrit dans ce chapitre et dans la quatrième partie avec quelques exemples à l'appui. Mais gardez à l'esprit que certains problèmes ne pourront être réglés que si vous modifiez, en toute connaissance de cause, le code HTML.

Bien que le reste de ce chapitre ne soit pas indispensable à votre formation immédiate, il enrichira votre culture générale sur la création web.

HTML 5

HTML5 (HyperText Markup Language 5) est la dernière révision majeure du langage HTML mise en œuvre en 2014. HTML5 spécifie deux syntaxes d'un modèle abstrait défini en termes de DOM : HTML5 et XHTML5. Le langage comprend également une couche application avec de nombreuses API, ainsi qu'un algorithme afin de pouvoir traiter les documents à la syntaxe non conforme.

L'HTML5 est une *évolution* de l'HTML 4 (et de l'XHTML), garantissant ainsi la pérennité de vos anciennes pages HTML. Cette évolution consiste en de nouvelles fonctionnalités qui ont été apportées au langage HTML ainsi qu'au JavaScript. Si vous savez faire de l'HTML « classique », vous devrez donc apprendre à manipuler ces nouvelles fonctionnalités.

Globalement, HTML 5 apporte un certain allégement du code.

Poser ses balises

La création de pages web repose avant tout sur le HTML (*HyperText Markup Language*). Le HTML est un langage de programmation très simple, permettant de dicter aux navigateurs la mise en page de vos pages Internet. Nous apprendrons ici à concevoir des pages HTML et à créer des liens d'une page vers une autre. Nous nous en tiendrons en somme aux notions de base, mais rien ne vous empêche d'aller plus loin dans l'apprentissage de ce langage.

Vous trouverez les dernières spécifications techniques du HTML 5 sur `www.w3c.org` dont la page d'accueil rebutante est illustrée à la Figure 3.1.

Le HTML est organisé en *éléments*. Un paragraphe et une image, par exemple, sont des éléments. Ces éléments sont subdivisés en *balises*, *attributs* et *contenu*. Une *balise* est un petit morceau de programme indiquant au navigateur le type d'élément rencontré. Tous les éléments commencent par leur nom encadré des signes < et >. C'est ce que l'on appelle une *balise de début*. Ainsi, la balise de début d'un élément paragraphe est <P> ; pour

FIGURE 3.1 Quand c'est technique, c'est pas bien joli à regarder !

une image, ce sera <IMG>. La fin d'un élément est marquée par une *balise de fin*. Celle-ci est presque identique à la balise de début, à l'exception d'un slash situé avant le nom de la balise. Par exemple, la balise de fin de paragraphe est </P>. Certains éléments, comme l'élément <IMG>, ne nécessitent pas de balise de fin. Un *attribut* est une modification des spécificités attribuées par défaut aux éléments ; par exemple :

```
<IMG width=»100» height=»30»>
```

permet de spécifier la largeur et la hauteur d'une image.

Le contenu prend place entre la balise de début et la balise de fin :

```
<P>ceci est un paragraphe.</P>
```

HTML5, offre la même permissivité que HTML 4.01 : il n'est pas systématiquement nécessaire de fermer tous les éléments. Ainsi, les éléments <p>, <dd>, <dt>, <li>, <optgroup>, <option>, <td>, <th>, <tr>, <tbody>, <thead> et <tfoot> n'ont pas besoin de balise fermante pour être valides.

Au fil de cet ouvrage, nous verrons de quels attributs et balises vous avez besoin. Les bases que nous venons de voir permettent de comprendre plus facilement la section ci-dessous.

Les programmes HTML de conception de pages

Aujourd'hui, tout le monde veut sa page web, aussi les programmes de création de pages se multiplient-ils. Pour créer une page, vous pouvez utiliser des traitements de texte comme Microsoft Word ou des programmes plus spécialisés comme Dreamweaver CC (nous y reviendrons). Nous verrons que tous les programmes ont leurs petites faiblesses et qu'ils ne produisent pas tous du code HTML très propre.

Laissons de côté les traitements de texte qui s'avèrent incapables de produire des pages web de qualité. Il ne reste plus que deux solutions : l'édition du code directement dans un programme comme le Bloc-notes de Windows ou bien un programme de création WYSIWYG. (*What You See Is What You Get*, littéralement, « Ce que vous obtenez à l'écran est identique au résultat final », c'est-à-dire que vous pouvez travailler directement sur la mise en forme de votre page web, en visualisant immédiatement le résultat, sans passer par le code).

Les fichiers HTML ne contiennent que du texte. Le HTML est un langage si simple que vous pouvez vous passer d'un programme d'édition spécialisé. Lorsque vous maîtrisez ce langage, il devient possible de concevoir un site avec le Bloc-notes livré en standard avec Windows. Bien sûr, vous devrez connaître la syntaxe exacte de chaque commande HTML, au risque de ne pas obtenir ce que vous désirez (voir Figure 3.2).

Tout en restant dans l'approche édition de code, vous pouvez utiliser un programme un peu moins brut que le Bloc-notes. Notepad++, par exemple, facilite grandement la tâche lors de la saisie de commandes HTML.

Vous pouvez utiliser Notepad++ en tant que simple éditeur de texte, mais c'est en tant qu'éditeur de code HTML qu'il prend

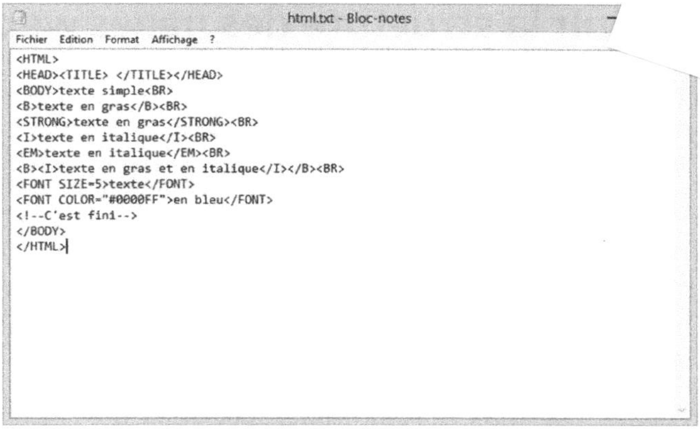

FIGURE 3.2 Le Bloc-notes de Windows suffit à la conception de pages web.

toute sa signification. Tout d'abord, il permet d'afficher les éléments, les balises ou le contenu avec des couleurs différentes, ce qui augmente considérablement la lisibilité du code. Téléchargez gratuitement Notepad++ à l'adresse `http://notepad-plus-plus.org/fr/`.

Le Tableau 3.1 vous indique où trouver d'autres programmes d'édition de code HTML.

TABLEAU 3.1 **Les éditeurs de code HTML.**

Programmes	Adresses web
Nvu	`http://nvufr.mozdev.org/`
iziSpot	`http://www.izispot.com/`
BlueGriffon	`http://bluegriffon.org/`
Arachnophilia	`www.arachnoid.com/arachnophilia/`
Coffee Cup HTML Editor	`www.coffeecup.com`
First Page 06	`http://www.evrsoft.com/`
Sausage Tools	`http://www.sausagetools.com/`
HTML Assistant Pro	`http://exit0.com/`

Définir la structure des pages web

Il existe deux façons d'agencer vos pages web : avec ou sans cadres. Les pages sans cadres sont les plus simples à organiser (voir Figure 3.3), tandis que les pages avec cadres permettent d'afficher plusieurs fichiers HTML sur une même page. Toutefois, pour le visiteur, les pages avec cadres apparaissent comme un tout indivisible. L'exemple de la Figure 3.4 (une page composée de deux cadres horizontaux) en témoigne. Les cadres vous offrent des possibilités d'organisation supplémentaires, mais vous compliquent un peu la tâche.

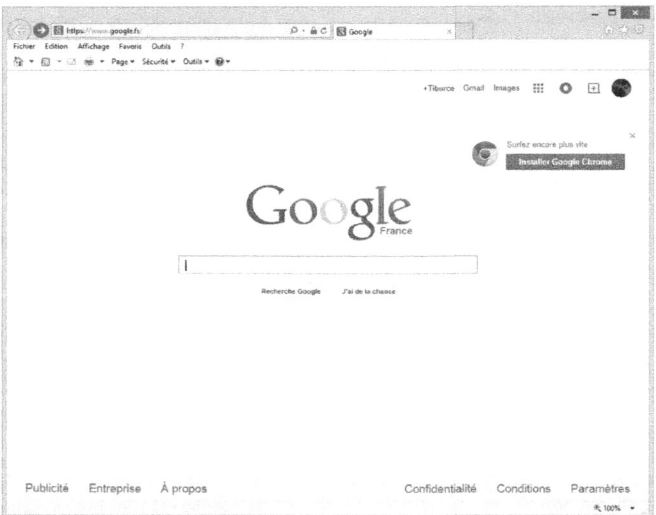

FIGURE 3.3 Un exemple de page web classique composée d'un seul fichier HTML.

Les éléments les plus communs

Une page web type est constituée des éléments HTML, HEAD et BODY. L'élément HTML contient les éléments HEAD et BODY, comme illustré ci-dessous :

```
<HTML>
<HEAD>
</HEAD>
```

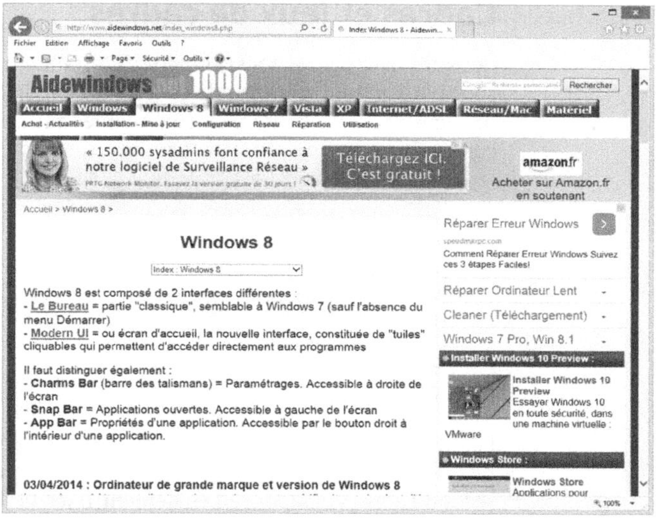

FIGURE 3.4 Une page web contenant des cadres est composée de plusieurs fichiers HTML.

```
<BODY>
</BODY>
</HTML>
```

Il est techniquement possible de ne pas utiliser les éléments `HTML`, `HEAD` et `BODY`, mais cela n'est pas recommandé. Même si le code HTML reste interprété correctement par le navigateur, la suppression des éléments `HTML`, `HEAD` et `BODY` ne constitue jamais une solution à des problèmes que vous pourriez avoir avec le code. Pire, elle contribue souvent à rendre le code moins lisible.

Le code, qui influence directement ce qui s'affiche à l'écran, est toujours situé dans l'élément `BODY`. L'élément `HEAD` contient le titre, notamment. Celui-ci est encadré par les balises `<TITLE>` et `</TITLE>`, comme ci-dessous :

```
<HEAD>
<TITLE>Ceci est le titre de la page.</TITLE>
</HEAD>
```

Le titre n'apparaît pas directement sur la page, mais dans la barre de titre située tout en haut de la fenêtre du navigateur.

Cadres et jeux de cadres

Les sites avec cadres fonctionnent différemment des autres. Ils sont bâtis autour d'un jeu de cadres. Un jeu de cadres contient plusieurs cadres, contenant eux-mêmes un fichier HTML. Le code suivant permet de structurer les cadres de la Figure 3.5 :

```
<HTML>
<FRAMESET ROWS="105,*,240">
<FRAME SRC="acfr1-f.htm">
<FRAMESET COLS="50,*,45">
<FRAME SRC="acfr2.htm">
<FRAME SRC="acfr3-f.htm">
<FRAME SRC="acfr2.htm">
</FRAMESET>
</HTML>
```

Les symboles « `105, *` » du code ci-dessus signifient que vous réservez 105 pixels au premier cadre et le reste de l'écran au second cadre. Vous pouvez également fixer la taille du second cadre en pixels ou décider de la taille de chaque cadre en pourcentage, comme dans l'exemple ci-dessous :

```
<FRAMESET cols=»20 %, *»>
```

Pour créer des cadres horizontaux à la place de cadres verticaux, il vous suffit de remplacer l'attribut `rows` par `cols` dans la première balise `FRAMESET`. Pour le reste, tout est identique.

Structure HTML5

Quatre balises minimum structurent une page web en HTML5 :

- La Balise indiquant le doctype.
- La balise <html> qui définit le début et la fin de document.
- Les balises <head> et </head> qui contiennent des informations interprétées par le navigateur web.
- Les balises <body> et </body> qui contiennent le corps de votre page.

La création d'un code HTML nécessite des commentaires pour vous aider et aider d'autres intervenants à bien comprendre les tenants et les aboutissants de votre codage. Il est indispensable que ces commentaires restent invisibles à l'internaute. De ce fait, vous devez placer les commentaires entre les signes <!– et –>.

Voici l'exemple typique de cette structure :

```
<!DOCTYPE html>
<html lang="fr">
    <head>
        <meta charset=»utf-8» />
        <!-- Section non affichable -->
        <!--  Dans l'exemple ci-dessus, on indique l'en-
              codage de la page pour le navigateur  -->
    </head>
    <body>
         <p>Structure d'une page web en HTML5</p>
         <!-- Corps de la page web  -->
    </body>
</html>
```

Un peu de HTML5

HTML5 est une grosse évolution de HTML4 et de XHTML jugés trop rigides et s'appuyant beaucoup trop sur HTML. HTML5 a donc été envisagé comme une structure, un cadre, permettant de concevoir des applications web utiles aux développeurs.

HTML5 est l'intégration de plusieurs technologies différentes, c'est-à-dire HTML, CSS, JavaScript, ainsi que des technologies qui sont basées côté serveur.

HTML5 est rétrocompatible avec HTML4, mais possède de bien meilleures fonctionnalités HTML4 et XHTML :

» **Doctype simple :** Simplification de la définition du document, c'est-à-dire du code de présentation qui débute chaque page web.

» **Séparation du contenu et du style :** HTML5 n'inclut pas les balises de style de type font, center, etc.

» **Support de la validation :** Le validateur du W3C supporte HTML5. Rappelons que la validation est un moyen simple et sûr d'éliminer les erreurs de code. *De facto*, cela simplifie grandement le codage dès lors que vous ajoutez un support de programmation à vos documents.

» **Tradition du strict :** Les normes de codage de HTML5 sont plus proches de XHTML que de HTML4.

» **Intégration plus étroite de CSS et des langages de programmation :** La volonté de HTML5 est de répartir le contrôle à d'autres langages en liant d'autres technologies : CSS pour l'aspect visuel, JavaScript pour la programmation côté client, les langages côté serveur tel que PHP.

» **Nouvelles possibilités :** HTML5 disposent de nouvelles possibilités par rapport à HTML4 grâce à l'intégration de nombreuses autres technologies notamment JavaScript.

Concevoir une page HTML5 basique

Pour créer une pareille page, ouvrez un éditeur de texte des plus simples comme le Bloc-notes de Windows. Ensuite, saisissez le code suivant :

```
<!DOCTYPE HTML>
<html lang = «en»>
<head>
 <! -- basic.html -->
<title>basic.html</title>
<meta charset = "ISO-8859-1" />
</head>

<body>
<h1>Titre de niveau 1</h1>

<p>
Ceci est un paragraphe.
Notez que le texte est automatiquement aligné.
</p>

</body>
</html>
```

Vous obtenez la page web illustrée à la Figure 3.5.

FIGURE 3.5 La page issue du code ci-dessus.

Quelques nouvelles balises HTML5

HTML5 s'appuie sur une notion de balisage sémantique. En d'autres termes, les balises décrivent la *signification* d'une section d'une page web et non pas son *apparence*.

article

`<article>` permet de représenter un contenu provenant d'une source externe, ou qui ne dépend pas du contenu principal de la page.

Voici un exemple :

```
<article>
  <header>
  <h1>Extrait de
    <em>
      <a href = http://aharrisbooks.net/jad>
         JavaScript et AJAX pour les Nuls
      </a>
    </em>
  </h1>
  <header>
    <p>
     Il arrive qu'une lutte puisse s'engager entre
     plusieurs technologies L'une en sort souvent
     vainqueur. C'est tout la puissance d'AJAX.
```

```
    </p>
</article>
```

La balise <article> indique le lien externe, c'est-à-dire le chemin d'accès. Pour intégrer le contenu, préférez la balise <section>.

aside

Matérialise un fragment de page associé, mais séparé du contenu principal. Ce texte apparaît généralement sous la forme d'un encadré.

```
<aside>
   Voici une digression dans notre propos
</aside>
```

footer

Cette balise affiche un pied de page, c'est-à-dire une section de la page qui contient en règle générale les informations de contact de l'auteur, elles-mêmes définies dans la balise <adress>.

```
<footer>
   <h2>Pied de page</h2>
   <adress>
     Tiburce <br />
     <a href = mailto:tiburce@tiburcesite.org> </a>
   </adress>
</footer>
```

header

La balise <header> remplace l'idiome <div id = «header»> utilisé en HTML4 et XHTML.

```
<header>
  <h1>Voici un en-tête</h1>
</header>
```

Ne pas confondre <header> et <head>. Cette dernière contient des métadonnées masquées aux utilisateurs.

<header> peut être utilisée dans une section ou un article afin d'indiquer qu'un h1 spécifié dans cette balise est un titre de premier niveau de l'élément en question et non pas de la page.

hgroup

Permet de réunir un titre et plusieurs sous-titres dans un groupe dit logique. Il est possible de placer plusieurs titres dans une balise <hgroup>.

```
<hgroup>
  <h1>Le cinéma et son histoire</h1>
  <h2>(l'art et la technique)</h2>
</hgroup>
```

menu

Cette balise associée à l'élément <command> permet d'intégrer différents types de systèmes de menu.

```
<menu>
  <command label = «un»
           onclick = «alert('one')»>
  <command label = «deux»
           onclick = "alert('two')">
  <command label = "trois"
           onclick = «alert('three')»>
</menu>
```

Le comportement de la balise <menu> peut être précisé :

- `list` : affiche les commandes sous la forme d'une liste.
- `context` : agit comme un menu contextuel, c'est-à-dire un menu qui s'affiche avec un clic-droit de la souris.
- `toolbar` : les commandes apparaissent sous la forme d'une barre d'outils.

nav

Cette balise remplace l'idiome <div id = «nav»> et représente une partie de la page réservée à la navigation.

```
<nav>
  <h2>Navigation</h2>
```

```
    <ul>
      <li><a href="#">link a</a></li>
      <li><a href="#">link b</a></li>
      <li><a href="#">link c</a></li>
      <li><a href="#">link d</a></li>
      <li><a href="#">link e</a></li>
    </ul>
  </nav>
```

L'apparence de l'élément nav se fait par l'intermédiaire du CSS.

Mettre du texte en forme

Le texte reste certainement le moyen de communication le plus simple, le plus rapide et le plus répandu de tous les médias Internet.

Nous allons étudier quelques bases de mise en forme de texte en HTML.

Les paragraphes

Le *paragraphe* est l'élément de base de mise en page du texte dans une page web. Pour créer un paragraphe, il suffit d'encadrer le texte des balises <P> et </P>, comme dans l'exemple ci-dessous :

```
<P>C'est ici que vous devez saisir votre texte.</P>
```

Techniquement parlant, la balise </P> n'est pas obligatoire, mais la plupart des programmes de création de pages l'ajoutent automatiquement.

Les navigateurs séparent automatiquement les paragraphes par un petit espace. Si vous désirez plus d'espace entre deux paragraphes, vous pouvez utiliser l'élément BR qui permet un retour chariot. Voyez l'exemple ci-dessous :

```
<P>Voici le premier paragraphe.</P>
<BR>
<P>Ce paragraphe est séparé du premier par un retour cha-
riot.</P>
```

La Figure 3.6 illustre l'effet de ce morceau de code dans un navigateur.

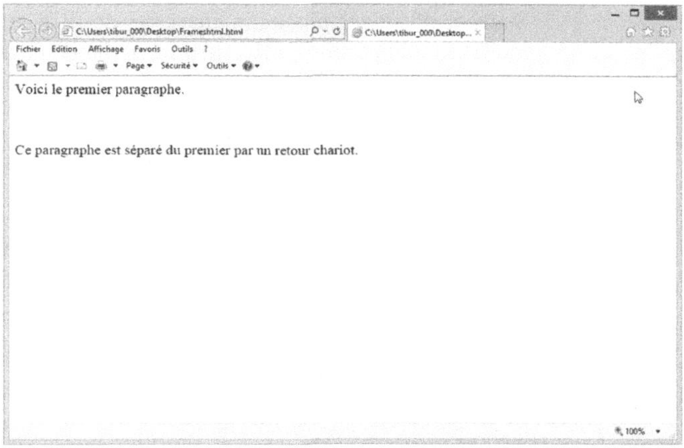

FIGURE 3.6 Voici deux paragraphes séparés par un espace.

Vous pouvez également utiliser un élément `P` sans contenu pour créer un retour chariot en lieu et place de l'élément `BR`. Malheureusement, cette méthode ne fonctionne pas avec tous les navigateurs. Cela est dû au fait que l'élément `P` sans contenu n'est pas autorisé par le standard HTML – les navigateurs suivant le standard HTML à la lettre ignorent donc cette instruction.

Il est toujours possible de contourner ce problème en insérant du contenu invisible dans l'élément `P`. Puisque les navigateurs ignorent les espaces, inutile d'essayer la barre d'espace. Il suffit d'insérer une espace insécable. Pour cela, voici le code à saisir :

```
<P>Voici le premier paragraphe.</P>
<P> </P>
<P>Ce paragraphe est séparé du premier par un retour cha-
riot.</P>
```

Si vous insérez une espace insécable pour sauter un chapitre, comme ci-dessus, n'oubliez pas le point-virgule après le code, sans quoi les caractères ` ` apparaîtront à la place du saut de ligne.

Les titres

Les titres (*heading* en anglais) contiennent du texte, de plus ou moins grande taille, en gras, selon le type de titre. Le HTML permet d'utiliser plusieurs éléments de titre différents, allant de H1 (le plus grand) à H6 (le plus petit) en passant par toutes les valeurs intermédiaires.

On utilise les titres pour structurer un texte. Le titre H1 sera par exemple le titre du site. Le premier niveau de titre sera en H2, les sous-titres de la rubrique H2 seront en H3 (et ainsi de suite). Une nouvelle rubrique sera en H2, comme la première. Pour comprendre, regardez l'exemple ci-dessous :

```
<h1>Titre principal de page</h1>
  <h2>Titre numéro 2 ...</h2>
  <h3>Titre numéro 3 ...</h3>
  <h4>Titre numéro 4 ...</h4>
  <h5>Titre numéro 5 ...</h5>
  <h6>Titre numéro 6 ...</h6>
```

La Figure 3.7 illustre le résultat du code ci-dessus dans un navigateur.

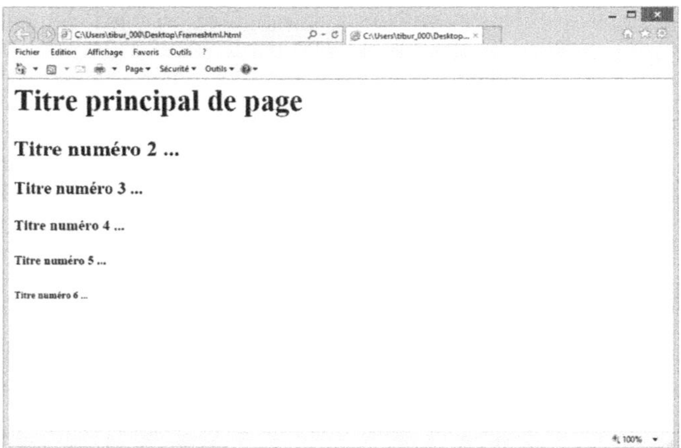

FIGURE 3.7 Les titres permettent de structurer le texte de vos pages web.

Les polices

Par police on entend la forme des lettres. **Ce mot**, par exemple, est écrit dans une autre police que celui-ci. Vous pouvez vous contenter de la police par défaut ou spécifier une police de votre choix.

`B` et `I` sont les deux éléments de mise en forme de texte les plus utilisés. Ils permettent respectivement de mettre le texte en gras et en italique, comme dans l'exemple ci-dessous :

```
<P>Ceci est du texte sans mise en forme particulière.
<B>Ce texte est en caractères gras.</B> <I>Celui-ci est
en italique.</I></P>
```

L'élément `FONT` vous permet de choisir une police (Arial, Times New Roman, etc.) et d'en déterminer la taille et la couleur, comme nous le verrons un peu plus loin dans ce chapitre. L'exemple ci-dessous illustre l'utilisation de l'élément `FONT` pour choisir une police, sa couleur et sa taille :

```
<P><FONT face=»Arial, Helvetica, sans-serif» size=»5»
color=»blue»>
Ce texte est en police Helvetica, bleue et de taille
   5.</FONT>
<FONT face=»Times New Roman, Times, serif» size=»3»
color=»red»>Celui-ci est en police Times New Roman, rouge
et de taille 3.</FONT> <FONT face=»Courier New, Courier,
mono» size=»7» color=»black»>Tandis que celui-là est en
Courier de couleur noire et de taille 7.</FONT></P>
```

La Figure 3.8 illustre les résultats des deux codes précédents, une fois ces derniers interprétés par un navigateur.

Dans les exemples ci-dessus, nous utilisons l'élément `FONT` sur des phrases entières, mais rien ne vous empêche de l'employer sur des fragments de phrase ou même un simple caractère.

Comme vous avez pu le remarquer, les codes précédents proposent plusieurs polices pour chaque élément `FONT`. Pourquoi ? Simplement parce qu'un navigateur ne peut afficher un texte dans une police spécifique que si celle-ci est installée sur le système. Étant donné la variété des systèmes connectés à l'Internet, mieux vaut proposer plusieurs polices, au cas où celle

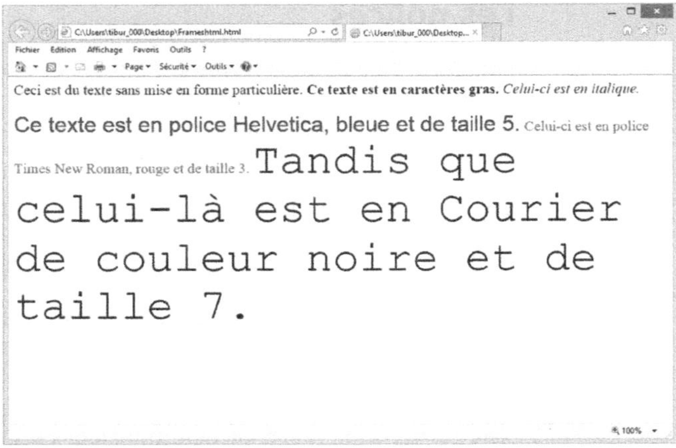

FIGURE 3.8 Utilisez l'élément FONT pour changer l'aspect de votre texte.

que vous avez choisie ne serait pas installée sur l'ordinateur du visiteur. Si le système de votre visiteur ne possède aucune des polices spécifiées dans votre code, il en choisira une au hasard dans les polices disponibles, ce qui donne souvent des résultats catastrophiques. L'exemple précédent contient les polices les plus communes.

Les séparateurs horizontaux

Pour créer un séparateur horizontal, utilisez l'élément ligne horizontale : `HR`. Cet élément permet de séparer des blocs de texte, de souligner une image, bref de faire à peu près tout ce que l'on peut faire avec une ligne.

Vous pouvez choisir la largeur de la ligne grâce à l'attribut `width` (largeur) qui accepte aussi bien des valeurs en pourcentage qu'en pixels. Sachez que sa valeur par défaut est de 100 %, auquel cas la ligne occupe toute la largeur de la page. Si vous préférez une ligne qui ne prenne que 50 % de la largeur de l'écran, en voici le code :

```
<HR width=»50 %»>
```

Vous préférez une barre de 400 pixels de large ?

```
<HR width=»400»>
```

L'épaisseur de la ligne est également paramétrable par le biais de l'attribut **size**, comme dans l'exemple suivant :

```
<HR size=»6»>
```

Par défaut, les lignes ainsi programmées apparaissent ombrées. On entend par là qu'elles donnent l'impression d'être creusées dans la page. Cet effet existe depuis le tout début de l'Internet, époque où les écrans étaient encore en noir et blanc et l'Internet très textuel. L'effet n'est cependant pas très réussi sur un fond à motif. Voici le code vous permettant d'afficher des lignes pleines. Il suffit d'utiliser l'attribut **noshade** :

```
<HR noshade>
```

Le code suivant permet d'obtenir la page web de la Figure 3.9 :

```
<HR>
<HR width="100%">
<HR width="50%">
<HR width="200">
<HR width="400">
<HR size="10">
<HR size=»6» noshade>
```

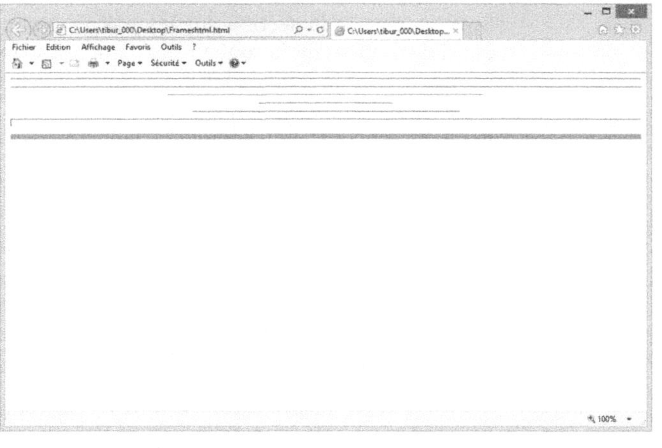

FIGURE 3.9 Voici les résultats des différents paramétrages des attributs width et size des séparateurs horizontaux.

De nombreux créateurs de sites Internet préfèrent utiliser des images issues de fichiers HTML pour créer des séparateurs horizontaux. Cette méthode offre une variété de lignes plus riche que le code HTML. Reportez-vous aux ressources de cliparts plus loin dans ce chapitre.

Changer de couleur

Un site en noir et blanc n'a rien de très folichon, vous en conviendrez aisément. Si vous ne voulez pas déprimer vos visiteurs, pensez à la couleur !

Nous avons déjà abordé le thème de la couleur avec l'élément `FONT`. Comme la police, la plupart des éléments HTML peuvent être colorés.

L'utilisation des feuilles de styles offre bien plus de contrôle sur la couleur que le HTML classique. Toutefois, les feuilles de styles dépassent largement les prétentions didactiques de cet ouvrage. Si vous êtes intéressé, consultez un ouvrage spécialisé. Vous trouverez votre bonheur dans la collection *Pour les Nuls*.

Si vous avez lu la section sur les polices, vous savez qu'il est possible de changer la couleur des caractères. Vous pouvez faire de même pour le fond ou les liens. Notez que les liens occupent trois couleurs : une pour les liens non cliqués, une autre pour les liens en cours de cliquage et une troisième pour les liens déjà cliqués.

Les paramètres de couleur peuvent être modifiés grâce aux attributs de l'élément `BODY`. Vous pouvez modifier la couleur du texte avec l'attribut `text`, celle de l'arrière-plan avec l'attribut `bgcolor`, celle des liens non cliqués avec l'attribut `link`, celle des liens cliqués avec l'attribut `vlink` et celle d'un lien en cours de cliquage avec l'attribut `alink` :

```
<BODY text=»black» bgcolor=»white» link=»blue»
vlink=»red» alink=»purple»>
```

Créer des liens

Les liens constituent le ciment de l'Internet ; ils permettent de passer d'une page à l'autre et d'un site à l'autre. On crée des liens grâce à l'élément `A` (*anchor* ou ancre). L'attribut `href` de cet élément permet de préciser vers quelle adresse Internet créer le lien. Cette adresse est appelée URL (Uniform Resource Locator). Voici à quoi ressemble un lien en HTML :

```
<A href="http://www.editionsfirt.fr">contenu</A>
```

À la place de `contenu`, saisissez le ou les mots qui serviront de lien, l'élément sur lequel les visiteurs cliqueront pour se rendre sur la page liée. Un lien texte est bleu et souligné, un lien image est encadré de bleu.

Illustrer son site

Attention aux sites uniquement composés de texte : les internautes d'aujourd'hui adorent les images ! Rares sont d'ailleurs les sites n'en contenant pas. Plusieurs formats d'images se prêtent à l'Internet : le GIF, le JPEG (aussi appelé JPG) et le PNG, notamment.

Où trouver des images ? Vous pouvez les créer vous-même ou les télécharger de l'Internet. Mais attention aux droits d'auteur ! Sauf mention contraire expresse, la propriété de l'image revient à son auteur. Il est donc interdit d'utiliser ce type d'image sans autorisation préalable du créateur. Rassurez-vous : la plupart des artistes acceptent de vous prêter leurs images si vous créez un lien vers leur site. Vous leur faites ainsi de la publicité tandis qu'ils vous offrent de la matière première. Tout le monde s'y retrouve.

Lorsque vous concevez un site dont vous désirez contrôler tous les aspects, il est préférable d'opter pour une famille de logiciels. Désormais, le seul éditeur qui propose une pareille offre cohérente, puissante et intuitive, est Adobe. D'abord, un trio de choc avec Dreamweaver (pour la mise en page web), Fireworks (pour la création, l'optimisation des images et la mise en œuvre d'images dynamiques) et Muse, le tout dans une version CC des plus offensives. Ensuite, le logiciel de retouche et de création d'images, je veux bien entendu parler de Photoshop CC. Consultez la quatrième partie pour en savoir davantage sur ces applications.

Si l'auteur de l'image refuse ce genre de troc, vous devrez lui verser un droit. Il arrive aussi que l'image soit libre de droits ; dans ce cas, vous pouvez en faire ce que vous voulez. Vous devez toujours vérifier la provenance de l'image et vous renseigner sur qui en possède les droits, sans quoi vous manquez de respect au créateur de l'image et aux artistes en général, et vous vous exposez à des poursuites pénales. Il existe tant d'œuvres libres de droits sur l'Internet qu'il serait dommage de s'attirer des problèmes.

Les programmes de retouche d'images

Même si vous n'avez pas l'ambition de créer vos images de A à Z, vous avez besoin d'un programme de retouche d'images pour modifier des images récupérées sur l'Internet. Vous devrez sûrement changer le format des fichiers image pour les rendre plus compatibles avec l'Internet. Vous souhaiterez peut-être recadrer une image trop grande, changer son contraste ou sa luminosité, etc.

Vous pouvez investir dans un programme coûteux, mais très puissant, comme Photoshop ou Fireworks, ou vous contenter de programmes gratuits ou en shareware. Le Tableau 3.2 vous indique quelques URL offrant ces programmes en version complète ou de démonstration.

Les images

Après le texte, les images font partie des éléments les plus communs sur l'Internet. Les images sont prises en charge par l'élément HTML `IMG`. Le seul attribut requis pour cet élément est l'attribut `src`. Il indique le nom et, si l'image n'est pas dans le même dossier que le fichier HTML, le dossier du fichier source de l'image.

TABLEAU 3.2 **Programmes de retouche d'images.**

Programme	Adresse web
Fireworks CC	`https://creative.adobe.com/fr/products/fireworks`
Paint Shop Pro X7	`http://www.corel.com/fr/`
Painter 2015	`www.corel.com`
Photoshop CC	`http://www.adobe.com/fr/products/photo-shop.html`
Xara Photo & Graphic Designer	`http://www.xara.com/eu/`

Voici le code le plus simple pour déclarer une image (voir Figure 3.10) :

```
<IMG SRC=»photo.jpg»>
```

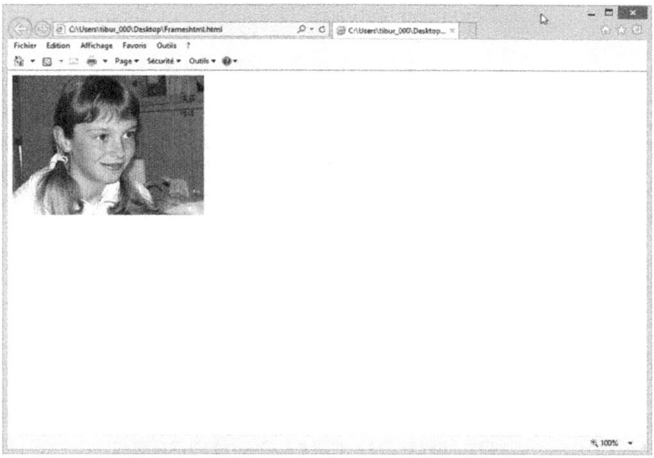

FIGURE 3.10 Une photo au format JPEG.

Pour utiliser une image située dans un autre dossier que celui du fichier HTML, vous devez spécifier le chemin d'accès à ce dossier, comme ceci :

```
<IMG src=»enfant/photo.jpg»>
```

Si le fichier se trouve sur un autre serveur, vous devez alors spécifier l'URL complète :

```
<IMG src="http://www.unautreserveur.com/photo.jpg">
```

Vous pouvez utiliser une image en tant que lien. Pour cela, il faut insérer l'élément `IMG` entre les balises de début et de fin de l'élément A. En voici l'exemple :

```
<A href=»http://www.efirst.com/EFIindex.asp/»><IMG
src=»photo.jpg»>
   </A>
```

Les images ne requièrent pas de balise de fin.

Les images de fond

L'image de fond suit les mêmes règles que l'image normale. Elle est simplement créée à l'aide de l'attribut `background` de l'élément `BODY` et non avec l'élément `IMG`, comme le montre l'exemple suivant :

```
<BODY background=»photo.jpg»>
```

Une image de fond se répète de gauche à droite, ligne par ligne, jusqu'à former une mosaïque et à occuper tout l'écran. Il est intéressant d'utiliser de petites images pour des questions de temps de chargement, comme l'illustre la Figure 3.11.

Choisissez vos images d'arrière-plan avec soin. Assurez-vous qu'elles ne parasitent pas la lisibilité de votre page. Préférez une image peu chargée, en rapport avec le thème traité, et qui apporte réellement un plus.

Les images découpées en tranches et/ou en cartes-images

Si vous pouvez créer un lien d'une image vers une page web, vous pouvez également créer plusieurs liens à partir d'une image unique.

Il existe à cet effet un programme spécial vous permettant de découper une image en tranches ou en cartes-images. Chaque

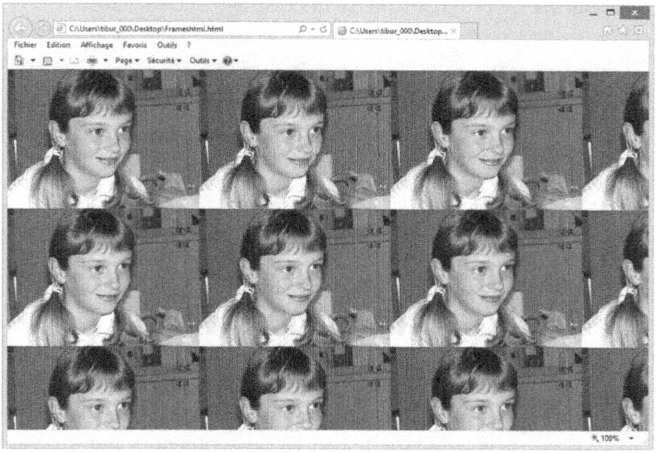

FIGURE 3.11 Une page avec un arrière-plan en mosaïque.

tranche représente une zone sur laquelle on peut cliquer pour accéder à une autre page d'un site voire être dirigé vers un autre site web. Il ne vous reste plus qu'à assigner une URL à chaque zone et le tour est joué. Quand un internaute cliquera sur l'une de ces tranches, il sera redirigé vers l'URL assignée. Vous pouvez, par exemple, utiliser une carte du monde et créer une carte-image par pays.

Dans le langage commun, on parle aussi de *zone réactive* ou *zone cliquable*.

Ce qui est valable pour la géographie l'est pour bien d'autres choses. Vous pouvez en faire autant pour une planche d'anatomie ou un schéma technique. Chaque fois qu'un internaute clique sur une partie du schéma, il est conduit vers une page détaillant cette partie.

Certains programmes de retouche d'images tel Fireworks permettent d'utiliser cette fonction. Si vous ne possédez pas de programme de ce type, consultez le Tableau 3.3 : il vous présente des programmes spécifiquement conçus à cet effet.

TABLEAU 3.3 **Programme de découpage en tranches.**

Programmes	Adresse web
Image Mapper	`http://www.coffeecup.com/image-mapper/`
LiveImage	`www.freedownloadscenter.com/Web_Authoring/Image_Mapping_Tools/LiveImage.html`
Mapedit	`www.boutell.com/mapedit`

Les programmes WYSIWYG

Nous le pressentons sans vouloir l'affirmer et avec toutes les réserves qu'impose ce genre de constatation : HTML n'est pas votre tasse de thé. Devez-vous pour autant renoncer à créer un site web ? Certainement pas.

Nous le répéterons tout au long de cet ouvrage : la création d'un site web de qualité exige de multiples talents. Il faut être programmeur, infographiste, créateur vidéo, audio et j'en passe.

En revanche, si vous désirez mettre sur le Web des photos que tous les membres de votre famille pourront consulter en se connectant à l'Internet, un appareil photo numérique ou un scanneur, allié à une petite application comme Photoshop Elements, ou Paint Shop Pro, serviront ce projet audacieux.

Mais si vos ambitions web sont tout autres, il faudra recourir à la grosse artillerie WYSIWYG que sont Dreamweaver CC, Fireworks CC, Muse, et dans une moindre mesure Photoshop CC.

Ceux d'entre vous qui souhaiteront créer des animations vectorielles et des sites interactifs se pencheront sur Flash CC.

Le choix d'un programme WYSIWYG peut s'avérer judicieux lorsque l'on débute dans la création de sites Internet. Il peut rapidement se révéler insuffisant par la suite. Le principal défaut de ces programmes, qui fait également leur principale qualité, est de prendre un certain nombre de décisions à votre place. Ce qui peut être perçu comme un confort au début de-

vient rapidement une grande limite à votre liberté cré
Si vous optez pour un programme d'édition WYSIWYG,
rez-vous qu'il vous laisse une marge de manœuvre suffis

Dans ce domaine, l'éditeur Adobe propose une suite logicielle dédiée à la création web. Dans cette suite, le programme Dreamweaver CC se présente comme l'éditeur web de référence qui permet de se passer de toute édition du code HTML (et autres). Vous ne pensez que pour la création et que par elle.

Pour les puristes de HTML, Dreamweaver CC est le seul éditeur WYSIWYG qui ne modifie pas le code HTML qu'il génère ou que vous importez depuis un autre projet.

La plupart des programmes WYSIWYG proposent une certaine marge de manœuvre sous leur apparente simplicité. Ainsi Dreamweaver permet de paramétrer les attributs de chaque élément si les paramètres par défaut ne vous conviennent pas. Dreamweaver est intéressant puisqu'il permet de spécifier un éditeur de code HTML externe vers lequel vous pouvez envoyer le code généré par Dreamweaver. Vous pouvez donc gérer vos projets en WYSIWYG et à l'aide de l'éditeur de code. Le Tableau 3.4 indique quelques programmes WYSIWYG ainsi que les adresses web où vous pourrez les trouver.

TABLEAU 3.4 **Programmes WYSIWYG.**

Programmes	Adresses web
Dreamweaver CC	`http://www.adobe.com/fr/products/dreamweaver.html`
Expression	`http://www.microsoft.com/expression/fra/`
Joomla!	`http://www.joomla.fr/`
`CKEditor`	`http://ckeditor.com/download`

Comme HTML vous a démoralisé, reprenons les exemples de la section consacrée à HTML pour voir comment les choses se passent dans un logiciel web WYSIWYG comme Dreamweaver.

Mettre du texte en forme dans un programme WYSIWYG

Après avoir démarré Dreamweaver CC ou tout autre logiciel de ce type, vous vous retrouvez devant une page vierge. Si ce n'est pas le cas, choisissez Fichier/Nouveau.

Dans Dreamweaver CC, un écran d'accueil permet de choisir le type de document web à créer.

Approche globale de la mise en forme des paragraphes

Dans Dreamweaver, tout commence un écran vous demandant si vous connaissez ou non Dreamweaver. Vous cliquerez probablement sur Non, je débute. Un assistant vous guide dans la découverte du programme. Si les explications vous ennuient, cliquez sur le lien Ignorer la présentation situé dans la partie inférieure de l'écran.

Vous arrivez alors sur un écran d'accueil. Cliquez sur le lien HTML de la section Créer, comme le montre la Figure 3.12.

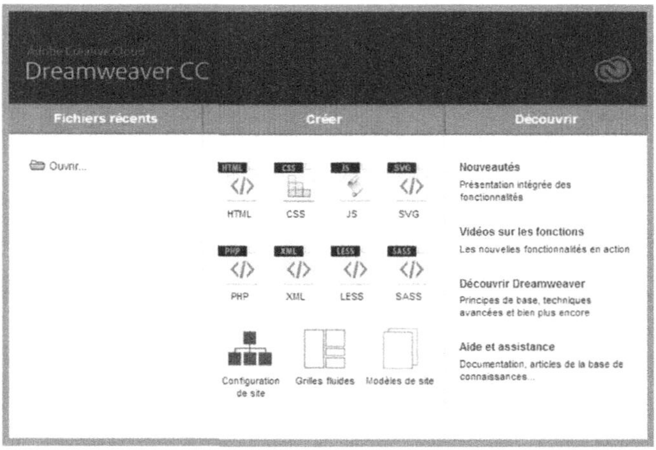

FIGURE 3.12 L'écran d'accueil de Dreamweaver CC

Vous voici dans une interface complexe, affichée en mode Code. Cliquez alors sur le bouton Création. Sur une zone WYSIWYG clignote un point d'insertion (petite barre verticale qui clignote dans le coin supérieur gauche de la page vide), comme en témoigne la Figure 3.13.

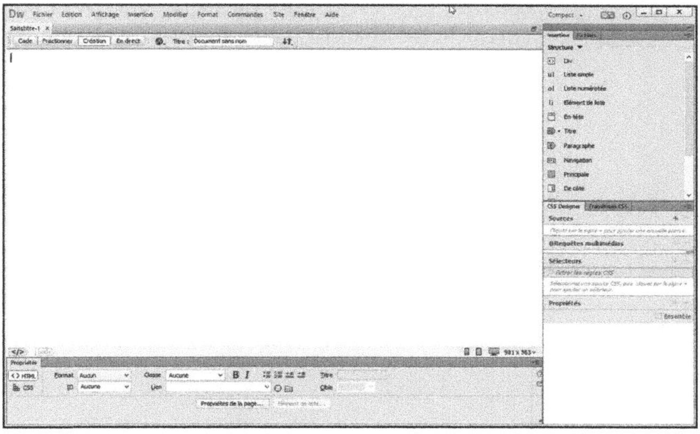

FIGURE 3.13 Dreamweaver CC attend votre texte avec une certaine impatience.

Pour saisir un texte et le mettre en forme :

1. **Saisissez directement le texte au clavier.**

   Par exemple, tapez : « Ceci est du texte sans mise en forme particulière. »

2. **Appuyez sur la touche Entrée pour créer un nouveau paragraphe.**

3. **Dans le panneau Propriétés, cliquez sur le bouton *B*.**

   B est la première lettre du mot *bold* qui signifie « gras » en anglais.

4. **Sur la deuxième ligne, saisissez : « Ce texte est en caractères gras. »**

5. **Appuyez sur Entrée pour créer un nouveau paragraphe.**

6. **Dans le panneau Propriétés, cliquez sur *B* pour désactiver la mise en gras, puis sur *I* pour activer la mise en italique.**

7. **Saisissez : « Celui-ci est en italique. »**

Si les boutons de mise en gras et de mise en italiques sont récalcitrants, c'est-à-dire qu'ils ne s'activent pas, tapez d'abord votre texte. Ensuite, sélectionnez-le et cliquez sur le bouton d'enrichissement **B** ou *I*. Ils sont alors bien plus réactifs.

Vous voici à la tête de trois paragraphes, comme le montre la Figure 3.14.

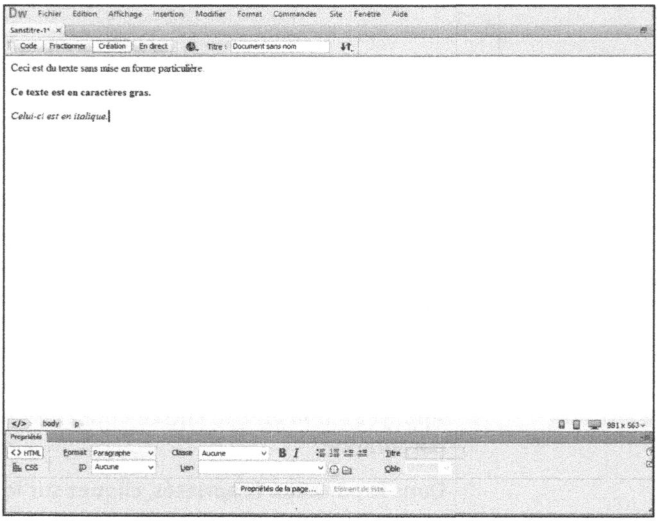

FIGURE 3.14 Dans Dreamweaver CC, saisissez du texte et formatez-le comme dans un programme de traitement de texte.

Si à la place d'un texte saisi et mis en forme comme dans un logiciel de traitement de texte vous voyez uniquement du code HTML, cliquez sur le bouton Création de la barre de titre de la page en construction (onglet *Untitled*). Vous basculez alors en Mode Création qui est le mode d'affichage WYSIWYG par excellence.

Modifier la police, la taille et la couleur du texte

En accord avec les exemples HTML, nous allons maintenant changer la police, la taille et la couleur du texte :

1. **Créez un nouveau paragraphe en appuyant sur la touche Entrée.**
2. **Dans la palette Propriétés, cliquez sur / pour désactiver la mise en italique (si nécessaire).**
3. **Dans le panneau Propriétés, cliquez sur le bouton CSS, puis dans la liste Règle cible du panneau Propriétés, choisissez <Nouvelle règle de CSS>.**
4. **Dans la liste Police, choisissez Gotham, Helvetica Neue, Helvetica, Arial, sans-serif.**
5. **Dans le panneau Propriétés, cliquez sur la liste Taille. Choisissez 16.**
6. **Dans le panneau Propriétés, cliquez sur la flèche du carré de couleur pour accéder à un nuancier. Définissez une couleur bleue.**

   Sa valeur hexadécimale s'affiche à droite. En effet, sur le Web, les couleurs sont définies et référencées en hexadécimal. Les navigateurs web ne savent pas interpréter directement le RVB ou le CMJN.

7. **Saisissez : « Ce texte est en police Helvetica, bleu et de taille 16. »**
8. **Appuyez sur la touche Entrée du clavier pour créer un nouveau paragraphe.**
9. **Dans la liste Règle cible du panneau Propriétés, choisissez <Nouvelle règle de CSS>.**
10. **Dans la liste Police, choisissez Baskerville, Palatino linotype, Palatino, Century Schoolbook, Times New Roman, et serif.**
11. **Dans le panneau Propriétés, définissez une taille de 12 et une couleur rouge.**
12. **Saisissez : « Celui-ci est en police Times New Roman, rouge et de taille 12. »**

13. **Appuyez sur la touche Entrée pour créer un nouveau paragraphe.**

14. **Dans la liste Règle cible du panneau Propriétés, choisissez <Nouvelle règle de CSS>.**

15. **Dans la liste Police, choisissez une police Courier New.**

16. **Définissez une taille 36 et une couleur noire.**

17. **Saisissez : « Tandis que celui-là est en Courier, de couleur noire et de taille 36. »**

    Vous obtenez une fenêtre de conception web semblable à celle de la Figure 3.15.

    Les textes ne sont donnés qu'à titre d'exemple. Saisissez ce que vous voulez.

    Pour appliquer une mise en forme après saisie du texte, sélectionnez-le avec la souris, puis cliquez sur l'option concernée de la palette Propriétés. Par exemple, pour mettre en gras le mot Courier du dernier paragraphe saisi, cliquez deux fois dessus (pour le sélectionner), puis cliquez sur le bouton *B* de la palette Propriétés. Le mot est instantanément mis en gras. Cliquez ensuite sur une zone vide de la page pour apprécier le résultat.

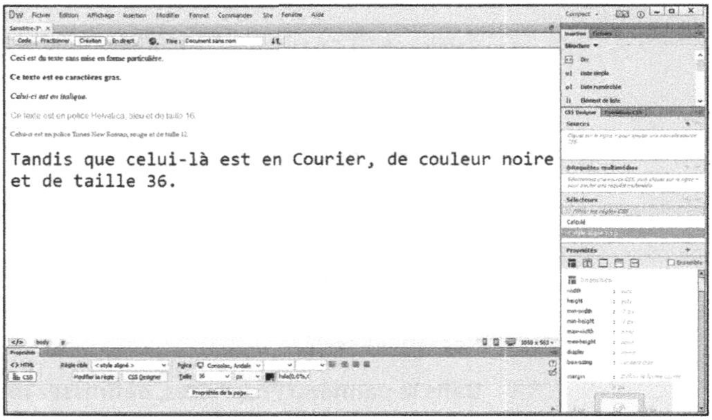

FIGURE 3.15 Aspect de Dreamweaver CC une fois que tous les textes ont été mis en forme avec les attributs CSS du panneau Propriétés.

Vérifier dans un navigateur

Comment être sûr que le texte apparaîtra sur votre site web comme il apparaît dans le mode de création WYSIWYG d'un logiciel semblable à Dreamweaver ? Il suffit pour cela de suivre les étapes ci-dessous :

1. **Dans la barre d'outils de Dreamweaver, cliquez sur le bouton représentant la Terre.**

   Une autre méthode consiste à choisir Fichier/Aperçu dans le navigateur.

2. **Dans la liste ou le sous-menu qui apparaît, choisissez le nom de votre navigateur.**

3. **Dreamweaver génère le code HTML en une fraction de seconde et affiche la page, comme le montre la Figure 3.16.**

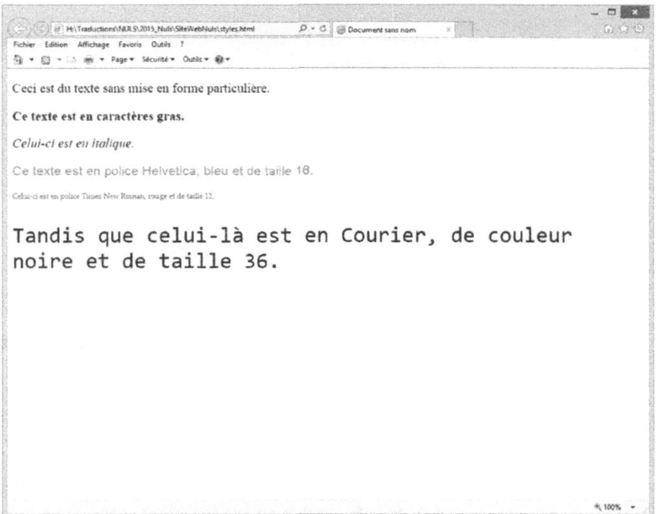

FIGURE 3.16 Aperçu de votre travail dans Internet Explorer 11.

Si vous n'avez pas enregistré votre travail, Dreamweaver vous demande d'y procéder avant de générer le code et d'afficher la page. Laissez le nom par défaut, et enregistrez ce fichier sur votre bureau.

Notez que l'aspect général du texte dépend de la taille de la fenêtre du navigateur. Il est possible de contraindre une phrase à rester sur la même ligne. L'étude de cette fonction dépasse le cadre de notre exemple.

Les titres

Ils permettent de connaître l'intitulé d'une page et nécessitent un codage HTML spécifique. Dans l'univers de la création WYSIWYG, vous créez un titre aussi simplement que cela :

1. **Dans une page vierge de Dreamweaver, saisissez un titre.**

   Reprenons l'exemple de la section HTML, ci-dessus dans ce chapitre. Tapez : « Un clown est devenu fou. »

2. **Sélectionnez le texte.**
3. **Dans la liste Format du panneau Propriétés en mode HTML, choisissez En-tête 1.**
4. **Appuyez sur la touche Entrée pour créer un nouveau paragraphe.**

   Cette fois, vous allez saisir un texte normal. Suivez les instructions de l'Étape 5.

5. **Dans la liste Format, choisissez Paragraphe (si nécessaire).**
6. **Dans le champ ID, tapez Paragraphe.**
7. **Cliquez sur le bouton CSS.**
8. **Gardez la police par défaut et sélectionnez une taille de 16 pixels.**
9. **Laissez la couleur noire ou bien définissez-la par un clic sur le petit carré de couleur.**
10. **Saisissez : « À la surprise générale, le clown Bongo est devenu fou et a mitraillé de tartes à la crème les dix-sept éléphants du cirque. »**
11. **Appuyez sur Entrée pour créer un nouveau paragraphe.**

12. **Cliquez sur le bouton HTML du panneau Propriétés.**
13. **Dans la liste Format, choisissez En-tête 2 et rétablissez la valeur Aucune de la liste Classe. Ne touchez pas aux autres options du panneau.**
14. **Saisissez : « Il aurait des antécédents. »**
15. **Appuyez sur Entrée pour créer un nouveau paragraphe.**
16. **Saisissez : « L'enquête de la police confirme nos craintes : le clown avait des antécédents. Il aurait déjà semé la terreur en bombardant les singes de peaux de bananes. »**

    La Figure 3.17 montre l'aspect du texte dans Dreamweaver.

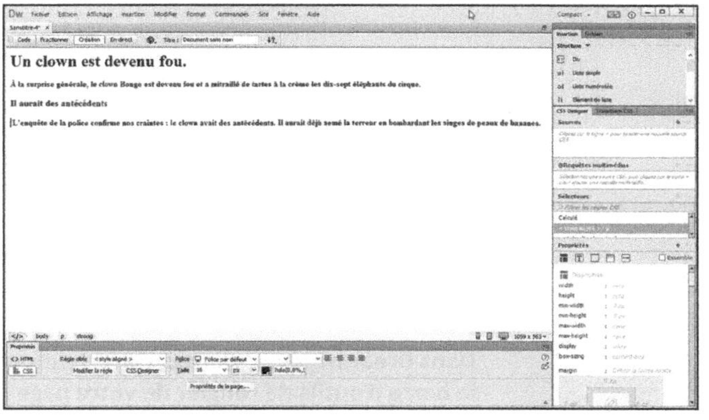

FIGURE 3.17 Les titres de niveau 1 et 2 ont été parfaitement représentés par Dreamweaver.

Pour être certain qu'il ne subira aucune altération lors de son affichage dans un navigateur, choisissez Fichier/Aperçu dans le navigateur/<nom de votre navigateur> ou cliquez sur le bouton Aperçu/débogage dans le navigateur de la barre d'outils de Dreamweaver (icône de la Terre). Le texte avec ses en-têtes (titres) apparaît comme sur la Figure 3.18.

Dans certains programmes, on parle de Titre 1, Titre 2, etc. Il s'agit en fait des en-têtes.

FIGURE 3.18 Titres et corps du texte dans Internet Explorer 11.

Contrôle HTML

Bien que HTML soit le dernier de vos soucis dans un éditeur WYSIWYG, il sera parfois nécessaire de l'afficher, soit pour le copier, soit pour le modifier. Ici, vous allez simplement apprécier le code HTML automatiquement généré par Dreamweaver et le comparer à celui qu'il a fallu saisir dans les sections consacrées à HTML.

1. **Dans Dreamweaver, cliquez sur le bouton Code dans la barre d'outils de l'onglet de votre page en cours de création.**

   Vous obtenez un des codes les plus clairs jamais produits par les éditeurs web WYSIWYG, comme l'illustre la Figure 3.19. C'est rassurant.

2. **Cliquez sur le bouton Création pour revenir dans le mode de conception le plus intuitif de Dreamweaver.**

Vous constatez qu'un éditeur WYSIWYG est bien plus adapté à des débutants, des graphistes, et j'en passe, qu'à des fous de la programmation. Souvent, en HTML, vous travaillez comme

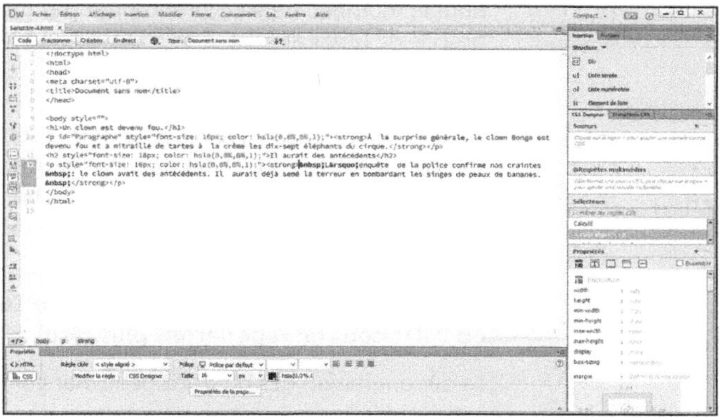

FIGURE 3.19 Dreamweaver a généré un code HTML sans que vous en saisissiez la moindre balise.

un compositeur de musique symphonique. Vous devez penser à l'intervention de tous les instruments sans réellement les entendre. Ici, vous imaginez ce que sera votre page en faisant des tests réguliers dans un navigateur. Avec des logiciels aussi puissants que Dreamweaver, vous voyez immédiatement ce que vous obtiendrez. Un aperçu dans le navigateur est toujours nécessaire, car un site web s'organise et oblige la gestion de pages parfois très complexes.

Les images

Nous avons vu comment créer et modifier du texte, et comment placer des en-têtes (titres) pour en bien différencier les diverses parties. Mais une page web sans image, c'est un peu le Minitel.

Insérer des images en saisissant le code HTML oblige à en connaître l'emplacement exact sur votre disque dur pour indiquer un chemin d'accès. Ensuite, des balises indiquent la position de l'image sur la page, sa taille, ses contours et de multiples propriétés qui nécessitent une maîtrise absolue de HTML.

Avec un programme comme Dreamweaver, voici comment insérer une image sous le texte que nous venons de créer :

1. **Appuyez sur la touche Entrée pour créer un nouveau paragraphe.**

Pour le moment, ne vous préoccupez pas de la position précise de l'image.

2. **Choisissez Insertion/Image/Image.**

   Dans la boîte de dialogue Sélectionnez la source de l'image, parcourez vos lecteurs et dossiers pour choisir l'image à insérer dans la page web. Cette boîte de dialogue fonctionne comme n'importe quelle boîte de dialogue Ouvrir de Windows.

3. **Une fois l'image sélectionnée (format JPEG, GIF, PNG, ou PSD ; nous en reparlerons plus tard), cliquez sur OK.**

   La dénomination des boutons peut changer en fonction du logiciel utilisé.

   Dans Dreamweaver CC, un message vous indique que la création d'un chemin d'accès relatif à une image impose l'enregistrement préalable du document. Cliquez sur Oui.

   Une autre boîte de dialogue peut vous demander de régler les attributs d'accessibilité des balises d'image. Contentez-vous de cliquer sur OK.

4. **L'image apparaît comme le montre la Figure 3.20.**

5. **Pour centrer l'image, cliquez dessus.**

   L'image est sélectionnée.

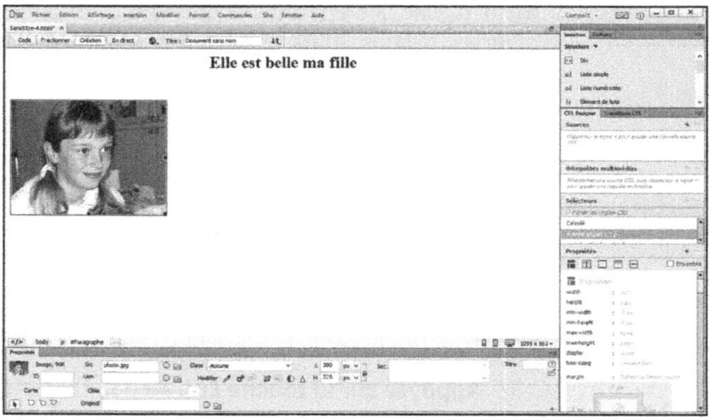

FIGURE 3.20 Quelques clics de souris et l'image apparaît dans votre page en pleine création.

6. **Cliquez sur le menu Format/Aligner/Centrer.**

7. **Effectuez un aperçu dans votre navigateur pour être certain que l'image se trouve à la bonne place.**

8. **Choisissez Fichier/Aperçu dans le navigateur ou cliquez sur le bouton Aperçu/Débogage dans le navigateur de la barre d'outils de Dreamweaver. Vous constatez alors, comme sur la Figure 3.21, que l'image est centrée de manière absolue par rapport au texte.**

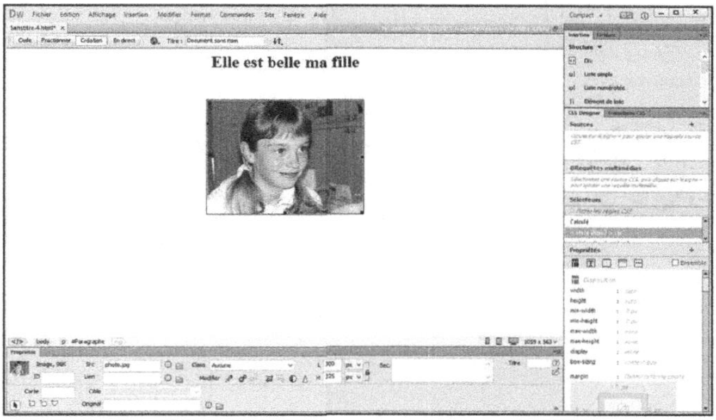

FIGURE 3.21 Aperçu d'une image centrée dans le navigateur.

9. **Appréciez le code HTML en cliquant sur le bouton Code de la barre de titre de la page en construction.**

   Le code s'affiche comme sur la Figure 3.22. Il est d'une clarté proverbiale. C'est vous qui l'avez fait, mais sans le savoir. Génial, n'est-ce pas !

Vous constatez à la lecture de ces quelques étapes que la création web WYSIWYG est bien plus ludique, immédiate et simple que la saisie d'un code HTML qu'il faut préalablement maîtriser. Je ne dénie surtout pas l'importance de la programmation HTML. Je pense simplement que votre apprentissage de la conception web sera d'autant plus facile que vous comprendrez visuellement ce que vous faites. HTML viendra naturellement pour mettre en œuvre des éléments, des fonctions et de l'interactivité que ne permet pas encore la palette d'outils de développement web disponible sur le marché.

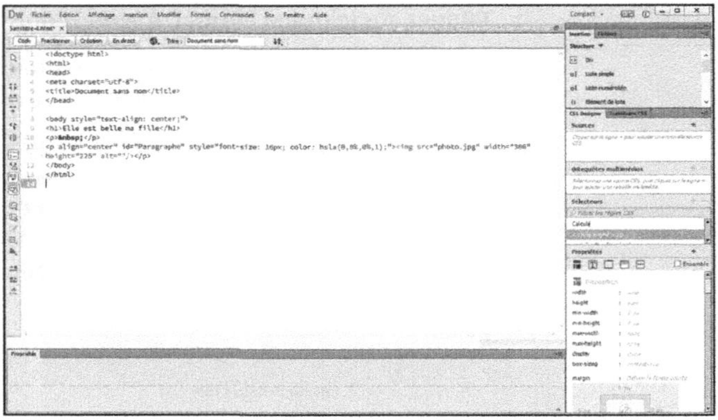

FIGURE 3.22 Le code HTML généré par Dreamweaver.

Vous ne pouvez pas faire cet exercice faute de posséder Dreamweaver ? La belle affaire ! Téléchargez une version d'essai à l'adresse web suivante : `http://www.adobe.com/fr/products/dreamweaver.html`. Faites défiler le contenu de la page puis cliquez sur le lien Essayer.

Chapitre 4

To (b)e-commerce or not to be

DANS CE CHAPITRE :

- **Trouver sa niche de marché.**
- **Livrer les articles.**
- **Les bons de commande.**
- **Le paiement des transactions.**

Autre aspect générique de la raison d'être d'un site web : le commerce. Même si cette notion va à l'encontre des puristes du réseau international qui prônent l'échange d'idées, d'informations et les partages en tout genre, il ne faut pas nier que l'enjeu économique est phénoménal. C'est pourquoi nous ne pouvons éluder une motivation qui pousse certaines personnes à créer des sites : le profit.

On dit un peu tout et n'importe quoi sur le commerce électronique. Vous avez sans doute rencontré des centaines de sites web sur l'e-commerce vous promettant monts et merveilles. Selon les gourous du commerce électronique, il suffit de créer une simple page web – même pas un site ! – pour gagner de l'argent, beaucoup d'argent. Le secret du succès ? On en parle, mais de façon détournée, jamais directement, car ce secret-là vaut de l'or, véritablement. Devenir riche du jour au lendemain ? Ce n'est pas la première fois que l'on nous fait ce genre de promesse ! Les petites annonces en sont pleines !

Faut-il pour autant refuser en bloc toute possibilité de gagner de l'argent sur l'Internet ? Non. L'Internet représente le plus grand marché ayant jamais existé, et l'opportunité est réelle. Vous pouvez faire fortune dans l'e-business, comme vous le pouvez dans n'importe quel type de commerce. Mais pour y parvenir, il faut réunir un savant mélange d'intelligence, d'endurance, de connaissances en marketing et en informatique et – surtout – de détermination. Dans ce chapitre, vous apprendrez toutes les ficelles du métier de commercial Internet.

Le véritable secret du succès de l'e-commerce

La recette est simple : il faut proposer le bon produit ou le bon service au bon public, au bon moment et au bon prix !

Voici les trois points clés pour réussir dans le commerce électronique.

L'investissement personnel

Pratiquer le commerce électronique, c'est avoir un statut d'indépendant. Et comme tout indépendant, toute jeune entreprise, vous devrez travailler dur pour y arriver. Si vous laissez derrière vous le costume-cravate, les horaires fixes et votre patron, vous devrez également oublier certaines mauvaises habitudes du salariat. Motivation, travail, investissement personnel, acharnement sont le premier secret de la réussite.

Se concentrer sur son objectif

Pour gagner de l'argent avec son commerce électronique, il faut se spécialiser dans un domaine et un produit précis. Pourquoi ? Parce que le marché des produits d'utilisation courante est déjà pris par des sociétés bien établies physiquement et qui, de surcroît, ont également développé leur propre site commercial.

L'avenir du commerce électronique est aux petites sociétés concentrant leur énergie sur un marché relativement étroit, une niche, comme disent les économistes, c'est-à-dire un petit segment de marché, ciblé en termes de clientèle ou de produit. L'avantage de l'Internet entre ici en jeu : un « marché relativement petit » sera plus grand sur l'Internet que dans les plus grandes villes du monde !

Le grand atout de l'Internet est d'être à la portée de millions de personnes du globe – votre site de vente par Internet sera non seulement accessible aux habitants de votre ville, aux francophones, mais aussi à tout acheteur potentiel du monde entier ! Comme le téléphone et le transport aérien, l'Internet rapproche le monde.

Un autre avantage du Web : un bon site coûte moins cher qu'un magasin, même petit. De plus, vous pourrez vous contenter d'un entrepôt sans grande allure pour stocker vos produits, qui sera tout aussi bien qu'un superbe magasin dans une grande avenue : ne l'oubliez pas, votre vitrine, c'est votre site ! Nombreux sont ceux qui ont commencé en réquisitionnant une pièce de leur maison.

La marchandise

Après avoir trouvé votre segment de marché, vous vous êtes bien renseigné sur le domaine. Vous êtes incollable sur les grands fournisseurs, sur vos concurrents, vous savez ce qui s'est fait, ce qui marche et ne marche pas et avez défini vos clients potentiels.

Si vous créez votre produit ou rendez vous-même le service vendu, pas de problème. Si vous faites appel à des agents extérieurs, renseignez-vous bien. Faites des recherches sur Internet, visitez des sites, imprimez les informations, classez-les et comparez-les.

Si le Web ne vous donne pas les renseignements voulus, consultez les annuaires du Tableau 4.1 (liste non exhaustive) :

Lorsque vous avez obtenu l'adresse électronique ou le numéro de téléphone des entreprises qui vous intéressent, demandez-leur si elles pratiquent la livraison directe. La livraison directe est un arrangement vous permettant de rassembler les commandes, puis de les passer à la société. Cette dernière envoie ensuite la marchandise au client en indiquant votre adresse en tant qu'expéditeur. Vous payez la marchandise au

TABLEAU 4.1 **Annuaires.**

Nom	Adresse Internet
Annuaires d'entreprise	`http://www.cci.fr/`
Kompass	`fr.kompass.com`
Pages jaunes	`www.pagesjaunes.fr` (Figure 4.1)

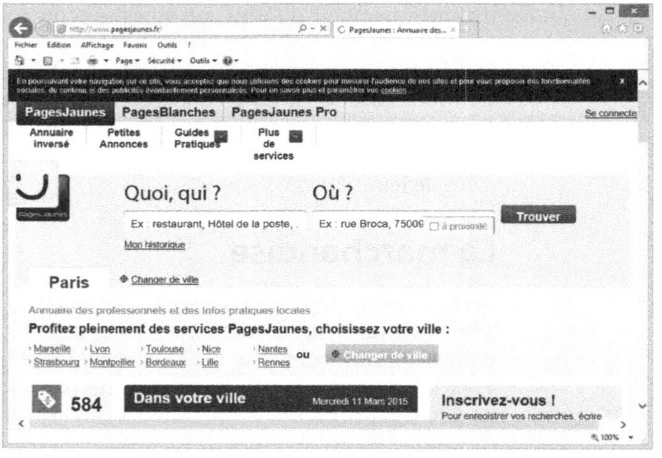

FIGURE 4.1 Les Pages jaunes sur Internet.

prix de gros. Si elle ne pratique pas la livraison directe, informez-vous sur la commande minimum et la remise que vous pouvez obtenir en fonction du volume de la commande. N'oubliez pas de vous renseigner sur les délais de livraison – ce qui vous permettra de mieux informer vos clients.

Si vous devez livrer vos clients vous-même, il vous faut, au moins, établir un contrat avec une société de livraison. La plupart des sociétés font appel à UPS (Figure 4.2), mais vous pouvez donner le choix à vos clients. Vous pouvez également faire appel à La Poste.

Le Tableau 4.2 vous donne une liste d'entreprises de transport qui sera très utile.

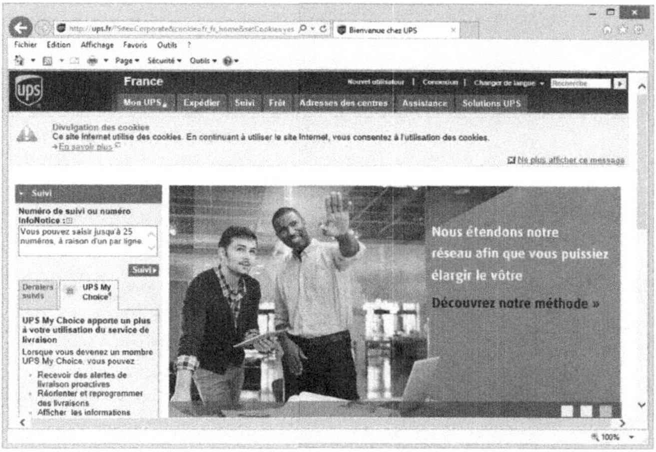

FIGURE 4.2 Le site d'UPS et les nombreux services qu'il offre.

TABLEAU 4.2 Sociétés de transport.

Nom	Adresse Internet
ATA	`www.transports-ata.fr`
Diffusionplus	`www.diffusionplus.fr`
Fedex	`www.fedex.com/fr`
La Poste	`www.laposte.fr`
Routage Express	`http://www.routage-express.com/`
UPS	`www.ups.com/content/fr/fr/index.jsx`

Pour rassurer vos clients sur l'avancée de la livraison de l'article commandé, installez PackTrack sur votre site. Ce petit utilitaire, illustré Figure 4.3, renseigne votre clientèle sur l'avancement de la livraison d'un article livré par les plus grandes sociétés de transport.

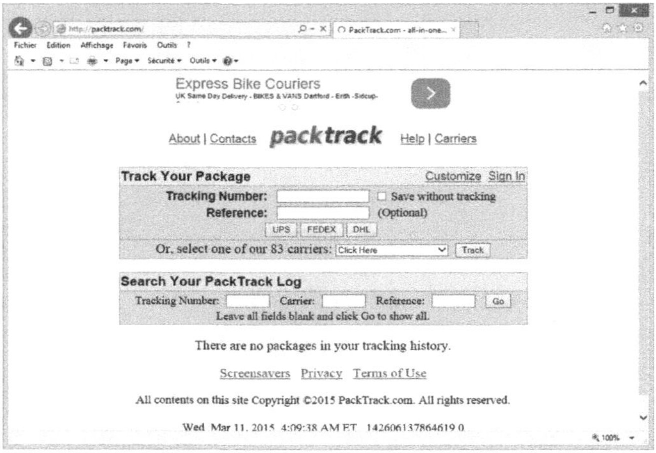

FIGURE 4.3 Très pratique, cet utilitaire renseigne vos clients sur l'avancement de la livraison d'un article livré par les plus grandes sociétés de transport.

Design et e-business

En matière de design e-business, le mot d'ordre est : simplicité. Un client potentiel renoncera facilement face à un beau site s'il est compliqué. S'il est simple d'usage, mais peu esthétique, il ne vous en tiendra pas rigueur – l'idéal étant toutefois d'allier l'utile à l'agréable (Figure 4.4) !

Il existe quatre règles à respecter pour un bon design de site de commerce électronique. La Figure 4.5 montre la page d'un produit où toutes les informations nécessaires sont affichées :

- **Description du produit :** Vous devez décrire précisément le produit – l'idéal étant de fournir une image, ne serait-ce qu'au format timbre-poste. Le format timbre-poste est un bon compromis, car il satisfait la curiosité du client sans être trop long à charger (les clients n'aiment pas ça !).
- **Informations détaillées :** N'hésitez pas à donner des détails sur le produit – ce qui vous permet souvent de vanter les avantages du produit au passage.
- **Le prix :** Cela paraît évident, mais il arrive souvent qu'il soit introuvable ! Placez-le bien en évidence.

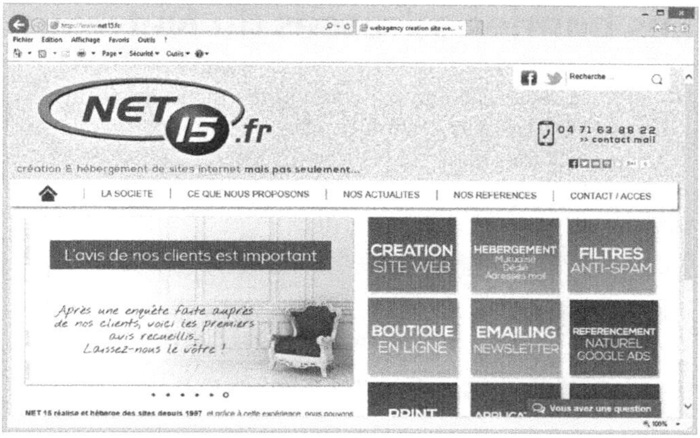

FIGURE 4.4 Voici un exemple de site mêlant l'utile (les informations précises, les liens vers les infos sur les produits et un lien pour commander) à l'agréable (un joli design).

FIGURE 4.5 Un coup d'œil suffit pour disposer des principales informations d'un produit.

» **Faciliter l'achat du produit :** L'interface doit être simple à utiliser, sans multiples étapes qui découragent le client. Incitez ce dernier à acheter à l'aide d'un lien tel qu'Acheter maintenant. Ne posez pas trop de questions dans le formulaire d'achat. Ne demandez que les informations nécessaires telles que le nom, l'adresse, le mode de paiement et l'option de livraison.

Les bonnes adresses du Net

Le Tableau 4.3 vous donne quelques adresses où vous pourrez trouver des informations complémentaires sur les sujets abordés dans ces sections.

TABLEAU 4.3 Ressources Internet.

Nom du site	Adresse web
UPS Online Tools	`http://www.ups.com/content/fr/fr/bussol/browse/cat/developer_kit.html`
Annuaires régionaux	`http://www.indexa.fr/`

Le paiement des transactions

L'e-business a pris un essor considérable et fait désormais partie de notre vie quotidienne. Par conséquent, n'hésitez pas à vous y mettre. Pour cela, il vous faut quelques notions de base.

Si une boutique « traditionnelle » peut se faire payer en liquide, par chèque ou par carte de crédit, les choses sont différentes sur l'Internet. Vous devez explorer d'autres moyens de paiement. La solution la plus courante est la carte bancaire, mais vous pouvez être payé par d'autres moyens dont les principaux sont la monnaie électronique, le postpaiement, mais aussi le chèque bancaire.

Toutefois, aucun des autres moyens de paiement ne peut soutenir la comparaison avec la carte bancaire, manière la plus directe de payer à distance. Les cartes bancaires (Visa, MasterCard, JCB, etc.) représentent le système de règlement de l'achat en ligne le mieux adapté. Elles sont utilisées depuis longtemps dans les ventes à distance (courrier, téléphone, Minitel...) et leur usage est courant dans un grand nombre de pays. De plus, de nombreuses technologies de paiement sur Internet ont été construites autour de ces cartes, et les banques proposent même des cartes qui, en plus de leur fonctionnalité traditionnelle, sont assorties d'une assurance remboursement en cas d'utilisation frauduleuse de votre numéro sur le Web par des hackers.

Le système le plus intéressant et qui rassure l'utilisateur à 100 % est *e-carte bleue*. Son nom peut varier d'un système bancaire à un autre, mais le principe reste le même : lors de l'achat, l'utilisateur établit une connexion Internet au service de carte bleue virtuel. Ce service prend la forme d'une animation où une carte bleue apparaît sur l'écran de l'ordinateur. Le consommateur saisit son identifiant et son mot de passe, indique la somme à payer, et valide. À cet instant précis, la carte bancaire virtuelle affiche progressivement un numéro de carte unique, avec son cryptogramme sécurité. Ce numéro n'est valable que pour cette transaction spécifique d'un montant donné. Le numéro ne pourra jamais être réutilisé.

Paiement par carte bancaire

Si vous optez pour le paiement par carte bancaire, vous devez créer un compte de marchand. Un compte de marchand est un compte ouvert pour votre magasin permettant le paiement par carte. Il vous faut un compte de marchand pour chaque type de carte que vous acceptez, par exemple Visa et MasterCard. La banque du marchand coordonne le virement de fonds entre le service de traitement des paiements, la banque et le détenteur de la carte.

Banques, organismes de crédit et spécialistes en ligne

Chaque compte de marchand est classé dans une certaine catégorie. Un compte de marchand de commerce électronique fait partie du groupe « carte absente » ou « commande postale/ commande téléphonique ». Vous devrez fournir au service de traitement des paiements le ou les numéros de compte de marchand que vous a donnés votre banque. Cela permettra au service de traitement de s'intégrer à votre magasin et de traiter les paiements en temps réel.

Si votre institution financière refuse de vous accorder un compte de marchand ou si elle vous demande un dépôt de garantie trop important, vous pouvez faire appel à un service de paiement Internet comme Internet Secure à www.internetsecure.com (site disponible en anglais seulement). Internet Secure garantit le statut de marchand à la plupart des magasins en ligne, mais ses frais d'établissement et de transaction sont souvent plus élevés que ceux proposés par les banques. Vous pouvez également faire appel aux organismes de cartes de crédit tels que Mastercard (http://www.mastercard.com/fr/particuliers/index.html), Visa (http://visa-europe.fr) ou American Express (https://www.americanexpress.com/france/), entre autres. Cela se fait par l'intermédiaire d'un acquéreur de comptes de marchand – il s'agit d'une banque gérant votre inscription et chargée de vos transactions. Les banques individuelles traitent ensuite avec une interbanque qui s'occupe des transactions de toutes les banques membres. Mais vous n'aurez jamais à intervenir à ce niveau.

Quelles cartes devez-vous accepter ? L'idéal serait de toutes les accepter. Mais c'est techniquement difficile et très coûteux, puisque chaque société de cartes vous fait payer le simple fait d'offrir le paiement par son système (sauf American Express). Nous vous recommandons donc MasterCard et Visa.

American Express vous offre deux possibilités : soit vous ne lui payez pas de charges mensuelles, mais lui reversez un pourcentage des ventes, soit vous versez des charges mensuelles, mais pas de pourcentage sur les ventes.

Modalités d'inscription

Si les modalités d'inscription varient légèrement d'un organisme à l'autre, elles se présentent en général comme suit :

» **Remplissez les formulaires :** Votre fournisseur de compte de marchand vous fait parvenir des formulaires en deux exemplaires que vous devez compléter. Lisez bien les mentions écrites en petit.

Certains fournisseurs de comptes de marchand proposent des formulaires en ligne que vous devez remplir puis renvoyer. Votre fournisseur vous envoie ensuite une copie imprimée qu'il ne vous reste plus qu'à signer.

- **Fournissez les copies de vos documents sociaux :** Il s'agit des statuts, accords, partenariats, licences, documents fiscaux...
- **Estimez le nombre de paiements par carte de crédit et le montant des transactions mensuelles :** Si l'estimation n'est pas facile à faire, elle n'en est pas moins capitale. Le fournisseur de comptes de marchand doit en effet définir un plafond de transaction. Si vous dépassez ce plafond, vous devrez lui demander la permission d'accepter plus de commandes. Il est conseillé de surestimer le volume des transactions pour éviter ce genre de démarche fastidieuse.

Ce qu'il faut surveiller

Il faut rester vigilant et surveiller son porte-monnaie. Les sociétés de cartes bancaires vous font payer le privilège de vous offrir un service de paiement par carte.

- **Frais de dossier :** Veillez à ce que les frais de dossier vous soient remboursés si votre dossier n'est pas accepté. Demandez une confirmation par écrit. L'idéal étant de passer par des services ne réclamant pas de frais de dossier.
- **Frais d'installation du compte :** Évitez les sociétés vous faisant payer des frais pour devenir l'un de leurs clients.
- **Frais mensuels de gestion de compte.**
- **Pourcentage sur les ventes.**
- **Frais de transaction.**
- **Frais minimum mensuels :** Si vous ne faites pas suffisamment de transactions, la société vous prélève un montant minimum.

Vous devez naturellement reporter ces frais sur les produits que vous vendez pour continuer à réaliser des bénéfices.

Il est difficile d'établir une liste des meilleurs services, car les offres changent sans arrêt. N'hésitez pas à vous rendre sur des sites marchands, à contacter le webmaster et à lui demander ce qu'il pense de son fournisseur de compte de marchand. Consultez par exemple l'annuaire des sites marchands sur `www.lesan-`

`nuaires.com/annuaire-commerce.html` (Figure 4.6) et surfez de site en site en posant vos questions. Vous trouverez d'autres adresses en fin de chapitre.

FIGURE 4.6 L'annuaire des sites marchands.

Les autres moyens de paiement

Comme nous l'avons vu au début de cette section, le paiement par carte bancaire est le plus simple et le plus courant. Si vous le souhaitez, vous pouvez proposer, en plus, d'autres solutions.

Autres moyens de paiement électroniques

- **La monnaie électronique :** Elle permet de régler de petites sommes. Les transactions de faible valeur unitaire ont engendré le porte-monnaie virtuel ou e-cash.
- **Le chèque électronique :** C'est un mode de paiement en ligne, compatible avec l'infrastructure bancaire. Il est destiné à remplacer les chèques traditionnels grâce à un modèle électronique utilisant une signature numérique pour authentifier le cyberacheteur.

  Il s'agit de l'équivalent électronique du chèque papier, mais où la signature manuscrite est remplacée par une signature numérique. Ce système de paiement nécessite l'installation d'un logiciel. Le cyberconsommateur possède un carnet de chèques électroniques pouvant être délivré par courrier électronique ou sur un site. En cas d'achat, il doit remplir le chèque normalement et y apposer sa signature numérique (chiffrée). Un système de lecture automatique des chèques numérise l'ordre de paiement et le transmet à la banque. Celle-ci effectue le transfert de fonds comme s'il s'agissait d'un chèque papier. Le cyberacheteur reçoit alors une confirmation de transaction par e-mail, indiquant le numéro du chèque et le montant de la transaction.

» **Le postpaiement :** Certains services préfèrent cumuler les sommes dues par leurs clients, qui seront imputées sur leur facture mensuelle. S'il le désire, le client peut opter pour le règlement à la réception dans le cas d'un achat nécessitant une livraison « hors ligne ».

Moyens traditionnels

Il est recommandé de donner à vos clients d'autres moyens de paiement que les solutions électroniques abordées plus haut. Même si ces méthodes sont de plus en plus sûres, nombreuses sont encore les personnes hésitant à donner leurs coordonnées bancaires *via* l'Internet.

Permettez aux récalcitrants de passer commande par téléphone, fax ou courrier. Par courrier, il suffit d'accompagner sa commande d'un RIB, d'un chèque ou de son numéro de carte bancaire. Par fax, on peut donner son numéro de carte bancaire. Les commandes peuvent également être passées par téléphone : le client contacte votre standard et transmet en direct son numéro de carte bancaire à votre opérateur qui le saisit instantanément, ce qui permet de valider la commande.

En cas de paiement par chèque, il est recommandé d'envoyer le colis après réception du règlement. Pour cela, vous devez absolument indiquer votre adresse physique.

N'oubliez pas de mentionner votre numéro de téléphone, de fax et votre adresse.

Vous pouvez également pratiquer le contre-remboursement, service offert par La Poste et des sociétés telles qu'UPS. Elles proposent de recouvrer pour le compte du client la somme correspondant à la valeur des marchandises. Il est également possible d'y inclure les frais de transport. Le livreur ou le facteur recouvrent au moment de la livraison la somme due par le destinataire, l'organisme vous la transmettant ensuite.

Convertir les monnaies

Avec l'Internet, votre public est planétaire. L'euro ne sera pas forcément familier à tous vos clients. Heureusement, il existe une solution à ce problème, et une bonne.

Le convertisseur universel de devises (UCC) de XE est un must pour tous les sites à vocation internationale (Figure 4.7). Comme la plupart des services gratuits, ce service impose un bandeau publicitaire, mais vous pouvez proposer à XE de le supprimer moyennant finances. Ce convertisseur permet de convertir dans une monnaie X un montant exprimé dans une monnaie Y.

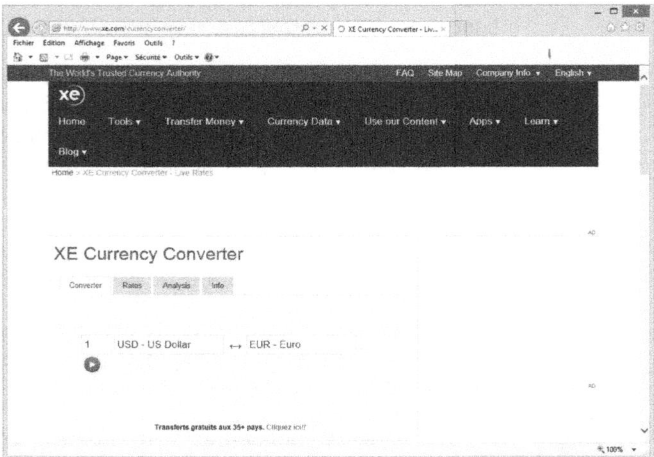

FIGURE 4.7 Ce convertisseur permet à vos visiteurs de convertir le montant de leurs achats dans leur monnaie.

Le module de base ne présente que les plus grandes monnaies. Si vous souhaitez d'autres monnaies, il ne vous en coûtera rien. Cette limitation est due à des raisons pratiques : la plupart des transactions s'effectuent dans les plus grandes monnaies. Plus vous ajoutez d'options, plus le système est lent.

Rendez-vous sur `http://www.xe.com/currencyconverter/` pour faire un essai. Vous êtes convaincu ? Alors, pour intégrer le convertisseur dans votre page, faites comme suit :

1. **Rendez-vous sur** `www.xe.com/currencyconverter/customize.php` **(Figure 4.8.)**

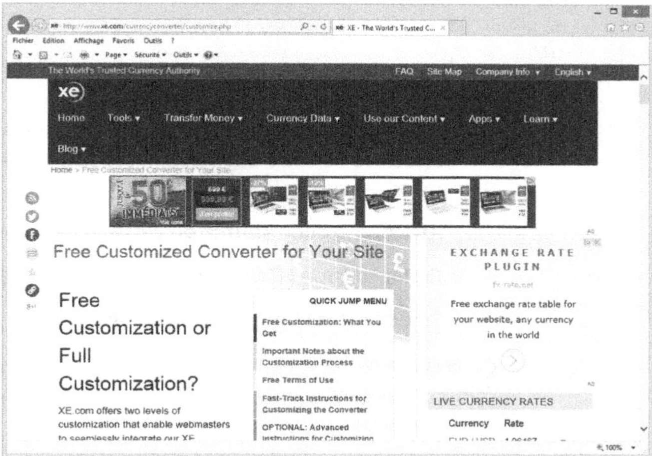

FIGURE 4.8 Pour ajouter ce convertisseur sur votre site web.

2. **Pour installer très rapidement ce convertisseur, choisissez** *Fast-Track Instructions for Customizing the Converter* **dans la section Quick Jump Menu.**

3. **Faites un clic-droit sur** `this link`**, et exécutez la commande Enregistrer la cible sous comme à la Figure 4.9.**

   Il s'agit d'une page HTML.

   Vous remarquez que la page web nommée `samp-ucc.htm` ne comporte aucun des éléments auxquels vous êtes habitué – `HTML`, `HEAD` et `BODY`. Pourtant, la page se charge dans votre navigateur et fonctionne parfaitement. La raison en

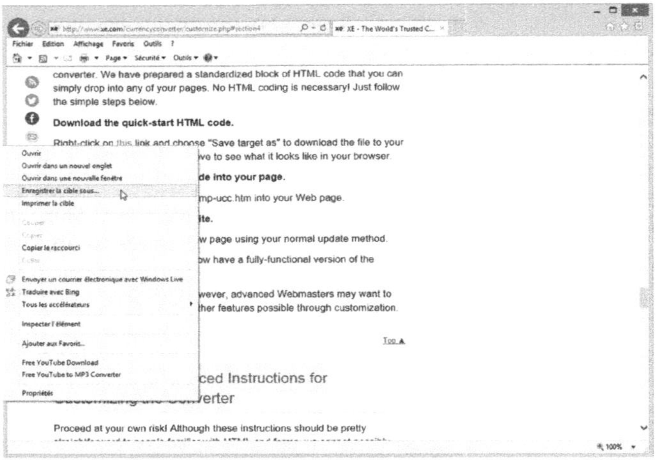

FIGURE 4.9 Enregistrez le fichier HTML de ce lien.

est simple : ces éléments sont utilisés pour visionner la structure de votre page web, mais ne sont pas techniquement requis par le standard HTML.

4. **Affichez le code source de cette page, et copiez-le.**
5. **Collez le code HTML dans celui de votre page web.**
6. **Téléchargez la page sur votre site web.**

Ce service de base peut être personnalisé soit en utilisant les options existantes, soit en les faisant réaliser par XE, moyennant finances.

Les bonnes adresses du Net

Le Tableau 4.4 donne les adresses de quelques sites offrant des informations sur les sujets abordés dans ce chapitre.

TABLEAU 4.4 Ressources Internet.

Nom du site	Adresse web
Accès sécurisé	`www.globalservices.bt.com/fr`
GIE cartes bancaires	`www.gie-cartes-bancaires.fr`
Le guide e-business	`http://www.ebusiness.info`
Marketing Internet	`www.marketing-internet.com`

II

Donner du pep à son site

DANS CETTE PARTIE...

Nous allons découvrir ensemble les trucs et astuces permettant de rendre votre site plus fonctionnel, plus esthétique et plus vivant. Le Chapitre 5 traite des différents add-ins et de leur format. Le Chapitre 6 vous apprend à ajouter des fonctionnalités de recherche et de navigation. Quant au Chapitre 7, il vous donne accès à des ressources graphiques. Le Chapitre 8 est une introduction au monde du Web multimédia.

Chapitre 5

Scripts et applets

DANS CE CHAPITRE :

- **Vérifier les accès CGI.**
- **Implémenter des scripts CGI.**
- **Utiliser JavaScript.**
- **Ajouter des applets Java.**
- **L'intérêt de PHP.**

Nous allons apprendre à ajouter des fonctionnalités intéressantes à votre site web par le biais de petits programmes, et d'un contenu qui s'insère dans de l'HTML. Pour cela, nul besoin d'être programmeur. La plupart sont écrits en Perl. Il vous suffit de les intégrer à vos pages web grâce à la Common Gateway Interface ou CGI. Comme vous pourrez le constater, il n'y a rien de bien compliqué à l'utilisation du CGI. Nous aborderons les bases de l'utilisation de scripts CGI un peu plus loin dans ce chapitre, et nous terminerons par une étude succincte de PHP.

Un script est un petit programme.

Les applets Java permettent d'ajouter des fonctionnalités aux pages web. Ce sont de petits programmes écrits en Java que l'on trouve en libre accès – et en quantité – sur la Toile.

Il existe un troisième langage de programmation permettant d'ajouter des fonctionnalités à vos pages web : le JavaScript. Contrairement au Perl et au Java, le JavaScript a été spécialement développé pour le Web. Vous pouvez apprendre le JavaScript si vous en avez envie, mais sachez que vous pouvez vous contenter d'utiliser les scripts disponibles. Vous devez saisir le code JavaScript dans votre code HTML, puis le déclarer afin qu'il soit correctement interprété.

Les personnes férues de la création WYSIWYG risquent de regretter leur méconnaissance de HTML pour implémenter des scripts. Sachez pourtant qu'un programme comme Flash de Adobe permet de créer intuitivement des scripts, la syntaxe étant produite par le logiciel lui-même. Par conséquent, ce chapitre ne vous intéresse que si vous devez implémenter un script depuis votre serveur web. La plupart des autres seront générés automatiquement par les programmes WYSIWYG traités dans cet ouvrage. Mais, en cas de dysfonctionnement du script et autre appliquette, vous devrez mettre les mains dans le cambouis de la programmation.

Avez-vous accès aux scripts CGI ?

Attention, cette section est très technique ! Pour créer un site web rudimentaire, sa lecture n'est pas nécessaire.

Vous comptez utiliser les scripts CGI dans vos pages web ? Vous devez avant tout être certain d'y avoir accès. Avoir accès au CGI signifie pouvoir démarrer des programmes à partir de son serveur *via* la Common Gateway Interface (CGI). C'est une méthode permettant d'envoyer des informations sous forme de formulaires à un programme de traitement externe à partir d'une page web.

La plupart du temps, ces programmes sont stockés dans un sous-dossier nommé cgi-bin. Avant toute chose, vérifiez que votre serveur héberge bien ce sous-dossier. Dans l'affirmative, vous avez accès aux commandes CGI. Faites un test : exécutez un programme CGI. Si cela ne fonctionne pas, renseignez-vous auprès de votre fournisseur d'accès ou de votre administrateur réseau.

Il se peut que vous ayez accès aux commandes CGI sans toutefois pouvoir utiliser les scripts. Pourquoi ? Parce que pour exécuter des scripts vous devez pouvoir utiliser le SSI (Server Side Includes). Le SSI permet de manipuler des données directement sur le serveur et de les renvoyer à votre page web. Sans cette capacité, la plupart des scripts CGI sont inutiles.

Un coupable : le fournisseur d'accès !

Si votre site est hébergé sur le serveur de votre fournisseur d'accès, vous vous rendrez rapidement compte que vous n'avez pas une grande liberté d'utilisation des scripts CGI. C'est son choix. Et il a un certain nombre de raisons de vous limiter l'accès aux scripts CGI.

Tout d'abord, des programmes de piètre qualité utilisant le CGI peuvent menacer la sécurité du système. Les fournisseurs d'accès étant souvent désireux de garder le contrôle total de leur système, ils préfèrent ne prendre aucun risque.

De plus, les fournisseurs d'accès sont souvent peu soucieux de la qualité de l'hébergement qu'ils offrent. Ils estiment que le rôle du fournisseur d'accès est de donner un accès Internet. Les autres services sont souvent jugés secondaires et sont proposés à seule fin publicitaire et commerciale.

Hébergeur de sites et CGI

Fort heureusement, tous les hébergeurs ne partagent pas ces conceptions archaïques de l'hébergement de sites. Vous avez peut-être la chance d'avoir choisi un fournisseur d'accès providentiel. Si tel n'est pas le cas, il vous reste la solution de ne pas faire héberger votre site chez votre fournisseur d'accès.

Vous pouvez utiliser un serveur virtuel ou un fournisseur d'espace web payant. Vous pouvez également trouver un fournisseur d'espace web gratuit en utilisant le moteur de recherche FreeWebspace.net. Pour cela, rendez-vous sur `www.freewebspace.net` et cliquez sur le bouton Search. Cochez CGI/Perl dans le formulaire de recherche, comme le montre la Figure 5.1. Cochez toute autre option qui vous intéresse, comme le pays où trouver ces hébergeurs, et cliquez sur le bouton Search.

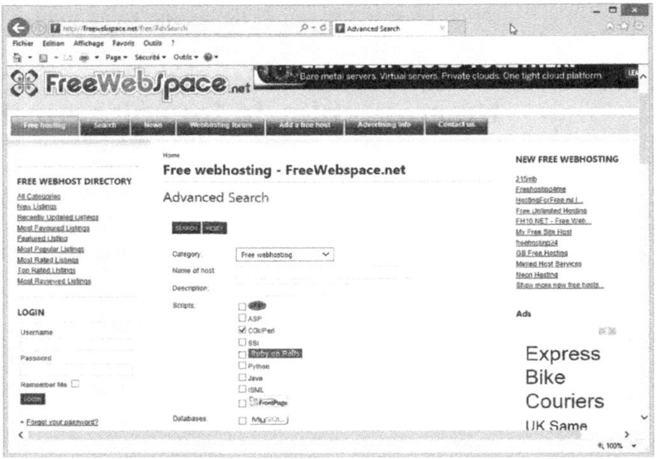

FIGURE 5.1 Le formulaire de recherche avancé de FreeWebspace.net vous permet de trouver un fournisseur d'espace web supportant le CGI.

Utiliser des scripts CGI distants

Il existe une autre solution au problème : vous pouvez utiliser des scripts CGI situés sur un autre serveur que celui hébergeant votre site. Les scripts sont alors exécutés sur l'autre serveur, ce qui, en cas d'affluence sur votre site, peut vous être salutaire. En effet, l'exécution de scripts web demandant une importante puissance machine, cette solution offre l'avantage de ne pas ralentir le serveur hébergeant vos pages. Vous verrez que de nombreux scripts CGI sont hébergés sur des serveurs distants, ce qui vous permet de profiter du confort des scripts CGI sans surcharger votre serveur.

Ajouter des scripts CGI

Un script CGI fonctionne de la façon suivante : il reçoit des informations provenant de vos pages web (par le biais de formulaires ou d'un clic de l'internaute sur un lien) qu'il renvoie ensuite à un programme qui les traite pour finalement retourner une page web contenant les résultats. Le site scripts-fr.com offre de nombreux scripts CGI gratuits et exécutables directement sur leur serveur (voir Figure 5.2). En voici l'adresse : `http://cgi.scripts-fr.com/`.

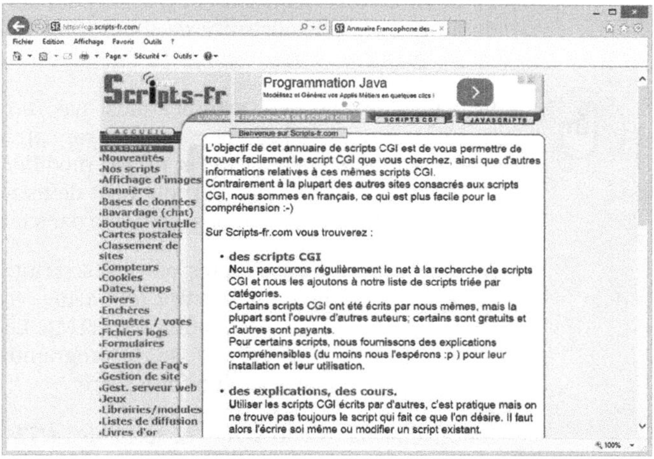

FIGURE 5.2 Le site scripts-fr.com vous offre des scripts CGI qui s'exécutent directement sur le serveur.

Techniques de base

Avant toute chose, vous devez télécharger le script. Chaque script abordé dans cet ouvrage est accompagné d'une adresse web où vous pouvez le télécharger.

La deuxième étape est très importante : lisez les instructions ! Après avoir utilisé quelques scripts, on se sent assez téméraire pour se passer des instructions – et c'est la cause principale des problèmes rencontrés ! Il suffit de mal paramétrer l'une des options d'un script pour qu'il ne fonctionne pas.

Les instructions se trouvent souvent dans un fichier séparé nommé readme.txt, mais elles peuvent également se trouver dans le code même du script sous forme de commentaires. Les *commentaires* sont des aide-mémoire que les programmeurs utilisent pour différencier les différentes parties d'un programme. Ils ont recours à certains codes permettant de dissocier les commentaires du reste du programme, ce qui permet de ne pas en altérer le fonctionnement.

Ouvrez le fichier dans un éditeur et apportez les modifications nécessaires pour adapter le script à vos besoins. Vous devrez par exemple ajouter quelques liens, une adresse e-mail ou l'adresse de votre page d'accueil. Inutile de comprendre le reste du programme, il vous suffit de changer les valeurs par défaut du script par les vôtres. Enregistrez ensuite le script modifié.

Si vous effectuez vos modifications avec un traitement de texte, vous devez absolument enregistrer votre fichier au format Texte seulement (*.txt) et ne pas modifier l'extension du fichier. Il ne faut pas que le traitement de texte enregistre ses propres codes de mise en page du texte dans le code CGI.

Ajoutez le code HTML requis par votre script CGI dans votre page web. Comme pour le script lui-même, vous devrez personnaliser certaines valeurs du code HTML. Le code HTML se limite généralement à l'adresse du programme CGI déclarée grâce à l'attribut Action d'un formulaire.

Enfin, téléchargez le script et le fichier HTML modifiés sur votre serveur web. Le fichier HTML doit être situé dans le dossier HTML et le script dans le dossier cgi-bin.

Résoudre les problèmes

Les méthodes que nous venons de voir suffisent dans la plupart des cas, mais il se peut que vous ayez besoin de paramétrer vos codes plus en profondeur.

Un exemple : un script part souvent du principe que le dossier de script CGI se nomme cgi-bin. Si le vôtre se nomme cgi, par exemple, vous devez modifier ce paramètre dans le script.

Vous devrez peut-être changer l'extension de votre fichier. En effet, certaines configurations CGI n'acceptent pas les fichiers .pl (fichiers Perl). Vous devrez alors les renommer en .cgi. Ainsi, un fichier nommé recherche.pl deviendra recherche.cgi.

Si, au moment d'utiliser le script, rien ne se produit, revenez en arrière et vérifiez que vous n'avez rien oublié. La plupart du temps, il s'agit d'une erreur si minime qu'il est difficile de la déceler. L'oubli d'un point-virgule entre deux valeurs ou un guillemet de trop rendent un script inefficace. Passez en revue toutes les modifications que vous avez apportées, vous finirez par trouver.

Si vous ne trouvez pas d'erreur au niveau du script, vérifiez que vous avez téléchargé tous les fichiers nécessaires. Certains scripts requièrent en effet des fichiers annexes qu'il faut impérativement placer sur le serveur.

Si rien n'y fait, assurez-vous que le dossier cgi-bin possède les bons paramétrages d'autorisation. Faites-vous aider par votre fournisseur d'espace web si vous n'avez pas les connaissances requises.

Rien n'y fait ? Envoyez un e-mail au créateur du programme et demandez-lui un peu d'aide. N'en espérez pas trop, nous sommes ici dans un contexte de gratuité : ne soyez pas aussi exigeant qu'avec un support technique ! Mieux vaut être aimable et dire combien vous avez besoin de ce programme. N'oubliez pas de fournir au programmeur la liste exhaustive des différents réglages et modifications que vous avez apportés.

Utiliser du JavaScript

Force est de constater que les nouveautés les plus intéressantes de HTML5 tiennent dans les innovations de JavaScript exploitées par les navigateurs xeb modernes.

Nous savons que l'interactivité est un des objectifs avoués de Java-Script.

Le gros avantage du JavaScript est d'avoir été conçu pour l'Internet. Il est si bien intégré au HTML que son utilisation est très simple. De plus, le traitement de l'information se fait directement au niveau de la page web, d'où un gain de facilité, de rapidité et de fiabilité. Il est inutile d'apprendre le langage pour utiliser les scripts réalisés par d'autres. Bien souvent, vous n'aurez même pas à modifier le code. Bien sûr, vous devrez parfois changer une URL ou le nom d'un fichier, mais rien de bien difficile. La Figure 5.3 illustre le site ToutJavascript.com, une des grandes banques de codes JavaScript gratuits.

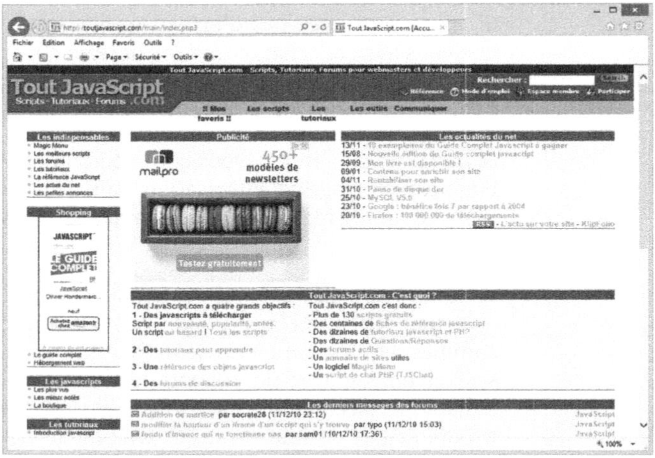

FIGURE 5.3 ToutJavaScript.com donne accès à une grande quantité de codes JavaScript gratuits.

Il est possible d'enregistrer du code JavaScript dans un fichier .js et d'y faire appel à partir de votre code HTML. Cette possibilité est très rarement exploitée et aucun des codes de cet ouvrage ne se présente sous cette forme. Les scripts Perl sont, eux, forcément sous cette forme. Il se peut d'ailleurs qu'ils ne se trouvent pas sur votre serveur.

Techniques de base

Vous devez systématiquement ajouter deux choses à votre page web pour travailler avec du JavaScript. La première est le script lui-même, qui prend place dans l'élément HEAD de votre page web, comme ci-dessous :

```
<HEAD>
<Script Language=»JavaScript»>
/*
C'est de cette façon que l'on peut insérer des commen-
taires
*/
function peuimporte()
```

```
{
Ceci est la place du code proprement dit.
}
</Script>
</HEAD>
```

Les scripts peuvent être placés dans l'élément `HEAD`, mais également dans l'élément `BODY`. Ce n'est toutefois pas conseillé. En effet, le JavaScript est un langage interprété : il doit être traduit par la machine avant de pouvoir s'exécuter normalement. Si vous placez vos scripts dans l'élément `HEAD`, ils seront interprétés avant même que la partie `BODY` de la page n'ait commencé à charger. Les scripts sont donc prêts à fonctionner avant que la page ne s'affiche dans la fenêtre du navigateur de l'internaute. Tandis que s'ils se trouvent dans l'élément `BODY`, il est possible que l'internaute en déclenche un avant que celui-ci ne soit totalement chargé, ce qui conduit à un message d'erreur.

La seconde chose que vous devez ajouter à votre page web est un élément déclenchant le script. Ce déclencheur prend place dans l'élément `BODY`. Il existe une multitude de déclencheurs de scripts – inutile de les connaître tous. Chaque script demande plutôt tel ou tel déclencheur. Une image de survol, par exemple, change chaque fois que l'internaute passe le curseur de la souris sur une zone précise de la page web. Le script peut également s'autoactiver à la fin du chargement de la page. Vous pouvez changer de déclencheur si vous connaissez un tant soit peu le JavaScript.

Si vous souhaitez que le script s'exécute à la fin du chargement de la page, utilisez l'attribut `onload` de l'élément `BODY` comme suit :

```
<BODY onload=»peuimporte()»>
```

Si vous souhaitez que le script soit activable par un clic, utilisez l'attribut `onClick`. Dans l'exemple ci-dessous, l'attribut `onClick` est utilisé avec l'élément `A`. Sachez que vous pouvez utiliser `onClick` avec la plupart des éléments :

```
<A onClick=»peuimporte()»>Cliquez ici pour peuimporte.</A>
```

Il existe de nombreux autres déclencheurs, tels que `onMouseOver»` ou `onMouseOut`, qui déclenchent un script respectivement quand le pointeur de la souris entre ou sort d'une zone définie. La documentation livrée avec le script vous aide généralement à choisir le bon déclencheur.

Résoudre les problèmes

Les scripts JavaScript en accès gratuit sont fonctionnels dans 99 % des cas. Lorsqu'ils ne fonctionnent pas, cela peut être dû à une multitude de causes externes au script. Les plus grandes causes de dysfonctionnement sont la relative incompatibilité de scripts entre Firefox, et Internet Explorer ainsi que les différentes interprétations du même script selon les versions de ces deux navigateurs. En effet, un script fonctionnant correctement avec la dernière version d'Internet Explorer peut ne pas fonctionner avec une version plus ancienne de ce même navigateur. Il existe malheureusement quantité d'autres navigateurs qui vous poseront autant de problèmes. Le navigateur Google Chrome rencontre encore de nombreux bugs d'interprétations de certains JavaScript.

Lorsqu'un navigateur ne reconnaît pas JavaScript, le script ne fonctionne pas, mais la page s'affiche. Il est conseillé de tester vos pages contenant du JavaScript dans les navigateurs les plus utilisés, c'est-à-dire Internet Explorer, Firefox et Google Chrome.

Selon vos connaissances du langage JavaScript, décidez si vous voulez ou non optimiser un script de sorte qu'il fonctionne avec tous les navigateurs. Testez le script avec le plus grand nombre de navigateurs possible et notez ceux avec lesquels votre script ne fonctionne pas. Posez-vous ensuite la question suivante : ces navigateurs risquent-ils d'être utilisés par mes internautes cibles ? Par exemple, si vous utilisez des scripts sur un site consacré aux produits Microsoft, vous pouvez en déduire que vos visiteurs seront en majorité équipés d'Internet Explorer. Si vos scripts ne fonctionnent pas avec Firefox, c'est peu gênant.

Les applets Java

Les applets Java (parfois appelées appliquettes) vont du gadget au sublime. Beaucoup de ces applets sont utilisées pour transformer une image (reportez-vous au Chapitre 7 pour en savoir plus). D'autres permettent de programmer des bandeaux publicitaires rotatifs, etc. Un des avantages des applets Java est, à l'instar des scripts JavaScript, qu'elles s'exécutent sur la machine de l'internaute. Ce qui implique un temps machine moindre côté serveur. Le revers de la médaille est le temps de chargement pour l'internaute qui doit donc télécharger l'applet du serveur vers sa machine avant de pouvoir l'exécuter.

Quelle est la différence entre une application et une applet ? Les gros programmes sont appelés *applications*. Votre traitement de texte ou votre tableur, par exemple, sont des applications. Bien que Java puisse être utilisé pour écrire des applications, les programmes Java pour l'Internet sont souvent très petits et sont donc appelés *applets*.

Bien que partageant un nom ressemblant, le Java et le JavaScript sont deux langages très différents, dans leur programmation comme dans leur fonctionnement. Leur point commun le plus notable est qu'ils sont tous deux exécutés sur la machine de l'internaute.

Techniques de base

Les applets Java se composent de fichiers .class (ou .cls). Si les fichiers peuvent être téléchargés tels quels, ils sont souvent compressés au format .zip, entre autres formats de fichiers compressés. Ils sont également accompagnés de leur documentation ou des images et des sons nécessaires à leur fonctionnement.

Après avoir récupéré le fichier, vous devez ajouter le code HTML qui permet d'activer l'applet. Pour cela, utilisez l'élément `APPLET`. Il comprend de nombreux attributs que vous aurez ou non à utiliser selon le type d'applet dont vous avez besoin. Vous trouverez presque toujours le code HTML à utiliser dans la documentation de l'applet. Ainsi, l'implémentation d'une applet au niveau du code HTML se limite-t-elle souvent à un simple copier/coller. Vous n'aurez généralement qu'à modifier quelques noms de fichiers.

Parfois, les applets sont livrées sans documentation. Toutes les informations nécessaires figurent toutefois sur le site web où vous les avez téléchargées. Dans ce cas, enregistrez-les sur votre disque dur afin de pouvoir copier/coller les exemples de code.

Attention aux serveurs en panne ! Mieux vaut disposer des explications relatives aux applets sur votre disque dur pour éviter d'être bloqué lorsque le site d'explications est en panne.

Pour ajouter une applet Java nommée bongo.class, procédez comme suit :

```
<APPLET code=»bongo.class»>Concours de tam tam.</APPLET>
```

La phrase inscrite entre les balises de début et de fin ne s'affiche pas dans les navigateurs supportant Java, mais renseigne les internautes utilisant des navigateurs ne le supportant pas. Bien sûr, cette phrase n'est pas obligatoire, elle est là pour que tout le monde comprenne de quoi il retourne.

Vous pouvez même nommer une applet. Cette fonction est intéressante lorsque plusieurs applets coexistent sur le même site et qu'elles doivent s'échanger des informations. Ces noms permettent alors de les identifier.

```
<APPLET code=»bongo.class» name=»tapebambou»></APPLET>
```

Vous devez également donner la largeur (`width`) et la hauteur (`height`) de votre applet. Vous trouverez ces informations dans la documentation de l'applet.

```
<APPLET code=»bongo.class» width=»200» height=»100»>
</APPLET>
```

Si le fichier .class ne se trouve pas dans le même dossier que le fichier .html qui y fait appel, vous devez spécifier où trouver le fichier .class à l'aide de l'attribut `codebase`. Dans l'exemple suivant, le fichier se trouve dans le sous-dossier tamtam :

```
<APPLET code=»bongo.class» codebase=»/tamtam» width=»200»
        height=»100»></APPLET>
```

Contrairement aux URL en HTML, les applets Java doivent se trouver dans le même dossier que le fichier HTML ou dans un sous-dossier. Vous ne pouvez pas faire appel à une applet située sur un autre serveur, par exemple.

La plupart du temps, vous devrez fournir une autre information au code HTML. Cette information, nommée *paramètre*, est ajoutée grâce à l'élément `PARAM`. Dans l'exemple suivant, nous avons ajouté un son à l'applet bongo :

```
<APPLET code="bongo.class" width="200" height="100">
<PARAM name="CurrentSound" value="quickroll.au">
</APPLET>
```

Le paramètre est en général le nom d'un fichier image ou d'un fichier son, l'URL d'une page web ou le texte d'un message. Cela peut être bien d'autres choses encore, selon la fonction de l'applet. Le paramètre peut définir une taille de police, la couleur d'un arrière-plan, bref, tout ce qu'une applet peut requérir comme argument. Sachez que certains paramètres sont obligatoires, tandis que d'autres sont facultatifs. Comme toujours, lisez précautionneusement la documentation.

PHP

Il s'agit d'un langage qui prend place dans le code HTML. Ce code comporte des instructions spécifiques que ne sait pas générer à lui seul le langage de description HTML. À quoi reconnaît-on une page web contenant du PHP ? Tout simplement à son extension `.php` au lieu de `.html` ou `.htm`.

Avec PHP, vous pouvez implémenter quantité de choses que ne permet pas HTML. Par exemple, vous mettrez en œuvre un livre d'or, un chat, des forums, des fonctions d'e-commerce, et j'en passe.

Outre ses possibilités techniques, ce qui distingue PHP de HTML est la manière dont les pages web sont servies au client. Le client est l'utilisateur. Il ne peut afficher que de l'HTML.

Par conséquent, quand il envoie une requête de page PHP au serveur, celui-ci va générer la page en question puis l'afficher sur le navigateur web de l'internaute. Le serveur transforme la page PHP en page HTML.

Où se place le code PHP ? Dans le code HTML lui-même. Vous obtenez alors quelque chose ressemblant à ceci :

```
<!DOCTYPE html PUBLIC "-//W3C//DTD XHTML 1.0 Strict//EN"
«http://www.w3.org/TR/xhtml1/DTD/xhtml1-strict.dtd»>
<html xmlns=»http://www.w3.org/1999/xhtml» xml:lang=»fr»
lang=»fr»>
<head>
<title>Ceci est une page de test avec des balises PHP</
title>
<meta http-equiv=»Content-Type» content=»text/html;
        charset=iso-8859-1» />
<style type=»text/css»>.bleu
{
color:blue;}
.rouge
{
color:red;
}
.vert
{
color:green;
}
</style>
</head>
<body>
<h2>Page de test</h2>
<p>Cette page contient du code (x)HTML avec des balises
PHP.<br />
<?php // Ici on mettra du code PHP
?>

Voici quelques petits tests :
</p>
<ul>
<li class=»bleu»>Texte en bleu</li>
<li class=»rouge»>Texte en rouge</li>
<li class=»vert»>Texte en vert</li>
</ul>
<?php // Encore du PHP
// Toujours du PHP
?>
```

```
</body>
</html>
```

Vous pouvez facilement intégrer un script PHP déjà écrit. Il suffit de l'insérer dans le code HTML.

De prime abord, sur des fonctions très simples, il ne semble pas y avoir beaucoup de différence entre HTML et PHP. Mais dès qu'il s'agit de gérer des données et d'intégrer une sorte de vie autonome à un site, vous verrez que HTML ne sait pas le faire. Il a besoin de PHP pour cela. Les variables intégrées dans PHP permettent, par exemple, de récupérer des informations saisies par l'utilisateur afin de personnaliser sa navigation.

Le problème qui se pose à vous lorsque vous désirez tester le fonctionnement du code PHP est que vous devez le faire depuis le serveur. Eh oui, je vous ai dit que PHP est interprété par le serveur à la demande de l'internaute afin de générer un contenu HTML seul compréhensible par un navigateur web. Pour éviter bien des maux de tête, vous pouvez utiliser un programme comme WAMP qui va simuler en local le serveur. Vous développerez donc vos pages PHP sans être obligé de passer par un serveur distant. Téléchargez-le à l'adresse suivante : `www.commentcamarche.net/telecharger/telecharger-34055064-wamp-server`, comme le montre la Figure 5.4.

FIGURE 5.4 Téléchargez et utilisez le programme WAMP pour tester hors ligne vos pages PHP.

Pour bien comprendre PHP et savoir intégrer des variables et des fonctions qui donnent vie à votre site et qui permettent de gérer des données, vous devez impérativement vous pencher sur ce langage de programmation qui, s'il n'est pas excessivement complexe, demande une bonne dose d'investissement de la part de l'utilisateur.

Les bonnes adresses du Net

Le Tableau 5.1 vous donne quelques adresses où vous pourrez trouver des informations complémentaires sur les sujets abordés dans ce chapitre.

TABLEAU 5.1 Ressources Internet.

Contenu du site web	Adresse web
Annuaire francophone des scripts CGI	`http://www.scripts-fr.com/scripts/scripts-fr/livredor.shtml`
Index des ressources CGI	`www.cgi-resources.com`
CGI : pourquoi vos applets ne fonctionnent pas	`http://www.raingod.com/raingod/resources/Programming/Perl/Notes/CGIDebugging.html`
Tout un tas de choses gratuites concernant Java	`http://freewarejava.com`
Introduction au CGI	`http://www.commentcamarche.net/contents/144-cgi-introduction-a-la-programmation-des-cgi`
Le gourou de Java	`http://www.jguru.com/`
Langage Perl	`http://perl.developpez.com/cours/`
Ce qu'il faut savoir sur le Perl	`http://www.htmlgoodies.com/primers/perl/`
JavaScript Kit	`http://www.javascriptkit.com/`
Introduction à PHP	`http://www.commentcamarche.net/php/phpintro.php3`
Scripts PHP	`http://www.easy-script.com/scripts-php/`

Chapitre 6

Pour une bonne navigabilité

DANS CE CHAPITRE :

- **Intégrer un moteur de recherche.**
- **Ajouter des outils de navigation.**

Fidèles à l'intitulé de cette partie, nous envisageons ici la mise en place d'éléments et de fonctions pour des sites web avancés. Malgré votre modestie en la matière, il est important que vous sachiez ce que l'on peut développer sur un site pour lui donner un caractère plus professionnel, et ainsi inciter les internautes à y revenir régulièrement.

Il existe deux sortes d'internautes : les pressés et les explorateurs. Les pressés souhaitent accéder à l'information le plus vite possible, tandis que les explorateurs prennent le temps de se promener dans le site.

Vous devez concevoir un système de navigation contentant ces deux types d'internautes. Pour les internautes pressés, faites en sorte qu'ils accèdent le plus rapidement possible à l'information qu'ils recherchent. Pensez à l'élaboration d'un annuaire répertoriant les différents thèmes abordés sur le site d'un moteur de recherche dont les résultats se cantonnent à votre site – mais vous pouvez également couvrir le World Wide Web.

Pour les internautes explorateurs, facilitez la navigation sur le site. Vous pouvez vous contenter de quelques liens pertinents, mais il est possible de faire mieux – nous verrons comment.

Dans ce chapitre, nous allons améliorer la navigabilité de votre site, pour le plus grand plaisir de tous vos visiteurs.

Ajouter un moteur de recherche

Si votre site comprend plus d'une page, pensez à concevoir un petit moteur de recherche. Les sites sans moteur de recherche sont très désavantagés. Il suffit de se mettre à la place d'un internaute : rien de plus désagréable que de perdre du temps sur un site à chercher une information que l'on n'est pas sûr de trouver alors qu'un moteur de recherche intégré donne rapidement accès à l'information.

Les fonctionnalités de recherche décrites dans ces pages présentent des avantages comme des inconvénients. Certains programmes ou services assez similaires offrent des fonctionnalités somme toute différentes. Ainsi, certains services de recherche remettent-ils à jour leur base de données quotidiennement, alors que d'autres fonctionnent sur une base hebdomadaire. Le moteur de recherche dont la mise à jour est quotidienne aura peut-être certaines exigences en échange de la qualité du service rendu, comme d'afficher un bandeau publicitaire sur votre site. Apprenez à connaître vos besoins et cherchez le meilleur compromis. Il est conseillé de connaître toutes les possibilités du moteur que vous choisissez. Elles sont en général assez simples à mettre en œuvre et peuvent ajouter un véritable plus à votre site.

Un moteur de recherche gratuit

Le problème de la mise en œuvre d'un moteur de recherche sur votre site web est qu'il faut indexer tout le texte des pages pour que l'internaute trouve rapidement l'information qu'il cherche. Cette compétence dépasse largement le savoir-faire des concepteurs web débutants.

Il existe des solutions gratuites qui assistent les créateurs dans l'implémentation des moteurs de recherche. Webinator de Thunderstone, ht://Dig et FreeFind font partie des plus connus. Dans la plupart des cas, ces services sont personnalisables, s'insèrent en quelques minutes, permettent de générer un plan du site, gèrent une rubrique des nouveautés continuellement mises à jour, établissent un compte rendu des habitudes des visiteurs, etc., sans que vous déboursiez le moindre centime d'euro.

Avec des systèmes comme FreeFind, le bandeau se trouve sur la page du moteur lui-même. De plus, ce type de bandeau aura la priorité sur toute autre publicité présente sur le site.

La plupart des moteurs de recherche gratuits s'installant directement sur le site et non sur le serveur fonctionnent de la même manière. Essayez une solution alternative avec FreeFind en visitant `www.freefind.com`.

Moteur de recherche Scripts CGI

L'idée de laisser d'autres serveurs prendre en charge les recherches de vos visiteurs vous est insupportable ? Glissez un script CGI Perl (voir Chapitre 5) ! Cela requiert un peu plus de savoir technique ou d'aide de votre fournisseur d'accès mais reste faisable, même si vous ne connaissez rien au CGI.

Pour faciliter la mise en œuvre d'un tel moteur de recherche qui scannera les pages de votre site, je vous invite à utiliser CGI Search.

Télécharger CGI Search

Suivez les étapes ci-dessous pour utiliser ce script :

1. **Rendez-vous sur le site** `http://www.01net.com/telecharger/`**, et saisissez CGI Search dans le champ Rechercher un logiciel, et cliquez sur le bouton OK.**
2. **Faites défiler le contenu de la page et, dans la section Logiciels, cliquez sur CGI Search comme à la Figure 6.1.**
3. **Dans la nouvelle page qui apparaît, cliquez sur le bouton Télécharger.**
4. **Dans la boîte de dialogue d'Internet Explorer qui apparaît, cliquez sur Enregistrer sous.**
5. **Dans la boîte de dialogue qui s'affiche, sélectionnez le dossier de stockage du fichier, et cliquez sur le bouton Enregistrer.**

FIGURE 6.1 Pour télécharger CGI Search.

Vous téléchargez le fichier cgisrch.zip.

Nous vous conseillons d'extraire ce fichier dans un nouveau dossier afin d'en réunir tous les éléments.

6. **Une fois le fichier déplacé dans un nouveau dossier, faites un clic-droit sur cgisrch.zip. Dans le menu contextuel qui apparaît, exécutez la commande Extraire tout.**

7. **Dans la boîte de dialogue qui apparaît, cliquez sur le bouton Extraire.**

Utiliser CGI Search

CGI Search est un moteur de recherche des plus simples à mettre en œuvre. La configuration de ce script est facile puisqu'il suffit de copier le fichier exécutable CGISRCH.EXE dans le répertoire /cgi-bin/. Placez-y également le dossier « srchdata ». Vérifiez qu'il contient les quatre fichiers suivants : 'header.htm', 'footer.htm', 'body.htm', et 'config.txt'. Enfin, ajoutez la page HTML à votre site. C'est tout !

Ce moteur ne localisera par défaut que les fichiers « htm » ou « html ». Pour une recherche plus avancée, vous devez ajouter une autre ligne FILESPEC au fichier « config.txt ». Cette ligne indiquera une autre extension de fichiers.

Si certaines de vos pages sont cachées et qu'aucun lien direct ne permet d'y accéder, le moteur les localisera malgré tout. Pour les exclure de la recherche, vous devez ajouter leur chemin d'accès dans la section EXCLUDEPATH du fichier « config.txt ».

La recherche commence toujours dans le dossier situé juste en dessous de celui où CGI Search a été installé. En revanche, pour des raisons de sécurité, il ignore toujours le répertoire /cgi-bin/.

Des outils de navigation pour s'y retrouver

Plus votre site est complexe, plus vous avez besoin d'outils de navigation. Si un moteur de recherche donne des réponses rapides à des questions spécifiques, rien de tel que de se balader dans un site pour en découvrir les richesses. Afin d'aider vos visiteurs à s'y retrouver, il existe des aides à la navigation très pratiques et surtout très simples.

Créer des listes déroulantes

Il est temps de se lancer dans le JavaScript. La liste déroulante de la Figure 6.2 est très simple à réaliser. Il s'agit d'un formulaire contenant un menu. Lorsqu'un visiteur effectue une sélection dans ce menu, le formulaire appelle le code JavaScript et charge la page sélectionnée.

Pour ajouter cette fonctionnalité à l'une de vos pages web, vous devez d'abord placer ce script dans votre élément `HEAD`. Votre code ressemblera à ceci :

```
<HEAD>
<SCRIPT language="JavaScript">
<!-- // Hide from old browsers function golinks(where)
          {self.location = where;}
//stop hiding -->
```

```
</SCRIPT>
</HEAD>
```

Votre élément **HEAD** comportera certainement d'autres informations telles que le titre, mais nous nous concentrons ici sur la fonction étudiée.

Insérez maintenant le formulaire dans l'élément **BODY** :

```
<BODY>
<FORM>
<SELECT onchange="golinks(this.options[this.selectedIn-
dex].value)">
<OPTION value=»http:// http://www.pourlesnuls.fr/»>Pour
les Nuls
        </OPTION>
<OPTION value="http://www. http://www.dummies.com/">For
Dummies
        </OPTION>
</SELECT>
</FORM>
</BODY
```

Le code ressemblera à ceci :

```
<HEAD>
<SCRIPT language="JavaScript">
<!-- // Hide from old browsers function golinks(where)
        {self.location = where;}
//stop hiding -->
</SCRIPT>
<BODY>
<FORM>
<SELECT onchange="golinks(this.options[this.selectedIn-
dex].value)">
<OPTION value=»http:// http://www.pourlesnuls.fr/»>Pour
les Nuls
        </OPTION>
<OPTION value="http://www. http://www.dummies.com/">For
Dummies
        </OPTION>
</SELECT>
</FORM>
</BODY>
</HEAD>
```

La page web et la liste déroulante sont illustrées à la Figure 6.2.

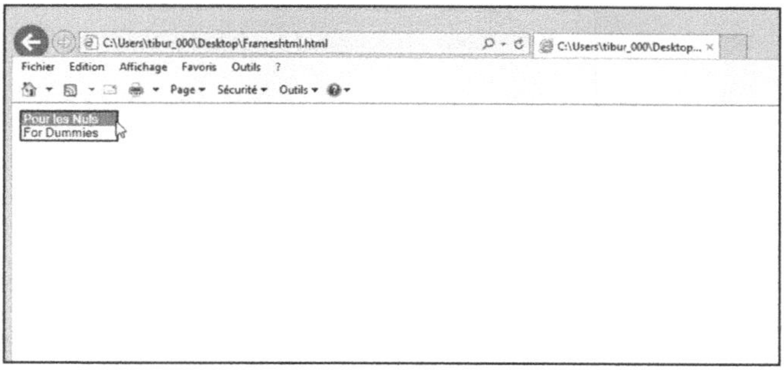

FIGURE 6.2 Une liste déroulante.

Créer des listes déroulantes dans Dreamweaver CC

Ah ! Je les entends d'ici les *nuls* de la première heure qui se disent que le Web est autre chose qu'une juxtaposition de codes dans des codes et des codes pour obtenir une malheureuse liste déroulante. Pour vous, les adeptes du WYSIWYG, c'est-à-dire des éditeurs visuels, voici comment créer une liste déroulante dans Dreamweaver CC :

1. **Dans une page vierge de Dreamweaver (Fichier/Nouveau/Type de page/HTML), commencez par cliquer sur l'onglet Création.**
2. **Placez le point d'insertion où vous désirez faire apparaître la liste déroulante.**
3. **Choisissez Insertion/Formulaire/Sélection, comme à la Figure 6.3.**
4. **Cliquez sur la liste elle-même pour la sélectionner, puis, dans le panneau Propriétés, cliquez sur le bouton Valeurs de la liste pour saisir les éléments de la liste.**

   Vous accédez à la boîte de dialogue Valeurs de la liste représentée sur la Figure 6.4. Dans la colonne Étiquette de l'élément, donnez un nom à un des éléments du menu.

5. **Cliquez sur le bouton « + » pour ajouter d'autres éléments à la liste.**
6. **Une fois la liste complète, cliquez sur OK.**

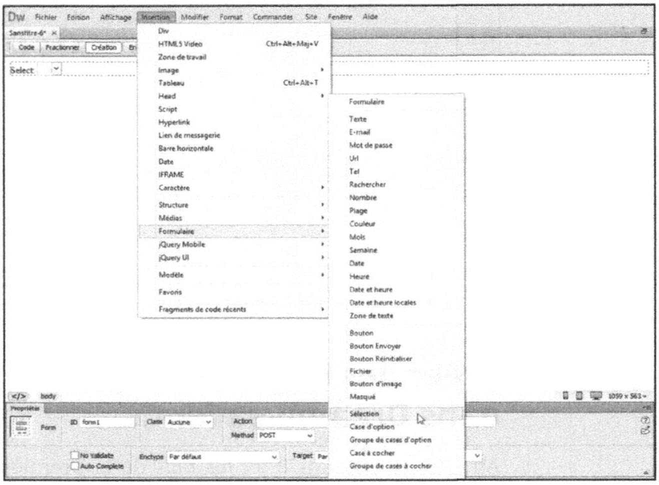

FIGURE 6.3 Pour créer rapidement un menu de formulaire dans Dreamweaver CC.

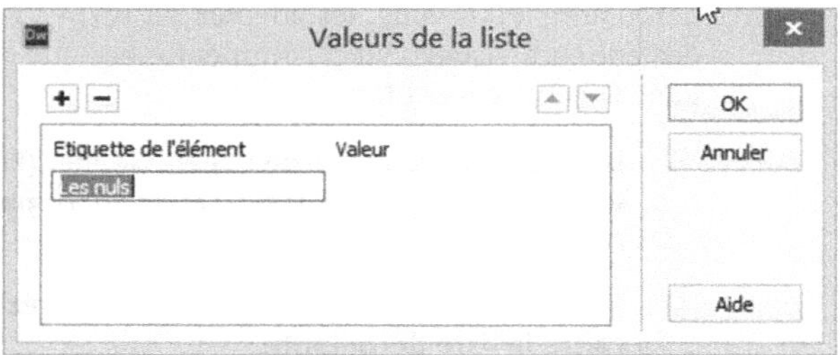

FIGURE 6.4 La boîte de dialogue Valeurs de la liste pour définir les éléments d'une liste.

7. **Dans la liste « Selected » (Sélectionné) du panneau Propriétés, cliquez sur l'élément qui sera sélectionné quand l'internaute déroulera la liste, comme le montre la Figure 6.5.**

FIGURE 6.5 Cet élément sera sélectionné quand l'utilisateur affichera le contenu de la liste.

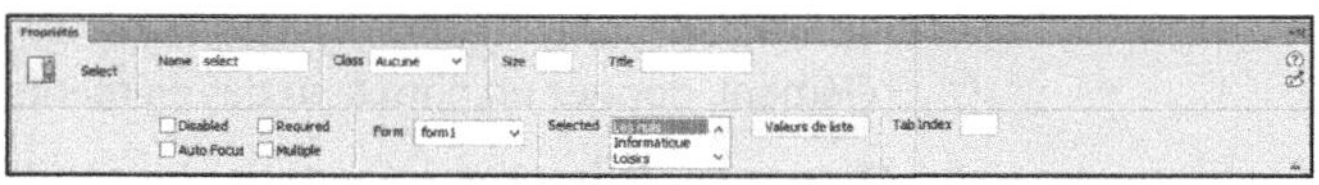

8. **Testez votre liste via Fichier/Aperçu dans le navigateur ou en cliquant sur le bouton en forme de Terre dans la barre d'outils de Dreamweaver.**

Dreamweaver vous demandera d'enregistrer le fichier HTML avant d'afficher la page. Donnez un nom au fichier, localisez son dossier de stockage sur votre disque dur, et cliquez sur Enregistrer.

Comme en témoigne la Figure 6.6, la liste fonctionne à merveille.

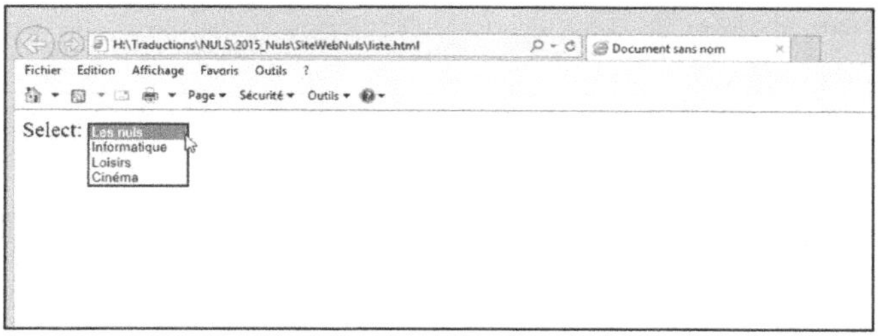

FIGURE 6.6 Aperçu de la liste dans un navigateur comme Internet Explorer.

9. **Visualisez le code généré sans aucune intervention de votre part en cliquant sur le bouton Code ou en choisissant Affichage/Code.**

La Figure 6.7 est éloquente. Le code est d'une grande limpidité.

Les bonnes adresses du Net

Le Tableau 6.1 vous donne quelques adresses où vous trouverez des informations complémentaires sur les sujets abordés dans ce chapitre.

FIGURE 6.7 Le code HTML qu'il aurait fallu saisir pour créer une liste déroulante informative.

TABLEAU 6.1 Ressources Internet.

Nom du site	Adresse web
Barre de navigation	`http://www.xul.fr/ecmascript/barre-navigation.php`
Aspfr.com	`http://www.aspfr.com/codes/DEBUTANT-REALISATION-BARRE-NAVIGATION-ASP-NET_21791.aspx`

Chapitre 7

Pour un site qui en jette… gratuitement

DANS CE CHAPITRE :

- » **Trouver des images libres de droits.**
- » **Comprendre les formats de fichiers graphiques.**
- » **Commander et créer des logos.**
- » **Utiliser des applets graphiques.**

Même s'il est fonctionnel et optimisé, un site sans images est souvent fade et ennuyeux. Il rappelle un écran minitel (pour ceux qui s'en souviennent) à peine amélioré. Ne laissez pas vos visiteurs partir pour des horizons plus riches en images !

Ce chapitre vous fera découvrir de nombreux sites proposant des images, des applets Java créant d'étonnants effets graphiques et de nombreux add-ins donnant un peu de pep à votre site.

« Applets Java ? » Oui, un débutant en création web ne connaît ni la terminologie ni la technologie mise en œuvre sur les sites les plus dynamiques. Des *applets* ou *appliquettes* Java sont de petits programmes qui améliorent l'interactivité d'un site web. Ils sont écrits dans un langage de programmation appelé JavaScript. Un dérivé de ce langage, *ActionScript*, est utilisé par le logiciel Flash CC. Ce programme permet de créer des animations et des interfaces interactives sans équivalent qui intègrent assez facilement des éléments multimédias. Les appliquettes

Java écrites en JavaScript ou ActionScript font entrer les sites web dans une ère qui peut aujourd'hui faire de l'Internet un lieu d'expression artistique tirant profit des contraintes imposées par l'HTML. « Des add-ins ? » Cette fois, il s'agit de modules permettant à des technologies de fonctionner dans votre navigateur, ou de programmes qui donneront à vos images le format graphique approprié pour obtenir des sites attrayants rapides à télécharger dans le navigateur de l'internaute.

Trouver des images gratuites

Nous ne sommes pas tous des artistes, il faut bien le reconnaître. Plutôt que de perdre un temps précieux à tenter – vainement le plus souvent – de créer une image, nous allons partir à la conquête de sites qui en offrent – en libre accès, bien sûr.

Attention au copyright !

Toutes ces images que vous admirez sur l'Internet peuvent devenir les vôtres ! Il suffit de les télécharger, ou plus simplement de cliquer dessus avec le bouton droit de la souris (Windows) et d'exécuter la commande « Enregistrer la cible sous ». Et rien ne vous empêche de les observer sous tous leurs angles, de les admirer tout votre soûl. Vous pouvez même les intégrer à votre site, mais vous devez jouer la carte de la prudence : certaines d'entre elles sont protégées et leur utilisation intempestive vous expose à des dangers...

Lorsqu'un artiste crée une image, il en possède le *copyright*. Le copyright, qui signifie littéralement « droit de copie », donne à l'artiste le droit de faire des copies. L'artiste peut accorder la permission à d'autres personnes de faire des copies de cette image. Il peut même leur vendre ce droit.

Lorsque les travaux d'un artiste tombent dans le domaine public, l'artiste n'est plus propriétaire du copyright. Dans ce cas, les œuvres appartiennent à tous et chacun peut en faire ce qu'il veut.

Il se présente cinq situations types en matière de droit de l'image sur Internet :

- » L'artiste vous indique clairement que vous ne pouvez pas utiliser ses œuvres.
- » L'artiste vous informe que vous pouvez utiliser ses images sans aucune condition.
- » L'artiste vous indique que vous pouvez utiliser ses images sous certaines conditions telles que la création d'un lien vers son site ou la mention du copyright sous l'image.
- » L'artiste vous informe que vous pouvez utiliser l'image gratuitement si votre site n'est pas commercial. S'il est commercial, vous devez payer des droits.
- » L'artiste ne donne aucune information quant à l'utilisation de ses œuvres. Envoyez-lui un courrier électronique pour en savoir plus, mais sachez qu'implicitement aucune mention faite sur l'utilisation d'une œuvre signifie que vous n'avez pas le droit de l'utiliser. Les artistes sont très bien protégés en France. Que ce soit la SACEM, la SACD, la SCALA ou La Maison des Artistes, les droits d'un artiste sur ses œuvres sont préservés.

Reportez-vous à la fin de ce chapitre pour découvrir des sites offrant des images web de très grande qualité !

Les différents formats de fichiers graphiques

Il existe de nombreux formats de fichiers graphiques, comme vous avez pu le remarquer. Les sociétés, d'Adobe à Kodak, ont toutes leur propre technique en matière d'images électroniques. Sur le Net en revanche, il existe trois grands formats de fichiers – reconnus par tous les grands navigateurs (on parle de Web et non de Christophe Colomb ou de Magellan).

GIF

Le bon vieux GIF (Graphic Interchange Format) est toujours très utilisé sur l'Internet. Le format GIF n'utilise que 256 couleurs, il est donc conseillé pour les images comportant peu de couleurs. Les fichiers GIF ont une aptitude unique, celle de contenir plusieurs fichiers en un. Ces images apparaissent par séquence lorsque vous visionnez le fichier GIF, ce qui donne une forme d'animation simple et sans prétention.

JPEG

Le format JPEG (Joint Photographic Experts Group), plus récent, également connu sous le nom de JPG, parce que les utilisateurs ont souvent l'habitude d'employer les noms de fichiers issus de DOS 8.3, est totalement différent. JPEG est un véritable format de couleur, si bien que vous n'avez pas à vous soucier des limitations de couleur. En outre, il stocke les données selon une technique permettant une forte compression. Pour la même image, le fichier JPEG est donc beaucoup plus petit que le fichier GIF.

PNG

Le format PNG (Portable Network Graphics) est né en réponse aux problèmes légaux croissants liés au format GIF. PNG peut faire tout ce que GIF sait faire, sauf créer des images animées. Mais il y a un certain nombre de techniques qu'il maîtrise mieux, comme la transparence. Sans oublier la cerise sur le gâteau : il est complètement dépourvu de casse-tête légaux et autres droits. À noter qu'un format nommé MNG (Multiple Network Graphics) est actuellement à l'étude ; il gérerait les images animées. Il faut reconnaître que les navigateurs Internet ont parfois quelques ratés avec le format PNG, mais ça va s'arranger. PNG est le format natif du travail sous Fireworks d'Adobe, un grand programme graphique orienté vectoriel et création d'interface web. Le JPEG 2000, plus évolué que le JPEG, n'a jamais vraiment trouvé sa place auprès des graphistes de l'Internet.

En d'autres termes, nous pouvons dire que le format PNG cumule les avantages des formats GIF et JPEG, c'est-à-dire la gestion de la transparence et des millions de couleurs qui se dégradent très peu malgré une compression très élevée.

Créer un logo avec CoolText.com

Vous voulez un logo gratuit, rapidement ? Vous ne voyez pas d'inconvénient à le créer vous-même ? Essayez CoolText.com sur `http://fr.cooltext.com/` (vous l'aviez deviné...). Ce site web génère des logos d'après les options que vous avez choisies. La méthode est simple et amusante. Et vous pouvez créer autant de logos que vous le souhaitez. Cerise sur le gâteau : ce site est désormais en français !

Non seulement les logos sont vraiment géniaux, mais le site ne comporte aucune restriction légale. Pas de mention de copyright à ajouter, pas de pub à insérer. Rien. Pour remercier les géniaux personnages se trouvant derrière ce site, vous pouvez insérer un lien, mais ce n'est pas obligé.

CoolText ne détient pas de copyright sur les logos que vous créez, mais vous, peut-être que si. Les décisions que vous prenez au fil du processus de création du logo relèvent de la création artistique, nous semble-t-il. Nous ne sommes pas juristes, mais s'il est important pour vous, dans votre situation, de connaître vos droits en la matière, adressez-vous à un juriste professionnel.

Pour créer un logo personnalité sur CoolText.com, suivez les étapes décrites ci-dessous :

1. **Rendez-vous sur le site `www.fr.cooltext.com` et cliquez sur le lien Logos situé en haut de la page comme à la Figure 7.1.**
2. **Dans la zone Choisissez un type de logo, cliquez sur le style de logo que vous désirez créer.**

   Vous pouvez afficher davantage de style de logos en plaçant le pointeur de la souris sur la petite flèche située à droite du lien Logos, comme le montre la Figure 7.2.
3. **Dans le champ Texte du logo, saisissez le texte de votre logo, comme à la Figure 7.3.**

   Vous pouvez saisir ce que bon vous semble, mais, le plus souvent, il s'agit du nom du site ou de la société.

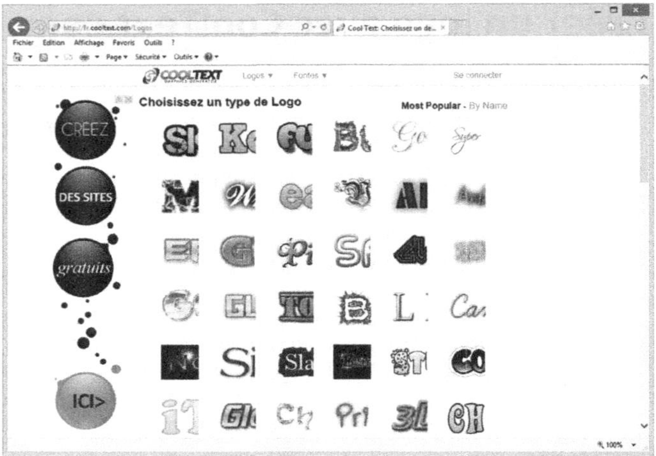

FIGURE 7.1 Cliquez sur ce lien pour créer un logo.

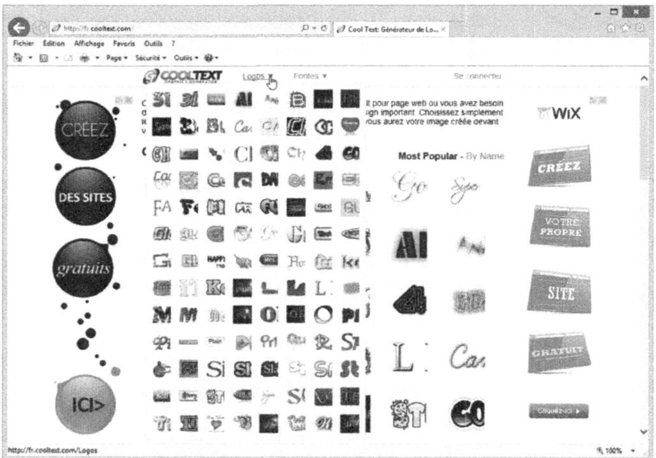

FIGURE 7.2 Les styles de logo disponibles quand vous cliquez sur le lien Logos de la page d'accueil de CoolText.com.

4. **Une fois le texte saisi, cliquez sur le texte de la section Fonte, afin de sélectionner le type de police de caractères à appliquer à votre texte.**

   Le contenu du champ Fonte correspond au nom de la police actuellement utilisée par défaut.

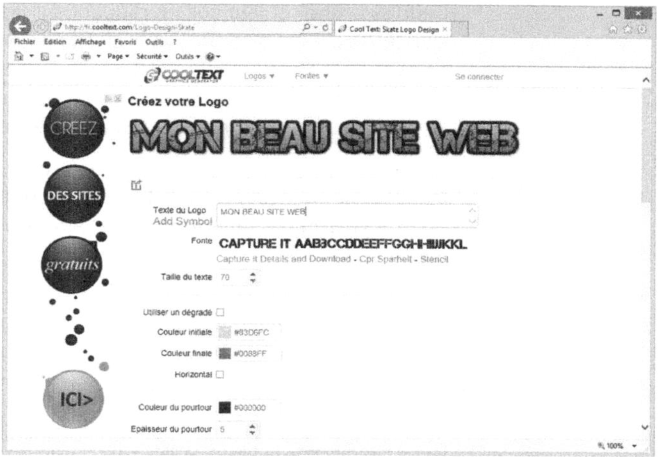

FIGURE 7.3 Saisissez le texte de votre logo dans le champ Texte du logo.

Vous accédez à une page de liens où les polices sont classées par catégorie. Entre parenthèses, chaque catégorie indique le nombre de polices disponibles. Cliquez sur une famille de polices, puis sur la police qui vous intéresse.

Une fois la nouvelle police choisie, vous revenez dans la page web de création de votre logo.

5. **Entrez une taille de police dans le champ Taille du texte.**

   Vous pouvez également augmenter ou réduire la taille en cliquant sur les flèches dirigées vers le haut ou le bas.

   Les options varient selon le style de logo choisi. Il peut s'agir des options de couleur, du relief, etc.

6. **Appliquez éventuellement un dégradé à votre logo en cochant la case Utiliser un dégradé.**

   Vous pouvez alors définir la couleur de départ et de fin du dégradé. Si vous cliquez directement sur le dégradé affiché par défaut, vous accédez à un sélecteur de dégradés. Vous y trouvez de nombreux dégradés prédéfinis. Il suffit de cliquer sur celui que vous souhaitez utiliser. Sinon, vous pouvez créer votre propre dégradé.

Définissez une couleur soit en cliquant sur les nuanciers RGB (RGB, car nous sommes sur un site américain), soit en saisissant directement les valeurs R, G et B dans les champs ainsi libellés, soit enfin en cliquant sur l'icône de la pipette qui vous permet de définir visuellement les couleurs.

7. **Dans le menu local Format du fichier, choisissez le format graphique de votre logo, c'est-à-dire JPEG, PNG, etc.**

   Si vous optez pour un format sans transparence de fond, une nouvelle option Couleur de fond apparaît. Cliquez dessus pour ouvrir un nuancier dans lequel vous définirez ladite couleur de fond.

   Pour que le logo sans transparence apparaisse sur un fond, cliquez sur le texte NONE du champ Image de fond.

   Comme le montre la Figure 7.4, vous avez accès à un certain nombre d'arrière-plans prédéfinis. Cliquez sur celui que vous voulez utiliser.

8. **Après avoir paramétré toutes les options, cliquez sur le bouton Create logo.**

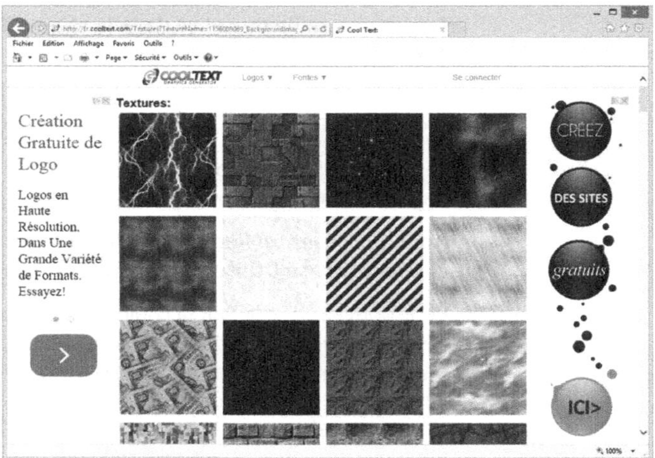

FIGURE 7.4 Modèles d'arrière-plans.

Il ne vous reste plus qu'à attendre que le logo soit créé. Il apparaît alors comme à la Figure 7.5.

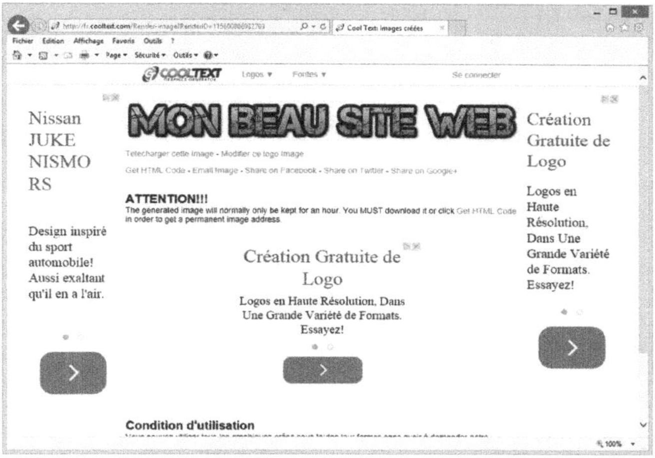

FIGURE 7.5 Le logo est créé. Il ne reste plus qu'à le télécharger.

9. **Téléchargez-le immédiatement en cliquant sur le lien Télécharger cette image.**

   CoolText.com ne conserve les logos qu'une heure en mémoire. Si ce n'est pas ce que vous vouliez, recommencez. Vous finirez par y arriver !

Tant que vous êtes sur CoolText.com, jetez un œil au générateur de boutons en cliquant sur le lien Boutons.

Les bonnes adresses du Net

Le Tableau 7.1 vous donne quelques adresses où vous trouverez des informations complémentaires sur les sujets abordés dans ce chapitre.

Vous pouvez utiliser ces images gratuitement et sans autorisation. Elles sont libres de droits. Méfiez-vous des *images repositories*, sites qui mettent à votre disposition des milliers d'images sans vous informer des conditions légales d'utilisation.

TABLEAU 7.1 Ressources Internet.

Nom du site	Adresse web
Toocharger.com	`http://scripts.toucharger.com/scripts/applets-java/`
CoolNotions.com	`www.coolnotions.com`
AppletWorldFree	`http://appletworld.free.fr/`
Expo de Dee	`www.dreslough.com/main/index.html`
Goddess Art of Jonathon Earl Bowser	`www.jonathonart.com`

III

L'art de recevoir

DANS CETTE PARTIE...

Cette partie vous apprend à fidéliser vos internautes. Dans le Chapitre 8, les visiteurs s'expriment à l'aide de questionnaires, et le Chapitre 9 donne la parole aux visiteurs à travers des forums où ils contrôlent la situation.

Chapitre 8
Écouter ses visiteurs

DANS CE CHAPITRE :

- **Organiser des questionnaires.**
- **Concevoir des formulaires.**
- **Assurer la protection des données et la sécurité.**

Lors de ses premiers pas, le Web était à sens unique. Le webmestre y déposait des informations, le visiteur y avait accès, un point c'est tout. Aujourd'hui, l'avis des visiteurs joue un grand rôle – et ils aiment qu'on leur donne la parole. La plupart des sites web utilisent des formulaires à cet effet. Ce chapitre traite des moyens les plus simples d'utiliser des formulaires sur votre site.

Ah ! les formulaires, quelle belle histoire ! Vous en avez certainement rempli à tour de bras depuis votre embarquement sur le Web, mais leur mise en place n'est pas aussi simple qu'il y paraît. Dans la prochaine partie, vous verrez qu'un logiciel comme Dreamweaver CC permet de créer facilement des formulaires. Le plus difficile est de programmer le bouton « Envoyer ». En effet, comment allez-vous recevoir le contenu d'un formulaire ? Le plus simple est une réception par courrier électronique. Dans ce chapitre, contentez-vous de comprendre le fonctionnement général des formulaires. Vous verrez que, à un certain niveau, la gestion des informations transmises par un formulaire exige de bonnes connaissances en programmation, et un serveur web capable de l'assumer.

Organiser un sondage

Impossible d'écouter les infos sans entendre les résultats d'un sondage, qu'il s'agisse des craintes sur la grippe A, de l'avis des Français sur le réchauffement de la planète, du nombre de trottinettes par habitant – les gens adorent savoir ce que les autres pensent et ils aiment donner leur avis sur tout (et même surtout donner leur avis). Voici le type de questions que l'on peut rencontrer sur le Web :

» Avis sur la qualité d'un produit : « Quelle note attribuez-vous à notre nouveauté ? »

» Opinion sur les sujets de société : « Doit-on accorder plus d'importance aux espèces menacées ? »

» Préférence entre les candidats aux élections : « Pour qui avez-vous l'intention de voter ? »

» Nouvelles fonctionnalités du site : « Quelles nouvelles fonctionnalités souhaitez-vous trouver sur ce site ? »

Formsite.com

Formsite.com (`www.formsite.com`) permet de créer et d'utiliser des formulaires destinés aux sondages.

Créer le formulaire

Chez Formsite.com, vous pouvez tester les services, comme l'indiquent les étapes ci-dessous :

1. **Rendez-vous sur `www.formsite.com` (Figure 8.1) et cliquez sur le bouton Sign Up Free (Abonnez-vous gratuitement), situé dans la partie supérieure droite de la page d'accueil.**

   La page d'inscription s'affiche.

2. **Saisissez un nom d'utilisateur.**
3. **Saisissez votre mot de passe.**
4. **Tapez une adresse e-mail valide.**

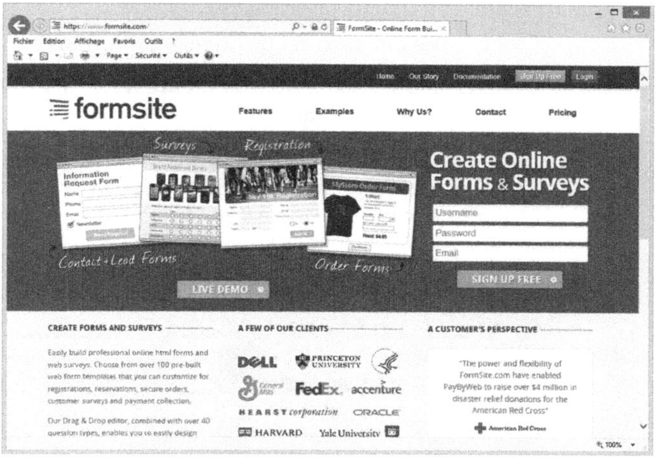

FIGURE 8.1 Créez un formulaire sur Formsite.com.

5. **Dans la liste Pro Trial, sélectionnez le type de compte que vous voulez créer. Optez pour Free (gratuit) pour le moment.**
6. **Enfin, comme à la Figure 8.2, cliquez sur le bouton Create Account (Créer le compte).**

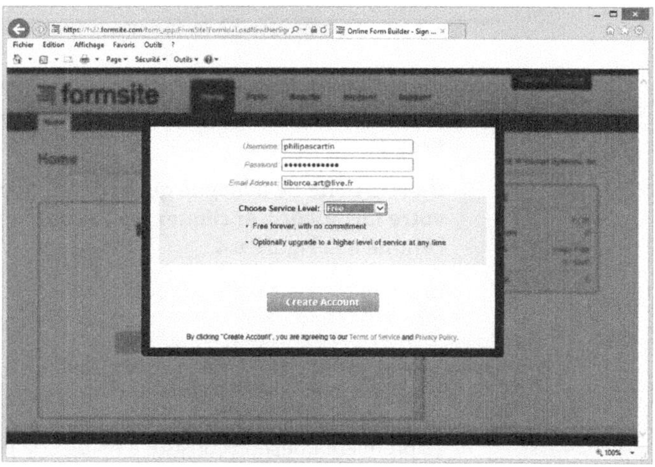

FIGURE 8.2 Commencez par créer un compte sur Formsite.com.

Le compte est validé et le site affiche une page web permettant de créer un premier formulaire.

7. **Cliquez sur le bouton Create New Form (Créer un nouveau formulaire).**

   Vous accédez à une nouvelle page qui vous guide en quelques étapes dans la conception du formulaire, comme le montre la Figure 8.3.

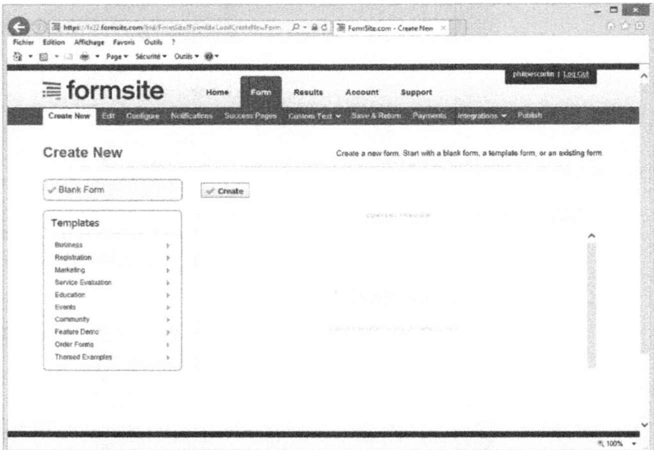

FIGURE 8.3 C'est ici que commence la création de votre formulaire.

8. **Si cela n'est pas déjà fait, activez l'option Blank form (À partir d'un formulaire vide), et cliquez sur le bouton Create.**

9. **Dans la boîte de dialogue qui apparaît, tapez le nom de votre formulaire, et cliquez sur le bouton Continuer, comme à la Figure 8.4.**

   Une liste de choix s'affiche sur la gauche, comme le montre la Figure 8.5.

   Vous devez bien préparer votre formulaire à l'avance. Pour cela, définissez-le sur une feuille de papier. Dans mon exemple, le titre du formulaire est « Qui êtes-vous ? » La première question consiste à savoir si la personne qui répond est un homme ou une femme. Donc, elle devra

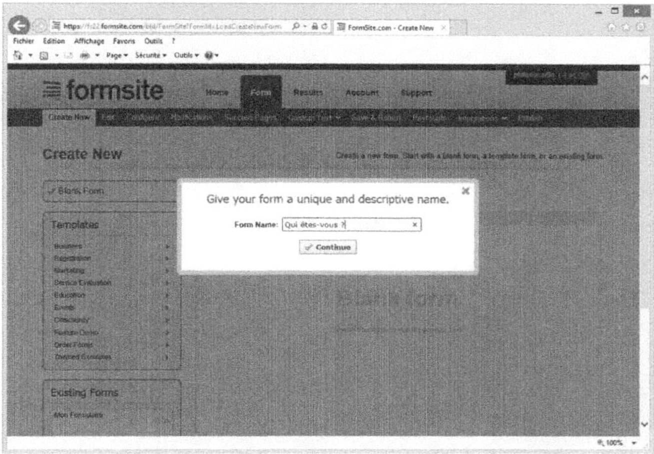

FIGURE 8.4
Nommez votre formulaire.

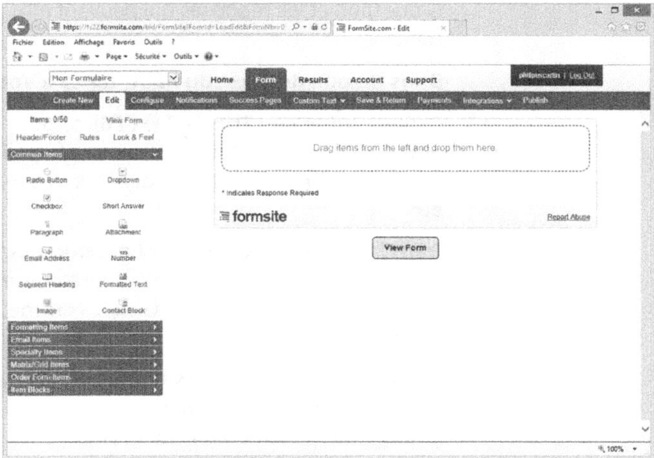

FIGURE 8.5
Ajoutez des propositions par simple glisser-déposer.

choisir impérativement entre deux options : Homme et Femme. Vous devez donc insérer une case à cocher.

10. **Glissez-déposez l'élément Checkbox (case à cocher) sur la mention Drag items from left and drop them here, comme à la Figure 8.6.**

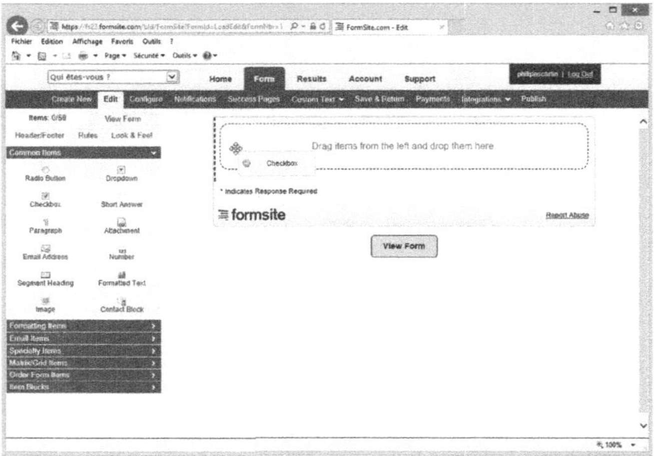

FIGURE 8.6 Ajoutez un élément à votre formulaire.

Une incrustation apparaît sur la page web afin de définir la question et les réponses qui peuvent être données en cochant une case.

11. **Dans la zone de texte du haut, tapez « Vous êtes : »**
12. **Cliquez sur le lien Enable Text Editor pour utiliser les options de mise en forme et définir la police de caractères, la taille, la mise en gras, en italique, en souligné, etc.**
13. **Dans la section Choices (Choix), sélectionnez le texte Choice A et saisissez Homme, appuyez sur Entrée, sélectionnez Choice B et saisissez Femme, comme à la Figure 8.7.**
14. **Laissez les autres options telles quelles. Faites défiler le contenu de cette incrustation, et cliquez sur Save (Enregistrer), tout en bas de la page.**
15. **De retour dans la page de votre formulaire, cliquez sur View Form pour apprécier l'aspect de votre formulaire (Figure 8.8).**

    Cette action ouvre une nouvelle fenêtre de votre navigateur web. Comme le montre la Figure 8.9, votre sondage est prêt !

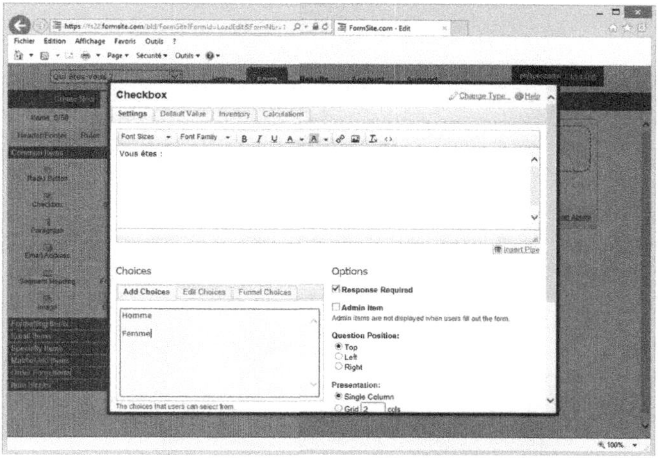

FIGURE 8.7 Les deux propositions de ce mini-sondage.

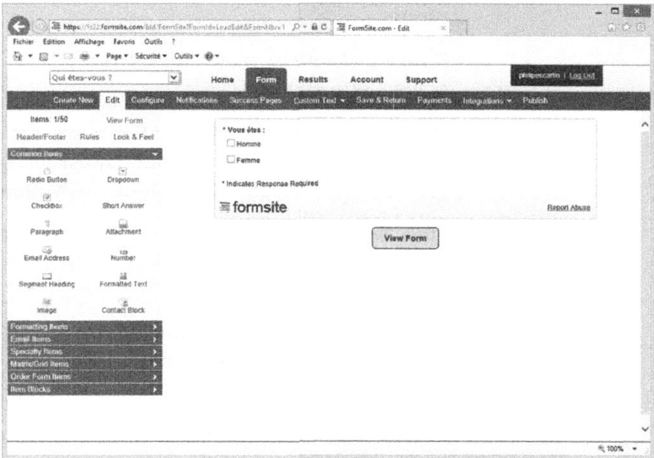

FIGURE 8.8 Votre formulaire.

16. **Revenez dans le formulaire en cours de création, puis cliquez sur l'onglet Notifications pour indiquer l'adresse mail où seront envoyés les résultats du formulaire.**

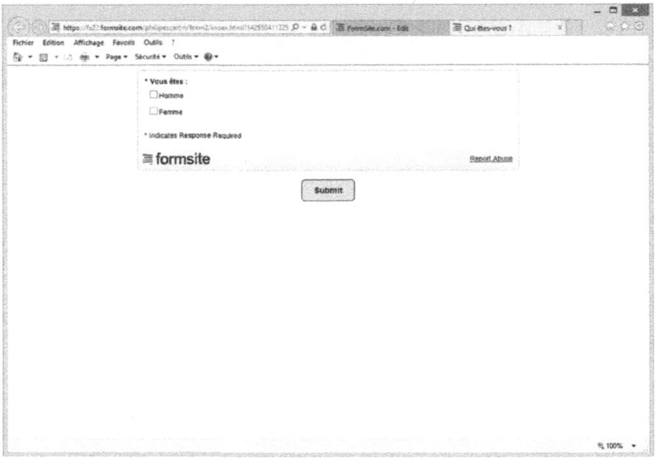

FIGURE 8.9 Il n'y a plus qu'à répondre !

17. **Dans le champ To: (À:), tapez votre adresse électronique.**

    Il s'agit de l'adresse e-mail où les résultats du sondage doivent être envoyés.

18. **Vérifiez que l'option Include Form Results est cochée et, dans le menu local Format, choisissez sous quelle forme vous souhaitez recevoir le formulaire.**

    Vous avez le choix entre Table (Tableau), Simple HTML, Text, Results PDF (fichier PDF), ou Secure Link (lien sécurisé).

19. **Cliquez dans la section Notification Name pour donner un nom à cette notification.**

    Soyez logique. Afin de mieux gérer vos divers formulaires, donnez un nom contenant celui du formulaire concerné.

20. **Laissez les autres options en l'état, et cliquez sur le bouton Save (voir Figure 8.10).**

    Utilisez les autres options de cette incrustation pour définir la taille du texte, sa justification, la couleur d'arrière-plan, etc.

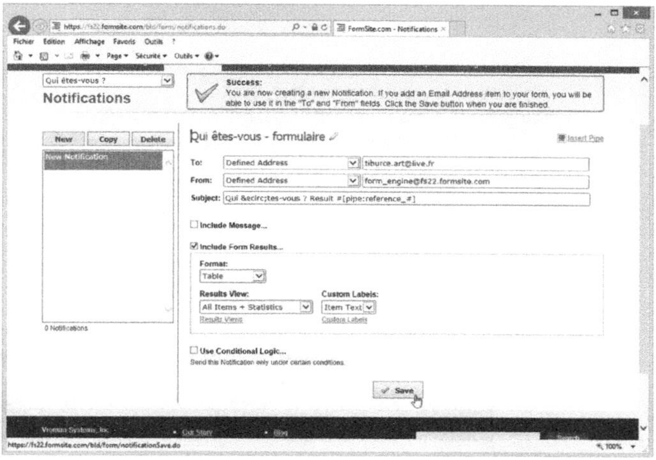

FIGURE 8.10 Indiquez où envoyer les réponses.

21. **Cliquez sur l'onglet Edit pour reprendre la création du formulaire en ajoutant d'autres questions.**

Publier et intégrer le formulaire

Pour implémenter l'accès au formulaire depuis votre site :

1. **Dans la barre de navigation de la page, cliquez sur l'onglet Publish.**
2. **Dans la colonne de gauche, sélectionnez la forme sous laquelle votre formulaire sera accessible.**

   Vous disposez des codes représentés à la Figure 8.11.

3. **Choisissez une des options de publication disponibles :**
   - **Form Link :** Il vous suffit alors de copier l'adresse affichée à droite, et de la coller dans tous les e-mails que vous adresserez aux personnes à sonder.
   - **Printable Form Link :** Vous obtenez un lien qui affichera une version imprimable du formulaire dans une page web. Libre à vous de publier ce lien sur votre site web ou de l'envoyer par e-mail.
   - **Pre-Populate Link :** Ce lien occupera les 10 premiers éléments de texte, paragraphes, ou champs masqués

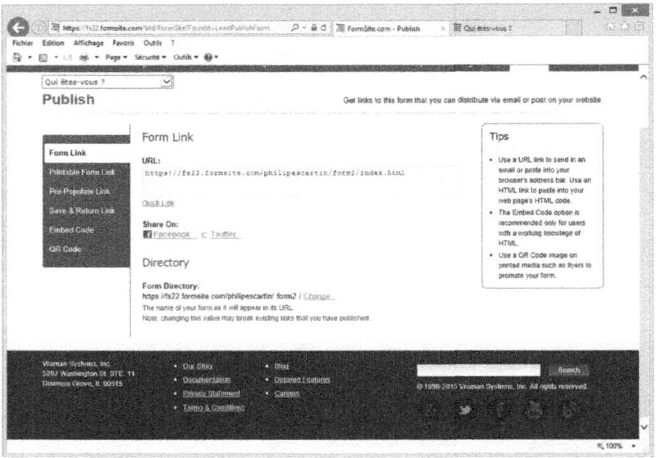

FIGURE 8.11 Les codes d'accès au formulaire.

sur votre page. Modifiez le lien pour inclure les valeurs que vous désirez faire apparaître. Chaque chiffre correspond à la position d'un élément de votre formulaire.

- **Embed Code :** Génère le code complet d'un formulaire HTML. Copiez-collez ce code à la place de celui de votre page web. Attention, cette méthode demande une très bonne connaissance du code HTML pour ne pas courir à la catastrophe.
- **QR Code :** Génère un code QR, sorte de code-barres à lire avec un smartphone pour afficher votre formulaire.

4. **Faites votre choix, et appuyez sur Ctrl+C pour copier le code correspondant dans le Presse-papiers.**

   Par exemple, double-cliquez dans la zone Embed Code. Le code est automatiquement sélectionné, donc appuyez sur Ctrl+C.

5. **Dans le Bloc-notes de Windows, collez le contenu que vous venez de copier.**
6. **Enregistrez ce document sous le nom `fomulaire.html`.**

7. **Faites un clic-droit sur l'icône de ce fichier. Dans le menu contextuel, choisissez Ouvrir avec/Internet Explorer.**

   Le formulaire apparaît, comme le montre la Figure 8.12.

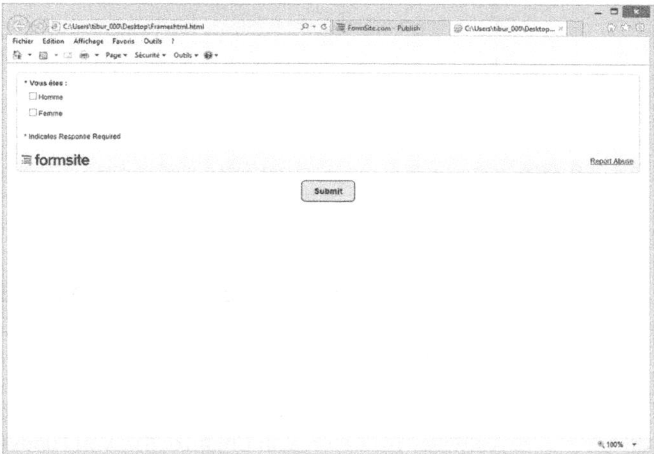

FIGURE 8.12 Le formulaire s'affiche !

Sous Windows 8.1, la commande Ouvrir basculera vers la version de l'écran d'accueil d'Internet Explorer si Internet Explorer est déclaré comme votre navigateur web par défaut. Si vous souhaitez tester ce formulaire dans la version du Bureau d'Internet Explorer, choisissez Fichier/Ouvrir. Dans la boîte de dialogue qui apparaît, cliquez sur le bouton Parcourir, et localisez le fichier HTML. Ensuite, cliquez sur OK.

8. **Répondez à la question et cliquez sur Submit !**

   Normalement, les résultats du sondage vous seront adressés par e-mail, comme à la Figure 8.13.

Il est possible de franciser la majorité des éléments du formulaire, y compris le message de remerciement qui apparaît lorsque l'utilisateur a cliqué sur Submit.

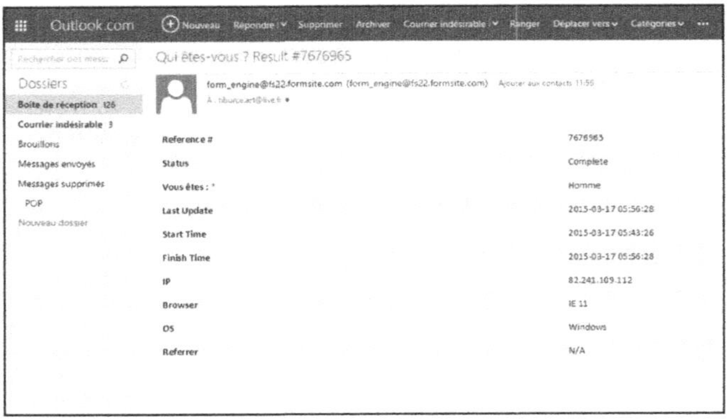

FIGURE 8.13 Le formulaire rempli par un internaute et reçu sur votre adresse mail.

Tester les concepteurs de formulaires

Sur le Web, les formulaires ne servent pas qu'aux sondages. Ils sont très utilisés dans divers domaines. Vous souhaitez vous en servir davantage, mais ne maîtrisez pas le CGI (Common Gateway Interface, voir Chapitre 5) ? Vous pouvez vous en passer grâce aux programmes de conception et aux services de traitement de formulaires.

De nombreux organismes offrant des formulaires gratuits proposent également un service de traitement des formulaires. Les concepteurs de formulaires fournissent souvent des services CGI, même s'ils les limitent à leurs propres formulaires. Un véritable service de traitement de formulaires pourra, lui, traiter vos propres formulaires.

Response-O-Matic, que vous trouverez sur `www.response-o-matic.com`, est l'une des meilleures sociétés de création de formulaires. Très flexible, elle gère absolument tous les formulaires.

Les questions que vous faites figurer dans le formulaire ne dépendent que de vous. Il faut simplement connaître un peu HTML.

Pour créer un formulaire à l'aide de Response-O-Matic, faites comme suit :

1. **Rendez-vous à l'adresse suivante :** `www.response-o-matic.com`**, puis cliquez sur le bouton Get Started (Démarrer).**
2. **Cliquez sur Sign Up (S'inscrire) pour créer un compte en saisissant votre nom, votre adresse électronique, votre mot de passe, et la confirmation de votre mot de passe.**
3. **Pour activer votre compte, attendez le mail de Response-O-Matic. Cliquez sur le lien de validation de votre compte (c'est le premier du mail).**
4. **Un assistant propose des champs prêts à l'emploi. Cliquez sur le bouton Edit pour franciser le nom de ces champs.**

   Par exemple, les deux premiers champs qui demandent la saisie du nom (Name) et de l'adresse électronique (Email Adress) doivent être affichés en français. Cliquez sur Edit et changez le terme anglais par son équivalent français.
5. **Cliquez sur Save puis sur Continue.**

   Pour cette seconde étape, vous devez indiquer ce que verra l'utilisateur une fois qu'il aura rempli le formulaire.
6. **Par exemple, activez Show them our "Thank You" page. Dans le champ Redirect to a website, saisissez l'adresse de la page en question.**

   Bien entendu, il vous faudra créer cette page. Il s'agira d'une simple page contenant un texte de remerciement.
7. **Cliquez sur Continue.**
8. **Copiez le code HTML de la page qui s'affiche dans votre éditeur HTML.**
9. **Éditez le code du modèle dans votre éditeur HTML pour qu'il contienne la question que vous voulez.**

Après avoir modifié le code, téléchargez la page web vers votre serveur web et testez-la. Vous obtenez quelque chose ressemblant au formulaire de la Figure 8.14.

FIGURE 8.14 Facile à créer, le formulaire a été créé par simple copie du code dans le Bloc-notes.

Confidentialité et sécurité

La première chose à savoir lorsque vous faites traiter les informations de votre site par un service est que vous abandonnez une partie du

contrôle sur ces informations. Vérifiez bien les mentions de confidentialité du service. Cherchez un lien du type Privacy Statement, Privacy Policy, Confidentialité ou quelque chose de ressemblant. Lisez attentivement les mentions et imprimez-en une copie à conserver dans vos dossiers.

Si le service de traitement des formulaires ne porte aucune mention de confidentialité ou des mentions floues, ne vous y risquez pas. S'il ne vous garantit pas par écrit la confidentialité de vos informations, c'est dangereux !

Il y a un autre problème. La plupart des services de traitement de formulaires vous envoient le contenu du formulaire par e-mail. Sachant que les administrateurs peuvent lire les mails transitant par leur serveur, cette méthode n'est pas très prudente, même s'ils ont certainement mieux à faire que d'éplucher votre courrier. Les programmes sniffers (renifleurs) peuvent, eux, filtrer les messages intéressants lorsqu'ils passent par un serveur.

Il est évident qu'il n'est pas idéal de passer par ces services de traitement des formulaires si vous recevez des informations sensibles telles que des numéros de carte de crédit.

Si vous traitez des informations sensibles, vous devez être sûr que le service utilisé récolte les données en passant par un formulaire sécurisé. Il doit en outre conserver les données sur son serveur jusqu'à ce que vous alliez les chercher vous-même en vous connectant sur une page sécurisée du site. C'est le cas de la version professionnelle de Formsite.com.

Les bonnes adresses du Net

Le Tableau 8.1 vous donne quelques adresses où vous trouverez des informations complémentaires sur les sujets abordés dans ce chapitre.

TABLEAU 8.1 **Ressources Internet.**

Nom du site	Adresse web
Guidewebmaster	`http://www.guide-webmaster.com/`
Mon formulaire	`http://www.mon-formulaire.com/`
Freedback.com	`www.freedback.com`
EZPolls	`http://ezpolls.mycomputer.com`
Freepolls.com	`www.freepolls.com`
SiteGadgets.com	`www.sitegadgets.com`
Wufoo	`http://wufoo.com/`

Chapitre 9

Et si on causait

DANS CE CHAPITRE :

» **Offrir un livre d'or.**

» **Créer des forums.**

» **Créer des chat rooms avec i-tchat.**

Les fonctionnalités 3que nous abordons dans ce chapitre rappellent par certains aspects les sondages et les formulaires du Chapitre 8 – à une grande différence près. Les sondages et les formulaires vous laissent la maîtrise totale de la situation, tandis qu'avec les livres d'or, forums et autres chat rooms (salles de discussion), vous perdez un peu de contrôle sur le contenu de votre site web. Ce contrôle passe entre les mains de vos visiteurs.

Le livre d'or

Un livre d'or, ou livre d'hôtes, permet aux visiteurs de consigner leurs impressions.

Certains livres d'or permettent au visiteur de laisser un message à la seule intention du webmestre.

Le livre d'or contient tous les messages laissés par les visiteurs. En général, le message le plus récent s'affiche en haut du livre. Si certains fonctionnent sur le principe inverse, nous vous les déconseillons, car vous devez descendre dans la page, ce qui n'est pas très pratique.

Vous pouvez utiliser quelques fonctionnalités e-mail pratiquées par la plupart des livres d'or :

- Message de remerciement : cette fonctionnalité envoie un message de remerciement à chaque visiteur laissant une appréciation.
- Copie de message par mail : cette fonctionnalité envoie au webmestre une copie de chaque message posté. Cela vous permet de gagner un temps précieux en vous évitant de consulter régulièrement le livre d'or.

Pour installer un livre d'or, il suffit de se connecter à un site proposant ce service et de suivre les instructions en ligne. Visitez `http://scripts.toucharger.com/scripts/cgi-perl/livre-d-or/`, un site qui propose de nombreuses explications d'installation et de gestion des livres d'or.

CENSURE ET SITES WEB

La censure est souvent un mot connoté négativement. Mais vous vous rendrez rapidement compte qu'en tant que webmestre il est parfois nécessaire d'imposer certaines limites. Vous devrez peut-être même interdire l'accès à des éléments perturbateurs intervenant par exemple dans votre chat room. Ce genre d'interdiction et de filtrage peut-il être considéré comme de la censure ? La réponse à cette question dépend de vos intentions. Si vous refusez la parole à quelqu'un sous prétexte que vous ne partagez pas le même avis, il s'agit de censure pure et simple. Si vous souhaitez défendre la liberté de parole du reste des membres, c'est complètement différent.

Il ne s'agit pas ici d'un débat philosophique, mais d'une réflexion d'ordre pratique. Un jour ou l'autre, un esprit malintentionné sèmera la zizanie dans votre communauté. En tant que webmaster, vous devrez y remédier. Pour le bien de tous, vous devez bannir le fauteur de troubles.

Créer des forums

Les forums ou *message-boards* disposent de la structure manquant aux livres d'hôtes. Au lieu d'être classés par ordre d'arrivée, les messages sont organisés par sujet. L'avantage du forum est d'offrir une interactivité plus dynamique.

Avant de poster son message, l'hôte choisit un sujet ou *topic line*. Toute réponse est liée au message d'origine, d'où une certaine fluidité de lecture. Chaque visiteur peut suivre les questions-réponses du début à la fin, envoyer des messages pour répondre ou entamer des discussions totalement nouvelles en postant un nouveau message.

Les message-boards traitent toujours d'un thème particulier commun à tous les visiteurs. Il peut s'agir de :

» Discussions professionnelles.

» Débats politiques.

» Problèmes régionaux.

» Loisirs.

» Actualité.

» Support technique.

Un bon programme de forum contient une fonctionnalité de filtre contre les fauteurs de troubles et ceux qui parlent de tout sauf du sujet central. Les filtres bloquent les messages contenant les mots que vous avez spécifiés.

Créer un forum avec Forumactif

Forumactif (`www.forumactif.com/`) vous fournit un espace où vous pouvez héberger vos forums. Ce service foisonne d'outils d'aide à la création de forums. Vous disposez même d'outils d'aide à la création graphique. Vous devez respecter un certain nombre de règles de maintien au sein de votre forum. Enfin, chose la plus importante pour vous, le forum créé ici est gratuit.

Pour créer un forum avec Forumactif, faites comme suit :

1. **Rendez-vous à l'adresse** `www.forumactif.com/`.

2. **Dans le champ contenant de suffixe `forumactif.org`, saisissez le nom de votre forum, puis cliquez sur le bouton Créer un forum, comme l'illustre la Figure 9.1.**

FIGURE 9.1 La page d'accueil de Forumactif affiche un certain nombre de boutons pour vous informer et vous aider à créer un forum.

Le nom du forum ne doit pas comporter d'espaces.

3. **Remplissez scrupuleusement la fiche d'informations du forum en indiquant :**
   - Son titre
   - Une description
   - Votre adresse mail
   - Votre mot de passe d'administrateur
4. **Cochez la case Je suis d'accord avec les termes et conditions, et cliquez sur Valider.**
5. **Terminez le processus de création en saisissant de nouveau votre mot de passe, et en cliquant sur Découvrir mon forum.**

   Une nouvelle page confirme la réussite de la création du forum, comme à la Figure 9.2. Il ne reste plus qu'à cliquer sur le bouton Accéder au forum.

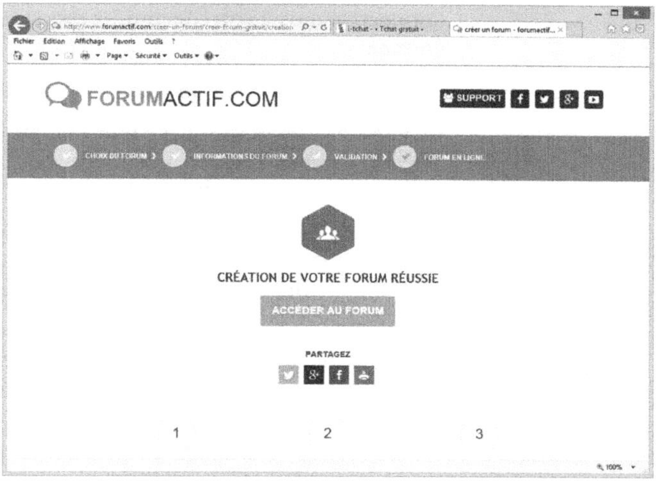

FIGURE 9.2 Le forum est créé. Accédez-y !

La Figure 9.3 montre le forum que j'ai créé en une poignée de minutes.

Pour pouvoir gérer votre forum, vous devez vous connecter.

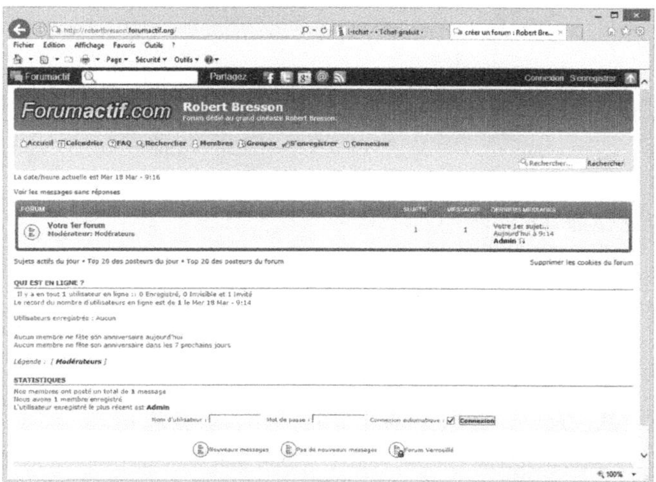

FIGURE 9.3 Non seulement c'est gratuit et rapide, mais ça marche !

6. **Connectez-vous à votre forum, et cliquez sur le lien Connexion.**
7. **Tapez votre nom d'utilisateur et votre mot de passe.**

   Le nom d'utilisateur vous a été transmis par mail. Il s'agit d'Admin. Quant au mot de passe, il s'agit de celui que vous avez saisi lors de la création du forum.

8. **Une fois connecté, faites défiler le contenu de la page web affichant le forum, et cliquez sur le lien Panneau d'administration situé tout en bas de la page web.**

   Vous avez le choix entre un panneau simple ou avancé, comme le montre la Figure 9.4. Une fois dans ce panneau, testez tous les outils d'administration mis à votre disposition.

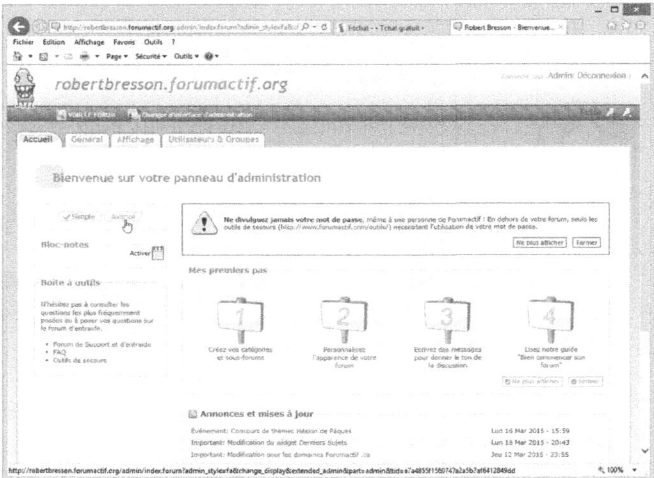

FIGURE 9.4 Le panneau d'administration peut être simple ou avancé.

9. **Utilisez toutes les fonctionnalités d'administration pour créer le forum qui répond à vos besoins.**

   Dès que vous êtes perdu, n'hésitez pas à cliquer sur l'énorme bulle HELP ! située en bas à droite de la page. Vous trouverez les réponses aux questions que vous vous posez.

10. **Pour donner une autre apparence graphique au forum, cliquez sur l'onglet Affichage. Ensuite, cliquez sur Choisir un thème.**

11. **Cliquez sur la vignette du thème qui vous intéresse, puis sur le bouton Sauver les paramètres.**

12. **Pour afficher votre forum, cliquez sur l'onglet Voir le forum.**

13. **Pour connaître l'adresse du site, accédez à votre messagerie électronique. Vous trouverez cette adresse dans le message adressé par forumactif.org.**

    Cette adresse prend la forme suivante : http://<nomduforum>.forumactif.org/

Maintenant, dans votre site web, rien ne vous empêche de créer un graphique ou un lien qui, lorsque l'on clique dessus, vous envoie sur ce forum. Pas bête, hein ?!

Un brin de causette en direct

Comme les forums, les chat rooms (ou encore tchat rooms ou salons de tchatche…) permettent aux utilisateurs de discuter en direct en laissant des messages sur un sujet particulier. La différence entre les deux modes de communication ? Les messages des chat rooms ne sont pas triés, ils s'affichent dans l'ordre d'envoi. Les différents sujets de conversation se partagent la même zone d'affichage. On peut donc faire certains rapprochements entre les chat rooms et les livres d'hôtes.

Pour être chaotiques, les chat rooms n'en sont pas moins très appréciées de tous. Même les novices s'y habituent très vite et arrivent à suivre le fil de la conversation. Différents services Internet vous permettent d'ajouter une chat room à votre site. Dans cette section, nous traitons de i-tchat qui permet d'intégrer à un site web un système de *shoutbox*, c'est-à-dire de mini-chat.

i-tchat (`www.i-tchat.com`) vous permet de créer rapidement une chat room, ou shoutbox. Voici comment procéder :

1. **Rendez-vous sur `www.i-tchat.com` et cliquez sur le lien Créer une shoutbox, comme l'illustre la Figure 9.5.**

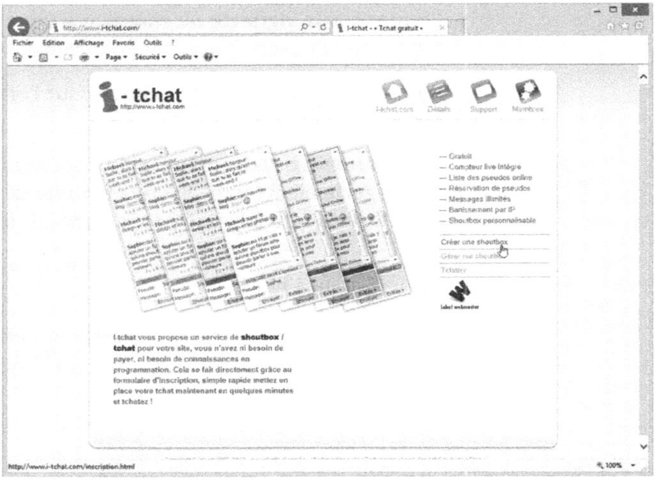

FIGURE 9.5 La page d'accueil de i-tchat.

2. **Remplissez le formulaire, et cliquez sur Créer la shoutbox.**

   Il s'agit d'un formulaire des plus traditionnels. Dans la foulée, vous recevez un e-mail vous expliquant ce qu'il faut faire pour intégrer la chat room à votre site.

3. **Cliquez sur le lien de connexion affiché dans la nouvelle page web qui apparaît.**

4. **Tapez votre nom d'utilisateur et votre mot de passe, puis cliquez sur Valider.**

   Vous arrivez alors dans la zone d'administration. C'est ici que vous allez trouver le code nécessaire à l'insertion de la chat room dans votre site web.

5. **Cliquez sur le lien Installer le code HTML.**

   Plusieurs propositions possibles : soit vous placez la shoutbox sur votre site, soit vous placez un lien vers la shoutbox, soit vous placez la visionneuse i-tchat. Comme le montre la Figure 9.6, une description explicative de ces options est donnée dans la partie droite de la fenêtre.

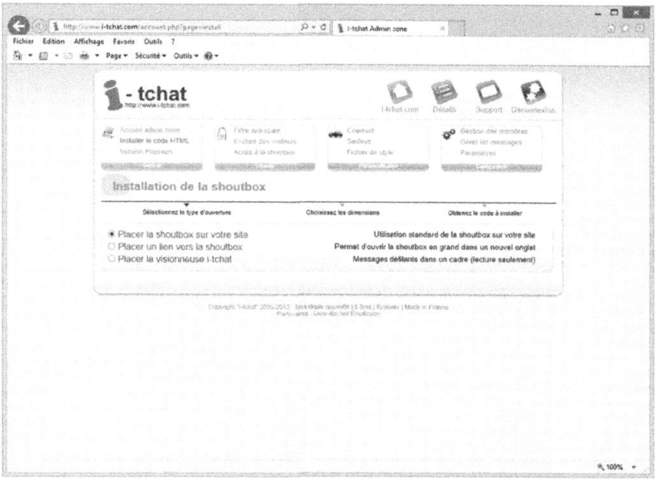

FIGURE 9.6 Choisissez le mode d'accès à la chat room ou shoutbox.

6. **Simplifiez-vous la vie en choisissant Placer un lien vers la shoutbox.**
7. **Copiez la première ligne de code Lien pour site web.**
8. **Ouvrez un programme comme Dreamweaver CC (ou le simple Bloc-notes de Windows), affichez le code HTML (en cliquant sur le bouton Code), et collez ce code.**

   Vous pouvez personnaliser le lien hypertexte par défaut soit en mode Création, soit en mode Code. Par exemple, j'ai remplacé le texte par défaut par Accéder à notre chat room.

   La Figure 9.7 montre l'apparence du lien affiché dans un navigateur web, et la 9.8 montre la chat room affichée elle aussi dans un navigateur web après avoir cliqué sur le lien en question.

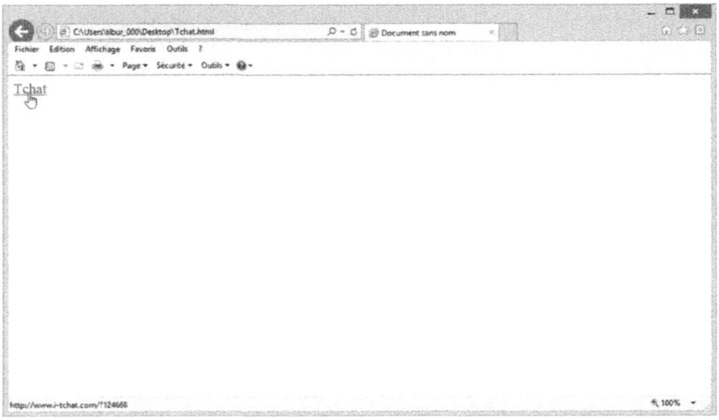

FIGURE 9.7 Cliquez sur ce lien…

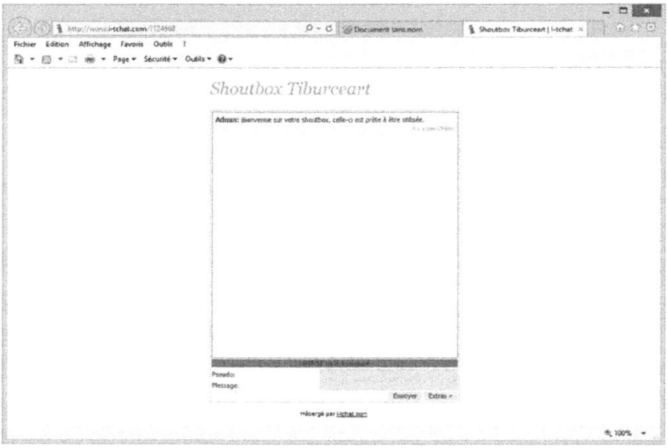

FIGURE 9.8 :… pour accéder à votre chat room ou shoutbox.

Les bonnes adresses du Net

Le Tableau 9.1 vous donne quelques adresses où vous trouverez des informations complémentaires sur les sujets abordés dans ce chapitre.

TABLEAU 9.1 **Ressources Internet.**

Nom du site	Adresse web
Boards2Go	`www.boards2go.com`
CountZ.com	`www.countz.com`
FTLS.org	`www.ftls.org/fr/exemples/cgi/Guestbook.shtml`
ParaChat	`www.parachat.com`
ScriptFR	`www.scripts-fr.com/scripts/scripts-fr/livredor.shtml`

IV

Créer son site sans programmation (ou presque)

DANS CETTE PARTIE...

Dans les précédents chapitres, nous avons insisté sur le fait qu'un bon site web est le fruit d'une savante programmation HTML, DHTML, JavaScript, PHP, etc. Cependant, nous sommes conscients que toute personne ne désirant pas s'impliquer dans l'apprentissage d'un langage de programmation souhaite malgré tout créer un site attractif, technologiquement pointu.

Nous allons présenter dans cette partie les trois grands programmes qui font partie de suites logicielles permettant de gérer tous les aspects créatifs d'un site. De la conception graphique aux animations vectorielles en passant par la mise en page, nous montrerons, par des exemples simples, comment donner vie à vos pages web sans saisir une seule ligne de code HTML.

Nous verrons également comment Photoshop CC permet quelques incursions dans le Web, incursions qui seront toutefois mises en page dans un programme comme Dreamweaver CC.

Nous insistons, pourtant, sur le fait que cette partie ne cherche pas à minimiser l'importance du langage HTML. Non ! Les logiciels de mise en page WYSIWYG écrivent le code en tâche de fond à votre place, preuve que HTML reste essentiel. Mais il n'est pas nécessaire de le connaître pour créer un site. En revanche, une connaissance de ce langage restera un plus dans de nombreux aspects de la création professionnelle de sites web, notamment pour solutionner des problèmes.

Chapitre 10

De Dreamweaver à Muse en passant par Fireworks

DANS CE CHAPITRE :

» **Dreamweaver CC.**

» **Fireworks CC.**

» **Muse CC**

Loin de vouloir faire de la publicité pour un éditeur de produits dévolus à la création web, il n'en reste pas moins qu'Adobe dispose désormais d'un quasi-monopole sur les outils de création web WYSIWYG. Cette suite logicielle complète permet de créer assez facilement des sites dynamiques faisant la part belle aux animations vectorielles.

Cette gamme Adobe propose :

» **Flash CC :** Un programme très puissant de création d'animations vectorielles et de conception d'interfaces web dynamiques. (Flash ne sera pas étudié dans ce livre.)

Flash permet aussi de créer des dessins animés et des jeux !

» **Dreamweaver CC :** Un programme de mise en page web WYSIWYG qui gère le code HTML avec une précision sans équivalent.

» **Fireworks CC** : Un programme d'édition graphique plus spécialement orienté vers l'optimisation des images destinées au Web, la création de « rollovers » à distance, de zones actives, etc., mais qui permet toutefois d'envisager la création de sites complets.

- **Muse CC :** Un programme destiné aux designers qui ne souhaitent pas s'embarrasser de programmation HTML.

Maintenant que les présentations sont faites, essayons de mieux comprendre le fonctionnement de ces logiciels, leurs forces et leurs faiblesses, ainsi que leur intégration dans une suite logicielle cohérente dévolue à la création web.

Dreamweaver CC

Voici le logiciel WYSIWYG par excellence qui ne ferme pas la porte à la saisie de code HTML pour les créateurs avancés de sites web. La grande force de Dreamweaver est d'attirer l'attention des débutants par sa facilité d'emploi, et de retenir l'intérêt des professionnels par la mise en œuvre de technologies web avancées.

Les meilleures fonctions de Dreamweaver sont l'édition d'un code HTML exemplaire, capable de supporter les dernières évolutions HTML, DHTML, XML, PHP, ASP VB Script, et les feuilles de styles en cascade, c'est-à-dire des technologies qui intéressent des personnes déjà aguerries à la conception web. Les autres ne se soucieront de ces possibilités qu'après quelques semaines d'utilisation du logiciel.

Dreamweaver intègre également des fonctions de développement qui facilitent largement l'utilisation de codes JavaScript.

Et pour rassurer les utilisateurs en herbe, souvent lecteurs de la collection *Pour les Nuls*, je dirai que Dreamweaver permet de travailler dans un environnement WYSIWYG qui vous débarrasse de la saisie des lignes de code, quel qu'il soit.

L'autre avantage de Dreamweaver est la cohérence de son interface. Adobe a encore joué la carte de l'intégration de ses produits inhérents à la gamme web et à l'imagerie numérique, pour que l'utilisateur ne soit jamais dépaysé quand il passe d'un logiciel à un autre. Vous vous reposerez sur un environnement de travail composé de panneaux pour créer des sites web haut de gamme incluant des fonctions d'animation, des formulaires interactifs et des solutions pour l'e-commerce, un domaine où Fireworks est complètement dépassé.

Voyez dans Dreamweaver une sorte de logiciel de mise en page de vos différents éléments web, qu'il s'agisse d'animations Flash (animations vectorielles, boutons dynamiques, etc.) ou d'images bitmaps et vectorielles créées dans Fireworks, combiné à des fonctions de gestion et de maintien des sites qui lui sont propres.

Les fonctions les plus importantes de Dreamweaver

Voici une liste des fonctions les plus importantes disponibles dans la version CC de Dreamweaver :

» Adobe Dreamweaver CC permet de concevoir, développer et déployer, en environnement WYSIWYG, des interfaces utilisateur dynamiques. Les anciens widgets Spry ont été remplacés par des widgets jQuery. Ils permettent de retrouver tous les réflexes d'un environnement d'ordinateur de bureau mais sur le Web. Ainsi, le widget onglets peut facilement simuler les onglets que vous rencontrez habituellement dans des boîtes de dialogue ouvertes par des programmes et autres applications du bureau.

» Dans le même ordre d'idée que les widgets Spry, les effets Spry ont été remplacés par des effets jQuery. jQuery est du JavaScript qui ajoute de l'interactivité et des animations dans un document HTML. La polyvalence de jQuery a définitivement modifié la manière d'écrire des scripts Java.

» Intégration avancée de Dreamweaver et des autres applications de la suite Adobe CC. Ainsi en faisant appel aux Design Notes Dreamweaver peut localiser un document source correspondant à un fichier image (ou à un fichier SWF (Flash) exporté). Lorsque vous exportez des fichiers de Fireworks ou Photoshop directement vers un site défini par Dreamweaver, les Design Notes contenant des références au fichier de programmation PSD ou PNG sont automatiquement exportées vers le site avec le fichier web (format GIF, JPEG, ou PNG).

» L'intégration de Dreamweaver à Edge Inspect permet de prévisualiser et d'inspecter vos pages web sur plusieurs périphériques connectés simultanément. Edge Inspect est une application d'Adobe disponible sur Adobe Creative Cloud, l'App Store d'Apple et de Google Play.

» Le mode Affichage en direct offre un rendu plus réaliste de vos pages que le mode Création de Dreamweaver. Attention, le mode Affichage en direct ne saurait se substituer à la commande Aperçu dans le navigateur. Son objectif est de vous proposer plusieurs manières d'apprécier l'apparence de votre page sans quitter l'espace de travail de Dreamweaver. Le mode Affichage en direct est capable de figer le code JavaScript. Ainsi, vous pouvez passer en mode Affichage en direct et survoler les lignes d'un tableau basé sur jQuery qui changent de couleur de par l'interaction avec l'utilisateur. La page est alors figée dans son état actuel. Vous pouvez ensuite modifier votre code CSS ou JavaScript puis actualiser la page pour apprécier vos modifications.

» Mises en forme CSS. Dreamweaver fournit un ensemble de mises en forme CSS prédéfinies qui vous permettront d'obtenir rapidement une page fonctionnelle. Elles vous apprendront à utiliser la mise en page CSS grâce à la présence de commentaires détaillés inclus dans le code.

» Gestion des styles CSS. La gestion des styles CSS facilite le déplacement de règles CSS d'un document vers un autre, de la section head d'un document vers une feuille de style externe, entre des fichiers CSS externes, etc.

» Dreamweaver dispose d'un éditeur de texte sophistiqué. Il inclut un système de syntaxe coloré, fonction particulièrement appréciée des programmeurs expérimentés.

» Dreamweaver n'est pas un environnement cloisonné. Vous pouvez travailler en toute facilité avec les autres outils de la suite Adobe CC: Photoshop, Fireworks, Muse (et Flash).

» Dreamweaver dispose d'un éditeur HTML de haute volée. Il procède automatiquement à la mise en retrait des lignes de code, surveille la ponctuation, et peut sélectionner plusieurs lignes qu'il placera en retrait en une seule opération.

- » Les développeurs de sites peuvent garder constamment un œil sur le code HTML généré. Dreamweaver dispose d'un affichage mixte qui conjugue un mode création et un mode code. L'un travaille en WYSIWYG, l'autre en affichage et manipulation du code source. Toute modification réalisée dans un mode se répercute dans l'autre.
- » La prise en charge de HTML 5 et de CSS3 permet de bénéficier des avantages de ces nouveaux standards (non abordés dans le cadre de cet ouvrage), notamment pour les fonctions.

Les nouveautés de la version CC 2014.1, si vous utilisiez CS6 ou antérieure :

- » **Modification en mode Affichage direct :** Modifiez et prévisualisez vos sites web beaucoup plus vite grâce à de nouvelles fonctionnalités (menus contextuels, mises à niveau du panneau Insertion, raccourcis clavier, éditeur de balises HTML, etc.).
- » **Extraction :** Bénéficiez d'indications de code contextuelles, insérez des images optimisées dans la zone d'affichage en direct par glisser-déposer, copiez facilement le code CSS et le texte, obtenez des mesures et récupérez les informations de couleur, de dégradé, de police, etc. d'un fichier PSD.
- » **Guides en direct :** Grâce à cette fonction, vous pouvez déplacer les éléments HTML ainsi que le code qui leur est associé, par simple glisser-déposer.
- » **Modèles de démarrage :** Mettez rapidement en œuvre un site web en vous basant sur des mises en page prédéfinies personnalisables.

Quelques nouveautés ajoutées à la version 2014 :

- » **Affichage rapide des éléments :** Visualisez parfaitement votre annotation à l'aide du nouvel outil de visualisation du modèle DOM. Modifiez facilement la structure du contenu par glisser-déposer, duplication, suppression ou sélection multiple.

» **Optimisation de CSS Designer :** Créez de superbes feuilles de style CSS, et appliquez facilement des propriétés typographique, de mise en forme, de couleurs et bien d'autres choses encore.

» **Insertion en direct :** Lorsque vous travaillez en mode Affichage en direct, utilisez le panneau Insertion pour ajouter des éléments HTML et prévisualiser vos modifications sans basculer dans un autre mode ni actualiser l'écran.

Dreamweaver est un logiciel qui permet de mettre en page d'une manière précise, et au milieu d'autres éléments et fonctions d'un site, des animations créées avec Flash et des graphiques optimisés avec Fireworks et Photoshop.

La force de Dreamweaver

Il existe de nombreux logiciels de création de sites reposant sur le principe du WYSIWYG avec possibilité d'afficher et modifier le code source HTML. Alors, pourquoi Dreamweaver semble-t-il être devenu le chouchou des créateurs web ? La réponse tient dans ces quelques paragraphes.

Dreamweaver a été l'objet de toutes les attentions en réussissant là où les autres ont souvent échoué. La plupart des développeurs se plaignent des outils de création web WYSIWYG. Ils considèrent, à raison, que le code HTML généré n'est pas brillant, et surtout qu'ils altèrent le code existant. Cela rend l'édition manuelle des pages très complexe. La plupart de ces problèmes tiennent au fait que les programmeurs HTML qui savent saisir des lignes de code au kilomètre entendent garder un total contrôle sur les pages HTML.

Dreamweaver sait combiner les deux approches de la conception web, reposant aussi bien sur l'édition pure et dure d'un code HTML que sur l'aspect intuitif et convivial d'une création WYSIWYG. Avec Dreamweaver, vous disposez d'un éditeur HTML puissant et d'une interface WYSIWYG remarquable.

Dreamweaver est respectueux de votre code HTML. Il n'altère jamais vos balises comme le font des programmes de moins bonne facture. De facto, il est devenu un ami reconnu et respecté des concepteurs professionnels. Ils se réjouissent des facilités d'utilisation WYSIWYG et ajoutent leurs touches HTML personnelles sans se préoccuper de savoir si Dreamweaver va les respecter.

Le défi à relever était de savoir comment afficher le code HTML créé dans un éditeur de texte tout en conservant une approche WYSIWYG qui ne dénature pas le code quand on procède à des modifications intuitives. Cette notion est d'autant plus facile quand Dreamweaver ne connaît pas le code HTML initial. Le fait d'avoir su résoudre ces problèmes a fait de Dreamweaver le logiciel de création web le plus plébiscité, même par les fervents défenseurs d'une édition HTML austère dans un simple éditeur de texte.

Interface et fonctions de Dreamweaver

Difficile de cacher que le premier contact avec Dreamweaver est déconcertant. Toutes les fonctions se cachent dans des panneaux, des barres d'outils et des boîtes de dialogue. Les quelques sections suivantes présentent succinctement l'environnement de travail de Dreamweaver.

L'espace de travail

Il est très facile de créer une page web dans Dreamweaver. Au démarrage de l'application, un écran d'accueil vous propose quelques tâches comme le montre la Figure 10.1. Comme vous êtes débutant, contentez-vous de cliquer sur le lien HTML de la section Créer. Une page de conception s'affiche en mode Création, comme à la Figure 10.2. On l'appelle l'*espace de travail*. Ce mode permet un travail WYSIWYG complet.

Le mode Fractionner permet de voir simultanément la page en WYSIWYG et le code HTML correspondant.

Le mode En direct est une prévisualisation interactive des projets en HTML5. Il se met à jour en temps réel afin de refléter constamment l'aspect de votre site web.

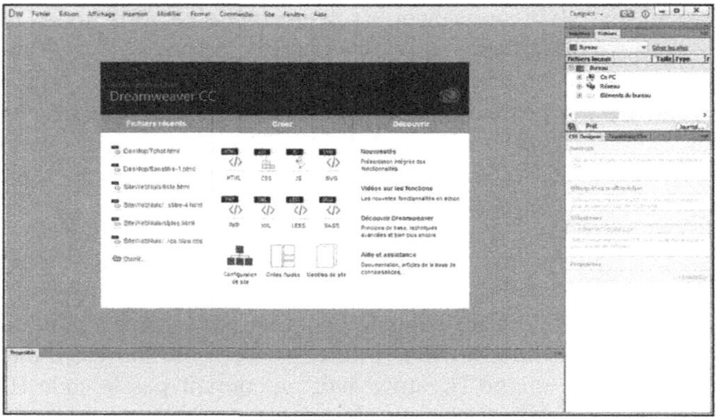

FIGURE 10.1 L'écran d'accueil de Dreamweaver.

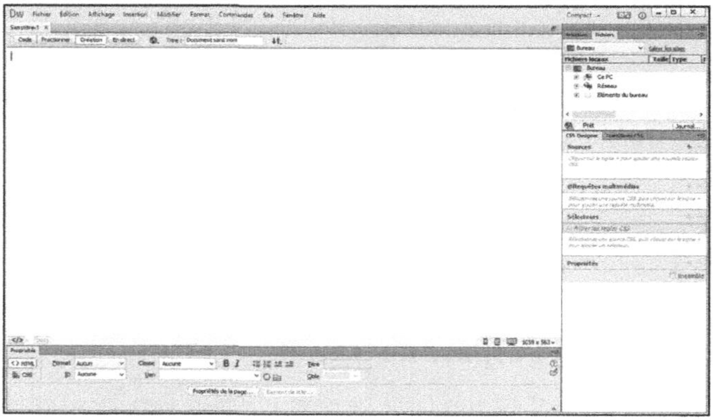

FIGURE 10.2 Votre espace de travail en mode Création.

Cet espace consiste en une fenêtre principale qui affiche la page HTML, et en une série de panneaux flottants, d'onglets et de fenêtres qui vous procurent tous les outils nécessaires à vos créations.

La fenêtre Document

Pour bien apprécier la fenêtre du document en mode WYSIWYG, cliquez si nécessaire sur l'onglet Création.

C'est l'espace de travail, une page vierge dont le code HTML est rudimentaire. C'est ici que vous modifiez et concevez votre page web. C'est également dans cette zone que vous affichez les images, les textes et tous les éléments qui s'affichent simultanément dans les navigateurs web de vos visiteurs.

Les panneaux flottants

Les panneaux flottants donnent un accès rapide aux diverses fonctions de Dreamweaver. Vous pouvez les déplacer sur l'espace de travail par simple glisser-déposer. Leur maniabilité permet de définir un environnement de travail qui sied à vos besoins personnels.

Les panneaux sont des éléments essentiels de l'interface de Dreamweaver. Ils permettent l'insertion des images et des liens, de tableaux, de plug-ins, de formulaires HTML, etc.

Le panneau Insertion

Fortement relooké pour conserver une cohérence avec les autres applications de la suite CC d'Adobe, Dreamweaver CC possède un panneau Insertion qui regroupe, par catégories, tous les éléments que l'on peut insérer dans une page web. Les fonctionnalités de ce panneau sont accessibles soit via un onglet, soit via un menu. Le contenu de ce panneau est illustré à la Figure 10.3.

FIGURE 10.3
Les éléments à insérer dans une page web sont regroupés dans un panneau Insertion dont le menu local permet de choisir la catégorie d'options à afficher.

Dès qu'une catégorie est sélectionnée dans le menu local situé en haut du panneau, tous ses éléments apparaissent sous forme d'icônes. Vous n'avez plus qu'à cliquer sur l'icône correspondant à l'élément à insérer pour que Dreamweaver vous donne accès à toutes les commandes nécessaires.

Par défaut, Dreamweaver permet de saisir directement du texte dans la zone de travail.

Propriétés

Le contenu du panneau Propriétés, situé dans la partie inférieure de l'interface, change en fonction des éléments sélectionnés. Une *propriété* est une caractéristique HTML, comme l'alignement d'une image ou la taille d'une cellule d'un tableau, que vous pouvez assigner à un élément de votre page web. Vous pouvez laisser le panneau Propriétés ouvert pendant toute la durée de votre travail. Dès que vous sélectionnez un élément, il affiche les paramètres que vous pouvez modifier : hauteur et largeur, alignement et liens.

La barre de menus

Malgré la préciosité des panneaux, certaines commandes de Dreamweaver ne sont accessibles que par les menus.

Le menu Fichier

Comme toute application, Dreamweaver propose un menu Fichier. Vous y trouvez des options traditionnelles comme Nouveau, Ouvrir et Enregistrer. Vous y verrez également une option Rétablir, une commande d'annulation sophistiquée rétablissant la dernière version enregistrée de votre page. Ce menu dispose aussi d'une option Design Notes, fonction unique qui associe des notes personnelles à vos fichiers HTML ou autres.

Toujours dans le menu Fichier, vous trouverez une fonction qui permet de vérifier la bonne tenue de votre travail dans un navigateur web (Aperçu dans le navigateur). Il est légitime, en tant que concepteur web, de s'assurer que les éléments mis en place dans Dreamweaver ont le même comportement quel que soit l'environnement d'affichage. Je dirais, sans exagération, que cette prévisualisation est indispensable.

Le menu Édition

Il contient des fonctions aussi traditionnelles que Couper, Copier et Coller.

Vous y trouvez aussi l'option Préférences, qui permet de paramétrer Dreamweaver en fonction de vos habitudes de travail. La boîte de dialogue Préférences donne accès à l'ensemble des catégories que vous pouvez personnaliser pour répondre aux besoins de votre travail.

Le menu Affichage

Ce menu donne accès à des fonctions qui facilitent la conception d'une page web comme l'affichage de grilles et de règles, des assistants visuels qui permettent de positionner précisément des objets, et bien d'autres choses. Il propose des modes d'affichage et de gestion de la création des tableaux. Utiliser les assistances visuelles du menu Affichage permet de distinguer les bordures, même si elles ne sont pas visibles dans le navigateur des internautes.

Le menu Insertion

Comme le montre la Figure 10.4, le menu Insertion donne accès à des fonctions propres à la conception web. D'ici, vous pouvez insérer des éléments tels qu'un formulaire, un tableau, un lien ou un widget.

Le menu Modifier

Voici un autre emplacement où vous pouvez afficher et modifier les propriétés des objets, comme les attributs des tableaux, tel que vous le montre la Figure 10.5. Les propriétés (généralement appelées *attributs* dans le langage HTML) définissent des paramètres tels que l'alignement des éléments d'une page, leur hauteur, leur largeur et d'autres spécificités.

Le menu Format

Dreamweaver dispose d'un menu pour mettre en forme le texte avec une facilité déconcertante. Vous y trouverez des options comme l'enrichissement des caractères (gras, italique) ou des

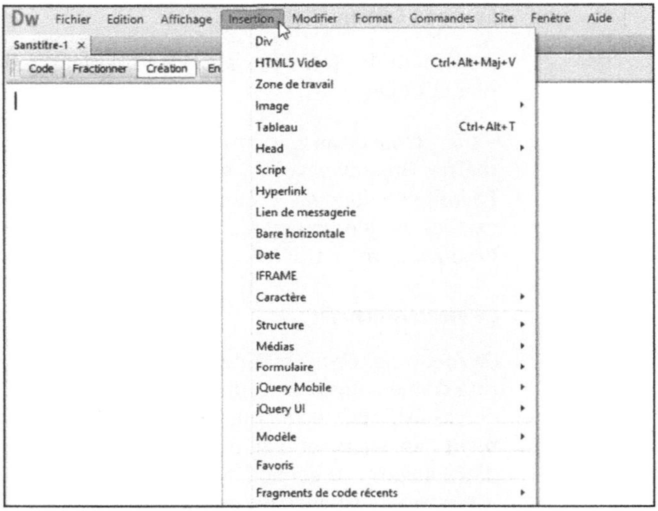

FIGURE 10.4 Le menu Insertion facilite l'ajout de divers éléments à vos pages.

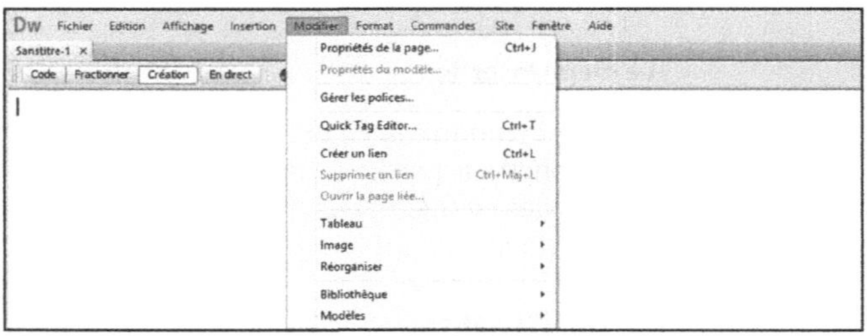

FIGURE 10.5 Le menu Modifier facilite la modification des propriétés des objets, comme les attributs d'un tableau.

fonctions plus complexes comme les styles de police et les feuilles de styles personnalisées. Vous avez entre les mains des outils qui donnent un contrôle puissant sur l'aspect de vos pages.

Par exemple, si vous choisissez une police particulière pour votre texte, elle doit être présente sur la machine de l'utilisateur afin d'afficher convenablement votre page dans son navigateur. À cause de cette restriction, HTML permet d'indiquer plusieurs possibilités d'affichage de votre police. Le navigateur recherche dans l'ordinateur de l'utilisateur une police qui se rapproche le plus de celle utilisée ou de celles que vous « recommandez » de substituer en cas d'absence de ladite police. Dreamweaver reconnaît l'importance de ces substitutions, et l'intérêt qu'il y a de mettre en œuvre des polices communément admises.

Le menu Commandes

Le menu Commandes, représenté sur la Figure 10.6, dispose d'un certain nombre d'options liées à l'optimisation du code HTML, ou bien encore des images insérées.

FIGURE 10.6 Le menu Commandes propose des fonctions de nettoyage du code HTML.

La fonction Nettoyer HTML Word est destinée à corriger les problèmes communément provoqués par l'enregistrement au format HTML de fichiers créés dans le traitement de texte Word.

Le menu Site

Avec ce menu, Dreamweaver propose des options de paramétrage de votre site. Cette procédure est indispensable pour bénéficier des autres fonctions de Dreamweaver. Vous vérifiez ainsi le travail de chaque intervenant sur le site. Grâce à ses options, vous gérez des sites complets c'est-à-dire depuis leur création et leur stockage sur votre disque dur, c'est-à-dire en *local*, jusqu'à leur publication sur le Web.

Le menu Fenêtre

Dans Dreamweaver, le menu Fenêtre contrôle l'affichage des panneaux et des boîtes de dialogue. Une coche devant le nom de chaque option indique cet état. Pour désactiver ces panneaux, cliquez de nouveau sur leur nom. D'autres panneaux et boîtes de dialogue, comme l'Inspecteur de code, sont présents dans ce menu.

C'est également dans ce menu que vous pouvez enregistrer votre espace de travail. Par exemple, lorsque vous mettez en page un site web, vous aurez sans doute l'habitude de travailler avec les mêmes panneaux en fonction de la phase de conception dans laquelle vous vous trouvez. Il est judicieux de sauvegarder cette présentation spécifique de manière à l'utiliser dès que vous en avez besoin, et ceci en un clic de souris. Pour cela, vous cliquerez sur Fenêtre/Présentation de l'espace de travail/ Nouvel espace de travail.

Le menu Aide

Le menu Aide donne accès à un certain nombre d'assistants qui vous permettent de trouver des solutions sur des sujets qui vous posent problème. Vous y trouvez également des vidéos sur les nouveautés du programme, les nouvelles fonctionnalités, et la découverte de cette version CC.

Fireworks

Fireworks est le complément graphique logique de Dreamweaver. Il s'inscrit dans la lignée des logiciels qui font la part belle à la création, laissant la programmation à ceux qui en ont fait un sacerdoce. Fireworks optimise les images destinées aux sites web. Il permet de créer des *rollovers* (transformation par souris ou survol) infernaux avec une étonnante facilité et des menus dits *contextuels* à faire pâlir les adeptes et gourous de JavaScript. Cerise sur le gâteau : Fireworks génère le code HTML nécessaire à l'implémentation des objets dans une page web. En d'autres termes, Fireworks crée aussi des pages web.

Les « rollovers » sont des modifications de l'état d'un objet quand le pointeur de la souris passe dessus. Par exemple, un bouton carré devient rond, indiquant que si l'on clique dessus on va déclencher non pas une guerre nucléaire totale mais une action.

Présentation de Fireworks

Fireworks est un outil graphique qui permet aux designers web de créer des graphismes pour leurs pages sans avoir à écrire ou modifier du code HTML et JavaScript. Les utilisateurs de la suite graphique d'Adobe constateront que Fireworks s'intègre en toute transparence avec Photoshop, Illustrator et Dreamweaver.

Grâce à ce logiciel, vous vous concentrerez sur la création de graphismes dans une interface représentée aux Figures 10.7 et 10.8, graphismes dont l'organisation sera exportée sous forme de page web. Étonnant, non ?

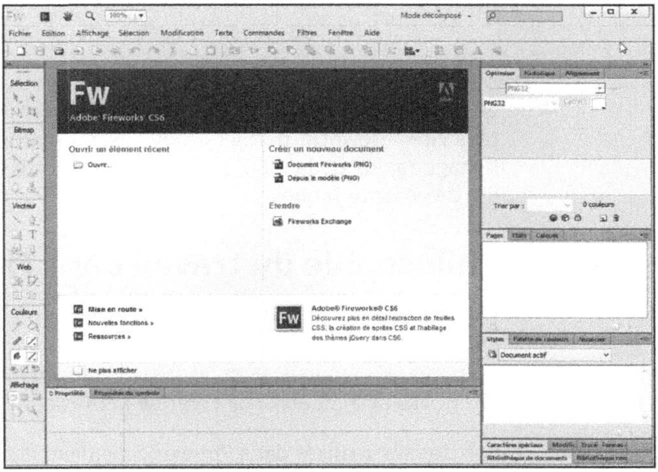

FIGURE 10.7 L'interface de Fireworks au démarrage du programme.

Créer une image simple ou complexe est une chose, l'afficher le plus rapidement possible dans un navigateur web en est une autre. Sans sortir de Fireworks, vous pourrez optimiser vos images. Cela signifie que Fireworks dispose de fonctions pour trouver le bon compromis entre qualité de l'image et vitesse d'affichage. Cette vitesse est essentielle à l'heure où la plupart des internautes se connectent toujours au Web avec des lignes téléphoniques classiques. Le « surfeur fou » n'attend pas indéfiniment l'affichage des graphiques d'une page. Au bout de

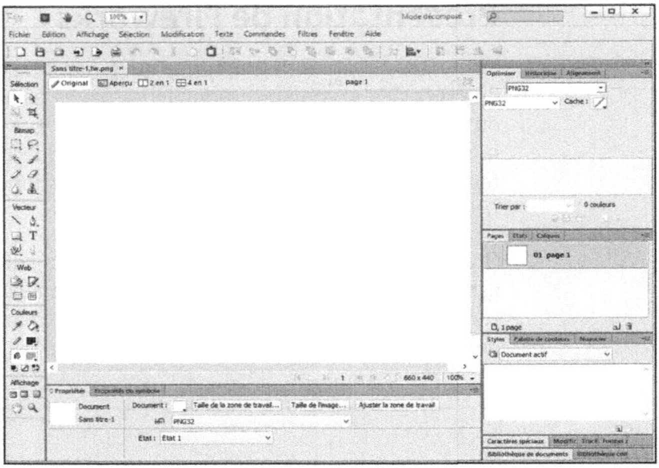

FIGURE 10.8 L'interface de travail de Fireworks.

20 secondes, il décroche et va voir ailleurs si les choses vont plus vite. Fireworks permet d'optimiser les images pour un affichage rapide de la page sans détériorer outre mesure la qualité de vos graphiques.

Philosophie du travail dans Fireworks

La philosophie de Fireworks est de mettre à la disposition de l'utilisateur tous les outils et fonctions lui permettant de préparer des images pour le Web et de les mettre en page. Fireworks permet aussi de créer de petites animations.

Vos travaux réalisés dans Fireworks peuvent être exportés sous la forme d'un document HTML. Il regroupe alors tous les éléments définis dans l'espace de travail de Fireworks pour les afficher impeccablement dans un navigateur web.

Il est également à noter que cette version est interfacée avec Dreamweaver, Photoshop, et Illustrator, ce qui permet toutes les créations graphiques possibles et imaginables.

Voici, en bref, le déroulement d'une session de travail dans Fireworks.

» **Le projet :** Dans Fireworks, comme dans tout logiciel graphique, le projet prend la forme d'un document qui se constitue dans une zone de travail. Cette zone équivaut à la toile d'un peintre. Vous exprimez tout ce sens artistique qui vous démarque de simples contemplatifs d'une vie morose où chacun cherche à survivre comme il le peut. (Ouf ! Quelle phrase !) Le devoir de l'artiste est de faire rêver, d'émouvoir, avec les outils de Fireworks.

» **Bitmaps contre images vectorielles :** Tous les éléments graphiques d'un site web peuvent être créés dans Fireworks. Leur nature est soit bitmap, soit vectorielle :

Les *bitmaps* sont des images réalistes comme des photographies ou des compositions d'infographistes avancés. Vous pouvez les importer dans Fireworks, les modifier et les optimiser pour une utilisation sur le Web. Comme nous l'avons déjà dit dans cet ouvrage (je pense à ceux qui ont sauté directement à cette section de l'ouvrage), le terme *bitmap* désigne des images constituées de points ou *pixels*. Les *pixels* sont de petits points juxtaposés qui forment une image. Puisque la qualité d'une image bitmap est étroitement liée à sa résolution, plus vous augmentez sa taille, plus vous la détériorez.

Les *images vectorielles* sont des graphiques créés avec les outils de Fireworks. Elles sont recommandées pour les boutons, les textes et les logos. Il est possible d'importer des images vectorielles créées dans d'autres programmes. Puisque la structure des images vectorielles repose sur des formules mathématiques, vous pouvez les redimensionner sans en altérer la qualité. Les images vectorielles n'ont pas la qualité de représentation des photographies. Elles se rapprochent davantage du dessin.

» **Modifier une œuvre :** Toute image créée ou importée dans Fireworks doit être positionnée sur l'espace de travail. Il est très rare que tous les éléments d'une page web soient exactement comme on le souhaiterait. Cela induit qu'il faut les redimensionner et les modifier afin d'obtenir des éléments présentables pour le Web. La modification d'une image se fait avec les outils de la boîte à outils et les commandes des menus.

- **Organiser vos créations :** La multiplication des objets créés dans l'espace de travail peut rapidement tourner au cauchemar. Les éléments deviennent très difficiles à sélectionner. Fireworks dispose d'outils d'organisation des objets. Vous pouvez grouper les objets en un seul élément, les répartir sur des calques, et combiner des groupements d'objets et des calques quand de nombreux éléments sont présents dans l'espace de travail.
- **Créer du texte :** L'image est essentielle dans les sites web, mais le texte est parfois incontournable. Fireworks propose un outil Texte dont les paramètres sont semblables à ceux d'un éditeur de texte standard.
- **Utiliser des symboles et des occurrences :** Les *symboles* sont des éléments que vous pouvez réutiliser à volonté. Un symbole est stocké dans la Bibliothèque d'un document. Chaque fois que vous prenez un symbole de la Bibliothèque pour le placer sur l'espace de travail, vous créez une *occurrence*. Il s'agit simplement d'une copie du symbole original.
- **Dynamiser vos travaux :** Fireworks améliore considérablement l'aspect de votre page web en appliquant des effets aux divers éléments créés. Des boutons peuvent être biseautés pour simuler un relief, le texte s'illumine ou encore les objets sont dotés d'une ombre portée.
- **Animation :** Fireworks permet de modifier les caractéristiques d'un objet sur plusieurs images. La lecture successive des images donne l'illusion d'un mouvement. En d'autres termes, vous obtenez une animation.
- **Interactivité :** Le Web ne parle plus que d'*interactivité*. C'est-à-dire qu'il faut systématiquement placer des éléments qui réagissent au passage du pointeur de la souris et/ou qui exécutent une action quand vous cliquez dessus. L'internaute doit se retrouver dans un site dont le système de navigation lui fait penser à l'interface d'un logiciel avec des menus, des commandes et des boutons. Tous ces élé-

ments interactifs peuvent être créés dans Fireworks sans aucune connaissance du langage JavaScript.

- **Optimiser vos créations :** La création, l'importation et la modification d'une image terminent généralement la phase de développement d'un projet. Il ne reste plus qu'une chose à faire : *optimiser*. Ce verbe signifie que vous devez choisir un format d'image qui permettra à votre page de charger des images aussi vite que possible dans un navigateur web. Fireworks est un maître en matière d'optimisation des images, comme nous le verrons dans le prochain chapitre. Son panneau Optimiser permet de préparer soigneusement votre travail. Une autre méthode consiste à laisser faire l'assistant Exportation dont nous expliquons le fonctionnement dans la section « Les fonctions d'optimisation de Fireworks » au Chapitre 12.
- **Exportation sur le Web :** Par définition, et à l'inverse d'un programme comme Photoshop, tout dans Fireworks est orienté vers le Web. Votre œuvre, aussi magnifique soit-elle, est destinée à être placée sur un serveur web qui permettra à tous les internautes de la planète de l'ouvrir dans leur navigateur. Autrefois, sans connaissance du langage HTML, il était impossible d'afficher ses œuvres sur le Web. Fireworks prend en charge cette tâche considérée comme ingrate par les créateurs web en herbe et les artistes qui se consacrent davantage à la création qu'à la programmation. Fireworks génère donc le code HTML nécessaire à une bonne présentation de vos images sur le Web. Cette « perfection » vous ferait presque passer pour un génie de l'HTML.

Aller plus loin

Pour maîtriser ce logiciel complexe, vous devez lire un ouvrage qui lui soit entièrement consacré.

À la différence d'un logiciel graphique comme Photoshop (dont nous parlerons dans la section consacrée aux produits Adobe), Fireworks est vraiment conçu pour le Web.

Muse CC

Adobe Muse est un programme spécialement conçu pour les designers web qui n'ont pas l'âme de programmeurs. Ce logiciel contient des fonctionnalités de création et de publication de sites web dynamiques pour les postes de travail et les terminaux mobiles. Mais la cerise sur le gâteau du design web tient dans le fait que toute cette conception se déroule sans écrire une seule ligne de code.

Présentation de Muse

Muse est un programme de création de sites Internet qui évite à ses concepteurs de taper la moindre ligne de code. Ce logiciel vise principalement les graphistes qui, utilisant Photoshop (entre autres), pourront créer un site complet sans connaître HTML.

N'oubliez pas de tester Muse CC en téléchargeant une version d'évaluation à l'adresse `www.adobe.com/fr/products/muse.html`.

Lorsque vous ouvrez Muse pour la première fois, vous accédez à un écran d'accueil illustré à la Figure 10.9.

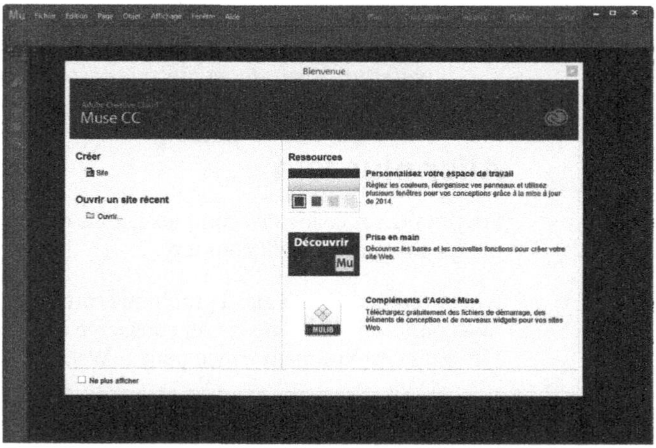

FIGURE 10.9 L'écran d'accueil de Muse.

Votre objectif étant de créer un site web, vous cliquerez tout naturellement sur Site dans la section Créer. Une boîte de dialogue Nouveau site (Figure 10.10) vous demande de définir la taille, c'est-à-dire la dimension de la page. Dans le menu local Mise en page initiale, choisissez entre Bureau, Tablette et Téléphone en fonction de la destination (diffusion) du site. Vous pouvez bien entendu personnaliser cette taille en tapant d'autres valeurs exprimées en pixels dans les champs Largeur de page et Hauteur minimum. Une fois que vous avez défini ces quelques paramètres, validez-les par un clic sur le bouton OK.

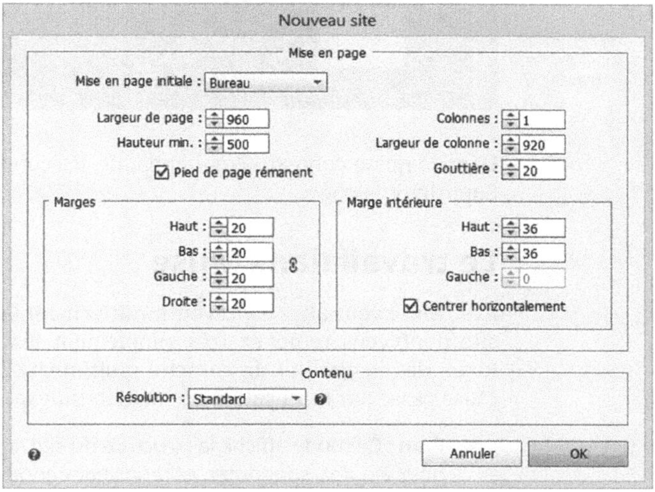

FIGURE 10.10 Définissez le support de diffusion du site et la dimension de ses pages.

Vous accéderez ainsi à l'interface de travail illustré à la Figure 10.11.

La conception d'un site est très intuitive dans Muse. L'onglet Site Web affiche la structure, c'est-à-dire le plan de votre site. Vous y ajoutez des pages en cliquant sur les signes plus qui apparaissent à droite ou à gauche de la vignette d'une page. Si vous souhaitez que la page renvoie à une page « enfant », cliquez sur le signe plus qui s'affiche sous la vignette d'une page. Pour supprimer une page, faites un clic-droit sur sa vignette.

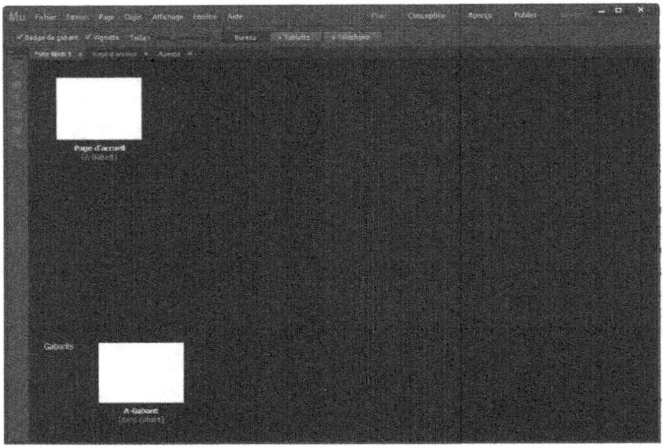

FIGURE 10.11 L'espace de travail de Muse.

Dans le menu contextuel qui apparaît, exécutez la commande Supprimer la page.

Le travail dans Muse

Avec Muse vous allez concevoir intuitivement la structure d'un site dont vous remplissez très simplement les pages avec du texte, des images, et du contenu multimédia. Le travail dans Muse passe par l'utilisation des onglets suivants :

- **Plan :** Ce mode affiche la structure du site. Il s'avère idéal pour ajouter, supprimer, et repositionner des pages.
- **Conception :** Dans ce mode, vous affichez le contenu de la page sélectionnée en mode Plan. C'est dans cet espace que vous concevez physiquement vos pages.
- **Aperçu :** Ce mode affiche votre page telle qu'elle apparaîtra sur l'écran de destination du site c'est-à-dire un ordinateur, une tablette, ou un téléphone mobile.
- **Publier :** Ce bouton permet d'effectuer une publication FTP de votre site ainsi conçu dans Muse.

Voici ce que vous effectuerez avec Muse :

» **La planification du site :** Création du plan de votre site et organisation de ses pages web.

» **La mise en page du site :** Grâce à des gabarits qui peuvent s'appliquer à d'autres gabarits, vous concevrez de superbes pages.

» **Le contenu et les ressources :** Appliquez des effets de défilement, et gérez des gabarits. Utilisez le panneau Calques de Muse pour structurer vos éléments de page et organiser vos créations de sites.

» **L'utilisation du texte :** Créez des blocs de texte, modifiez leur aspect, et mettez à jour leur contenu aussi simplement qu'intuitivement. Vous ajouterez sans problème des symboles et des caractères spéciaux. Vous disposez de trois choix de polices afin d'assurer le bon affichage du texte sur les périphériques de destination. Muse permet aussi d'importer le contenu d'un fichier texte. Enfin, le concept de police synchronisée consiste à réutiliser du texte dans plusieurs emplacements d'une page, sur différentes pages, ainsi que sur diverses dispositions de bureau, de tablettes et de smartphones. Il en va ainsi de certaines informations comme les noms de produits, les prix, les titres, les en-têtes et les pieds de page, qui apparaissent généralement sur plusieurs pages et dans plusieurs versions (ordinateur de bureau, tablette et mobile) d'un site. Avec le texte synchronisé, vous saisissez un texte une seule fois, et l'utilisez sur différentes pages d'un site. Lorsque vous modifiez ce texte, toutes ses occurrences sur le site sont modifiées simultanément.

» **L'utilisation des images :** Importez et modifiez les images directement dans Muse (position, recadrage, ajustement à un cadre ou au contenu). Vous avez la possibilité de copier les images pour les coller au même emplacement sur d'autres pages.

» **La création de liens :** L'interactivité est une donnée importante de Muse. Vous pouvez ainsi créer des liens et des boutons, ajouter un lien à une image, importer un bouton conçu dans Photoshop, ajouter et personnaliser la navigation de votre site, et définir le déclenchement de certaines actions.

- **La création de diaporamas et la mise en œuvre de widgets :** Les widgets vont permettre de définir des zones importantes de votre site web. Vous pourrez également créer un diaporama de vignettes comme nous en voyons souvent sur des sites consacrés à l'art en général et à la photo en particulier.
- **L'incorporation de code HTML :** Il est parfaitement possible d'inclure du contenu HTML5 dans une page web créée dans Muse. Par exemple, vous pouvez ajouter un flux Twitter avec du code HTML incorporé pour afficher ainsi les dernières publications. Utilisez également ces fonctions d'incorporation pour ajouter des iframes à votre site afin d'afficher d'autres pages du site avec du code HTML incorporé.
- **L'exportation et publication :** Vous téléchargerez, c'est-à-dire publierez votre site sur un serveur. Muse permet également de modifier vos sites hébergés par Adobe ou un fournisseur d'hébergement tiers.

Conclusion

L'objectif de cette partie n'est pas d'entrer dans le détail du fonctionnement des logiciels de création web reposant sur le principe du WYSIWYG. Ce chapitre a présenté les trois outils de création web développés par l'éditeur Adobe. En lisant ces diverses sections, vous avez eu une idée générale du rôle tenu par chacun. Notre objectif a été de montrer qu'ils ne faisaient aucunement double emploi. Chacun intègre un système de création des éléments constitutifs d'un site dynamique et interactif tel que les restrictions actuelles du Web l'imposent. Fireworks permet de créer des pages web complètes, et permet de mettre en œuvre de petites animations vectorielles. En revanche, il est idéal pour optimiser les graphiques qui prendront place dans une page web, et permet de créer des menus contextuels avec une facilité déconcertante. Dreamweaver, quant à lui est une sorte d'application qui va assurer la mise en page de divers éléments conçus Fireworks et Photoshop, tout en proposant des fonctions spécifiques à la conception et à la gestion des sites comme les CSS, les tableaux, les formulaires, la publication des sites, etc. Enfin, Muse intéressera tous les concepteurs web pour qui le design est bien plus important que la programmation HTML.

Chapitre 11

De la théorie à la pratique

DANS CE CHAPITRE :

- » **Créer des transformations par souris (rollovers) dans Fireworks.**
- » **Créer des menus contextuels dans Fireworks.**
- » **Intégrer des boutons et des images dans Dreamweaver.**
- » **Photoshop : Enregistrer pour le Web, et Zoomify.**
- » **Créer un site web grâce à wix.com.**
- » **Adobe Muse pour les designers**

Le précédent chapitre a introduit les logiciels web les plus utilisés pour créer des pages et des sites sans saisir la moindre ligne de code. Cela signifie que vous pouvez mettre en œuvre des sites sans recourir à des langages comme HTML, DHTML, XML, et à des langages de scripts comme JavaScript, VBScript, ASP, PHP, etc.

Cependant, si une interface peut facilement être implémentée sur le Web, l'interactivité de ses éléments nécessite un minimum de programmation. Nous allons apprendre à créer des boutons interactifs. Ensuite, nous verrons comme optimiser des images pour le Web, et comment placer boutons et images dans une page web en utilisant Dreamweaver CC. Nous découvrirons également comment Dreamweaver et Photoshop CC fonctionnent de concert, et effectuerons une rapide étude des quelques possibilités web de Photoshop. Nous poursuivrons ce chapitre en présentant une conception HTML 5 sans programmation, mais avec tous leurs avantages grâce à la conception en ligne proposée par le site wix.com. Enfin, nous terminerons avec l'approche web du logiciel Adobe Muse qui permet de se concentrer sur le design sans saisir une seule ligne de code.

Bien évidemment, il s'agit d'exemples simples, davantage destinés à montrer les principes de fonctionnement de ces logiciels que leurs richesses intrinsèques.

Pour mener à bien ces exercices et apprécier comme il se doit les principes évoqués dans ces sections, je vous invite à télécharger les versions d'évaluation des différents logiciels sur le site `www.adobe.fr`.

Création d'un bouton interactif

Cette section se limite à la création d'un élément indispensable à toute interface web : le *bouton*. Autrefois statiques, les boutons réagissent désormais au passage de la souris, attirant l'attention de l'internaute qui se dit : « Si ça bouge, c'est que ça déclenche quelque chose ! » Autrefois appelés « rollovers », ces changements d'état d'un bouton ont diverses appellations en fonction du logiciel utilisé.

Voyons comment créer cet élément d'interface dans le Fireworks d'Adobe.

Commencez par ouvrir Fireworks. Dans l'écran d'accueil, cliquez sur le lien Document Fireworks (PNG) de la section Créer un nouveau document. La boîte de dialogue Nouveau document apparaît. Laissez les paramètres par défaut, ou saisissez une valeur de hauteur et de largeur exprimée en pixels (comme 420 x 420), et cliquez sur OK. Une page vierge s'affiche.

Création du bouton

1. **Dans la boîte à outils de Fireworks, cliquez sur l'outil Rectangle de la section Vecteur pour ouvrir son menu local.**
2. **Choisissez Rectangle arrondi, comme à la Figure 11.1.**
3. **Dans le panneau Propriétés, cliquez sur l'icône du pot de peinture pour définir la couleur du rectangle.**

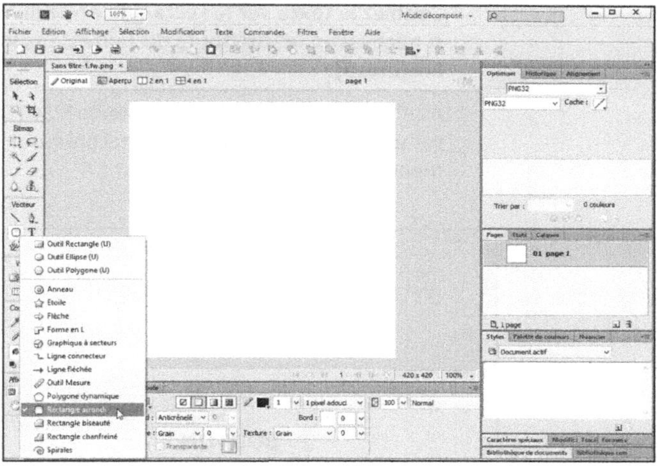

FIGURE 11.1 Créer un rectangle arrondi dans Fireworks.

4. **Dans le sélecteur de couleur, choisissez le jaune.**
5. **Dans la section Couleurs de la boîte à outils, cliquez sur le nuancier de l'icône du crayon, et affectez la couleur noire au trait entourant le rectangle.**

   Vous auriez obtenu le même résultat en cliquant sur l'indicateur de couleur du crayon dans le panneau Propriétés situé sous la zone de travail.

6. **Tracez le rectangle arrondi au centre de la zone de travail.**

   Ici la taille importe peu, mais pour travailler dans de bonnes conditions, créez un rectangle assez gros.

7. **Activez l'outil Texte.**
8. **Veillez à ce que le texte soit écrit en noir. Pour cela, dans le panneau Propriétés, cliquez sur l'indicateur de couleur situé à droite de la taille du texte. Dans le sélecteur de couleurs qui s'affiche, cliquez sur du noir.**
9. **Cliquez au centre du rectangle arrondi.**

   Un champ de saisie apparaît avec le point d'insertion.

10. **Saisissez BOUTON.**

11. **Centrez le texte sur le rectangle arrondi, et modifiez si nécessaire les attributs du texte dans le panneau Propriétés.**

À cet instant de la procédure, le texte BOUTON repose sur un rectangle arrondi jaune au contour noir, comme le montre la Figure 11.2.

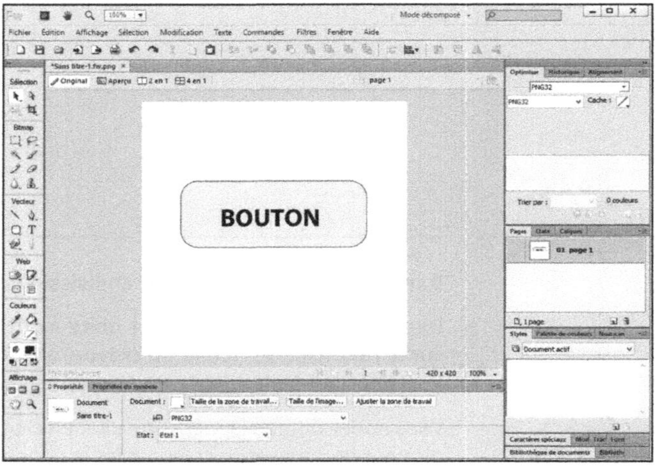

FIGURE 11.2 Un futur bouton avec rollover créé dans Fireworks.

Création du rollover

Maintenant que vous avez défini la forme du bouton et son texte, il faut créer la fonction de rollover, c'est-à-dire de transformation du bouton

au passage de la souris. Nous allons faire en sorte que la couleur du bouton passe du jaune au rouge, et celle du texte du noir au jaune.

1. **Dans les panneaux situés sur le côté droit de l'interface, cliquez sur l'onglet États.**

Vous constatez qu'il n'y a qu'une seule image, celle de votre bouton, appelée ici État 1.

2. **En bas du panneau États, cliquez sur le bouton Nouvel état/Dupliquer l'état (icône d'une feuille cornée).**

   Fireworks affiche le contenu de cette nouvelle image. Elle est vide.

3. **Dans le panneau États, cliquez sur État 1.**

   Cette action affiche le contenu de la première image du rollover, c'est-à-dire le rectangle arrondi jaune au contour noir avec le texte BOUTON.

4. **Cliquez sur Sélection/Sélectionner tout, ou appuyez sur Ctrl+A.**
5. **Cliquez sur Édition/Copier, ou appuyez sur Ctrl+C.**
6. **Dans le panneau États, cliquez sur État 2.**

   L'image est vide !

7. **Cliquez sur Édition/Coller, ou appuyez sur Ctrl+V.**

   Cette fois, l'état 2 est la réplique de l'état 1. Modifiez la couleur de remplissage du bouton et du texte.

8. **Cliquez sur une partie vide de la zone de travail pour désélectionner les objets.**
9. **Cliquez sur la couleur jaune pour ne sélectionner que le rectangle arrondi.**
10. **Dans le panneau Propriétés, cliquez sur le nuancier de l'icône du pot de peinture.**
11. **Dans le sélecteur de couleur, choisissez un rouge vif.**

    Immédiatement, la couleur de fond du rectangle arrondi de l'état 2 vire au rouge.

12. **Maintenant, cliquez sur le mot BOUTON pour le sélectionner.**
13. **Dans le panneau Propriétés, cliquez sur le nuancier (noir), et choisissez la couleur jaune dans le sélecteur de couleurs qui s'affiche.**

    Le texte devient jaune !

14. **Dans le panneau États, cliquez sur État 1.**

15. Avec le bouton droit de la souris, cliquez sur le rectangle arrondi.

16. Dans le menu contextuel, choisissez Insérer tranche rectangulaire.

Comme le montre la Figure 11.3, une tranche verte translucide apparaît sur le rectangle arrondi. C'est elle qui va gérer le rollover.

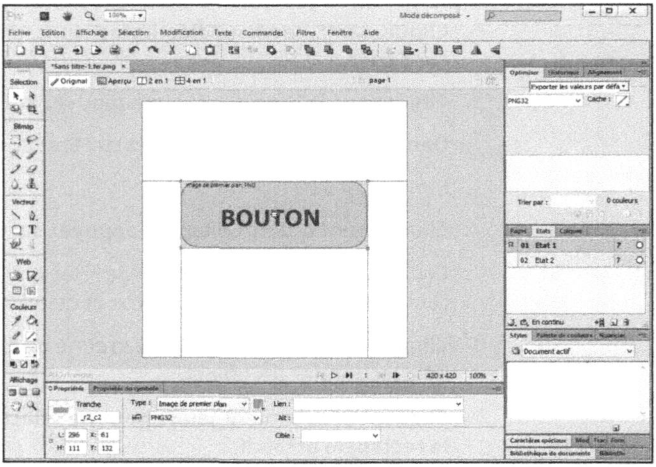

FIGURE 11.3 La découpe va permettre de créer le rollover.

17. Cliquez sur la découpe avec le bouton droit de la souris.

18. Dans le menu contextuel, choisissez Ajouter le comportement survol simple, comme à la Figure 11.4.

Voilà, le rollover est créé ! Pour vous en persuader, cliquez sur le bouton Aperçu en haut de la zone de travail. Placez le pointeur de la souris sur le bouton : le fond passe au rouge, et le texte au jaune.

Toutefois, une question angoissante surgit. Le rollover fonctionne dans Fireworks, mais fonctionne-t-il dans une page web ? Pour le savoir, passez à l'étape 19.

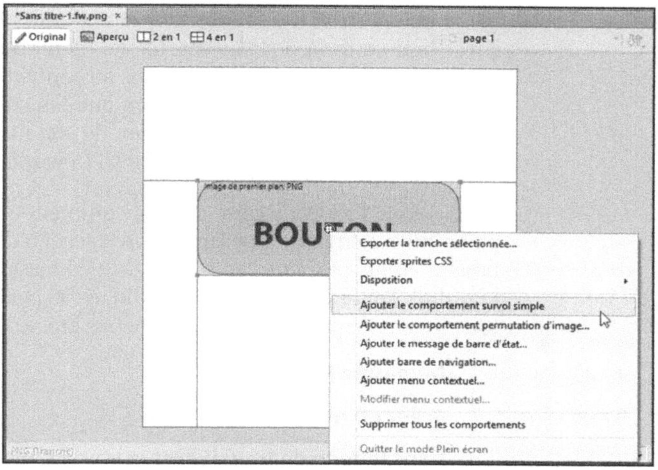

FIGURE 11.4 Pour valider le comportement du « rollover ».

19. **Cliquez sur Fichier/Aperçu dans le navigateur/Aperçu dans <nom de votre navigateur>, ou appuyez sur la touche F12.**

    Fireworks génère le code HTML de la page web et affiche le bouton dans votre navigateur.

Voilà comment se déroule la création d'un rollover simple. À partir de cette technique, il est très facile de composer une interface avec des boutons présentant chacun un rollover.

Créer des menus contextuels dans Fireworks

Une des fonctions les plus spectaculaires de Fireworks concerne la création de menus JavaScript qu'un utilisateur débutant ne saurait coder dans ce langage particulier. Dans son interface intuitive, Fireworks prend tout en charge. Il en résulte, par exemple, une barre de menus de navigation qui se déroule dès que le visiteur place le pointeur de la souris dessus !

Adobe utilise les termes *menus contextuels*. Toutefois, il s'agit davantage de menus déroulants, car la notion de *contexte* est liée à une portion d'une interface et apparaît quand on clique sur le bouton droit de la souris. Là, un menu flottant apparaît, renfermant des commandes propres au contexte dans lequel il a été appelé. Vous comprenez alors que les commandes d'un menu contextuel varient en fonction de son utilisation, ce qui n'est pas le cas des menus créés dans Fireworks.

Nous allons voir dans cette section comment créer un menu à partir d'un élément d'une future interface. En d'autres termes, nous n'allons pas concevoir une barre de menus dans son intégralité. Toutefois, la méthode indiquée ici peut se répéter sur tous les éléments d'une barre de menus créée dans Fireworks.

1. **Démarrez Fireworks.**
2. **Créez un nouveau document.**
3. **Dans la zone de travail, tracez un rectangle arrondi gris foncé (à l'aide de l'outil homonyme), en haut de la future page web.**

   La hauteur du rectangle doit être raisonnable puisqu'il s'agit de la couleur de fond de votre barre de menus (navigation).

4. **Ajoutez du texte gris clair pour chaque menu à créer. Par exemple, saisissez vidéo, art, contact.**

   Vous obtenez un résultat identique à celui de la Figure 11.5.

5. **Comme nous allons créer un seul menu sur les trois, activez l'outil Tranche de Fireworks.**
6. **Tracez une tranche qui couvre le mot Vidéo.**

   Comme le montre la Figure 11.6, une tranche apparaît sur ce mot. C'est elle qui va permettre de composer le menu Vidéo.

7. **Activez l'outil Pointeur en cliquant sur son icône, ou en appuyant sur la touche V de votre clavier.**
8. **Placez le pointeur de la souris sur la tranche, et cliquez dessus avec le bouton droit.**

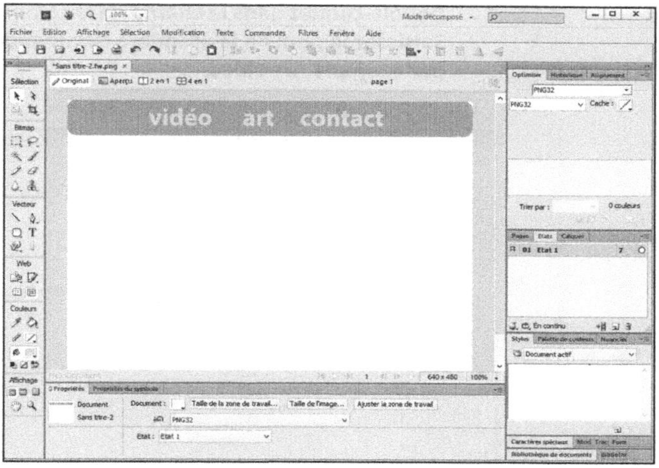

FIGURE 11.5 L'arrière-plan de la future barre de menus.

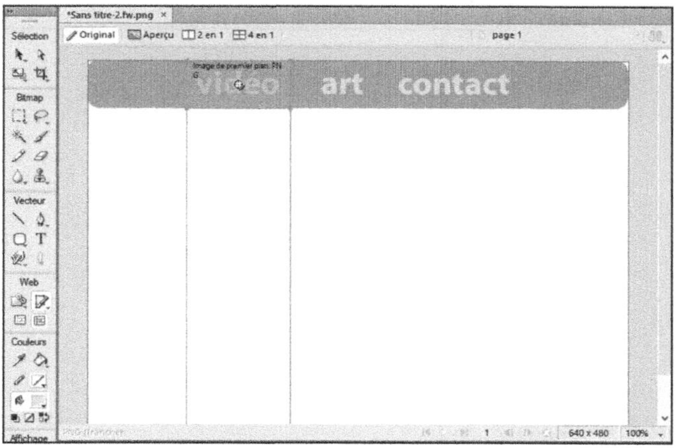

FIGURE 11.6 La tranche va permettre de créer le menu.

9. **Dans le menu contextuel représenté Figure 11.7, cliquez sur Ajouter menu contextuel.**

   Vous accédez à la boîte de dialogue éditeur de menu contextuel (Figure 11.8).

10. **Double-cliquez dans le champ de la colonne Texte. Saisissez le nom de la première commande du menu, par exemple Art-Vidéo.**

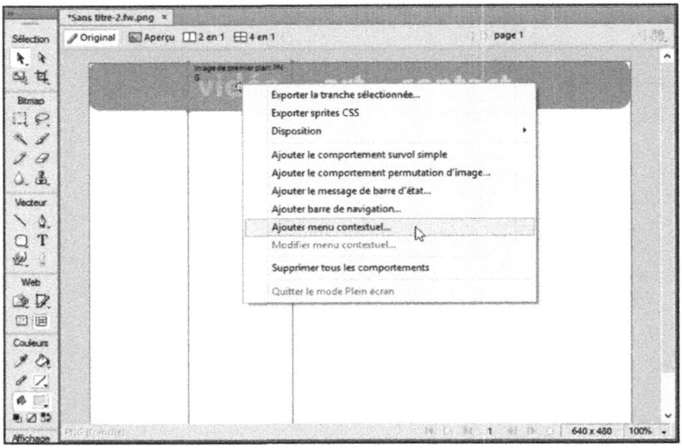

FIGURE 11.7 Ajouter un menu contextuel à une découpe.

FIGURE 11.8 L'éditeur de menu contextuel de Fireworks.

Pour le moment, laissez les deux autres champs vides. Sachez simplement que les champs de la colonne Lien permettent d'indiquer l'URL de la page web vers laquelle renvoie la commande du menu quand on clique dessus, et que ceux de la colonne Cible permettent de choisir entre les quatre types d'affichage de la cible, notamment si la page ainsi appelée s'affiche dans une autre fenêtre du navigateur ou dans la même.

11. **Cliquez sur le bouton + pour ajouter une ligne. Dans le deuxième champ ainsi créé dans la colonne Texte, saisissez, par exemple, Vidéo-Clip.**

    Plutôt que de cliquer sur le bouton +, vous pouvez appuyer sur la touche Tab jusqu'à ce qu'une nouvelle ligne soit créée.

12. **Faites de même dans tous les champs que vous désirez ajouter au menu.**

    Ainsi, à la Figure 11.9, vous voyez que j'ai un total de quatre commandes dans mon futur menu.

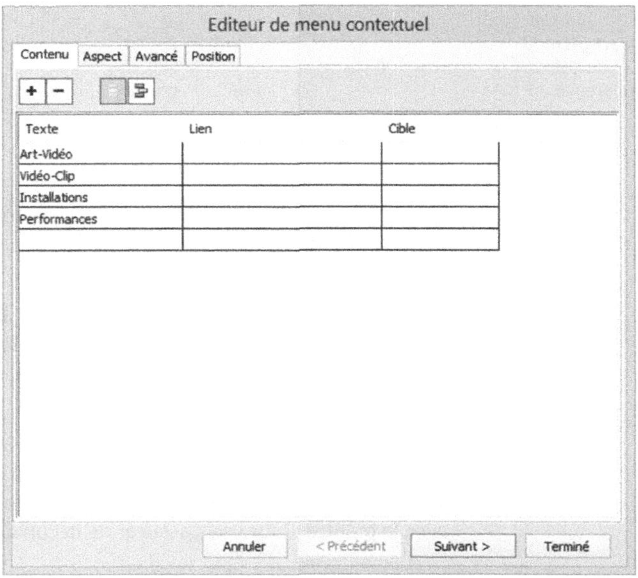

FIGURE 11.9 Le contenu est terminé.

13. **Cliquez sur le bouton Suivant.**

Vous accédez au contenu de l'onglet Aspect qui permet de définir l'apparence du menu, comme à la Figure 11.10.

FIGURE 11.10 L'onglet Aspect permet de définir l'apparence du menu.

14. **Optez pour un aspect dit HTML.**

En effet, cela permet de conserver un caractère vectoriel au menu, ce qui, graphiquement, évite d'alourdir la page web de graphiques bitmaps.

15. **Conservez la police et la taille par défaut, la position Centrer, et modifiez à votre convenance la couleur du texte de l'État Relevé et celle de la cellule, c'est-à-dire de l'arrière-plan.**

Toutefois, comme j'ai créé une barre de menus grise, je reprends la même couleur de cellule. Il suffit de cliquer sur la flèche de la cellule et de choisir la même couleur avec la pipette. Pour vous assurer de la concordance de la couleur, placez la pipette sur la barre de menus et cliquez pour en prélever la teinte.

16. **Faites de même dans la section État Au-dessus pour déterminer l'apparence du menu quand le pointeur de la souris passe sur une des commandes.**

Ces deux paramétrages sont reflétés dans la zone d'aperçu, comme l'illustre la Figure 11.11.

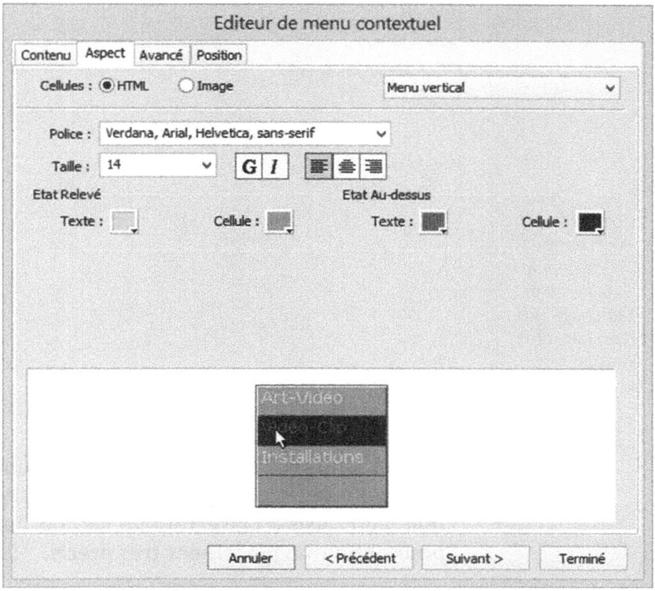

FIGURE 11.11 Les deux états des éléments du menu sont paramétrés dans l'onglet Aspect.

17. **Cliquez sur Suivant.**

Vous accédez aux options de l'onglet Avancé. Laissez les paramètres par défaut. Sachez simplement que cet onglet permet de définir la hauteur et la largeur des cellules, de fixer une marge intérieure, d'ajouter une bordure intérieure pour séparer les cellules du menu et de fixer, avec le paramètre Menu Intervalle, la durée d'affichage du menu une fois que le pointeur de la souris n'est plus dessus.

18. **Cliquez sur Suivant.**

Vous accédez au contenu de l'onglet Position, illustré Figure 11.12.

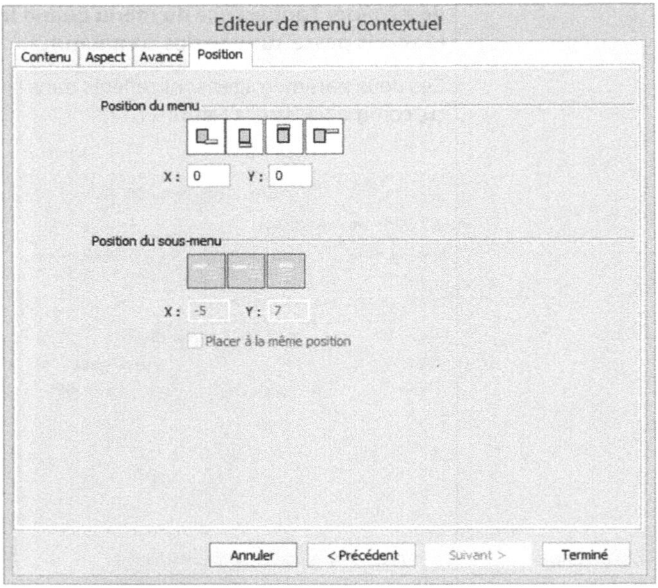

FIGURE 11.12 L'onglet Position permet de définir la position d'affichage du menu par rapport au texte de la barre de menus.

19. **Cliquez sur une icône de la section Position du menu où le petit rectangle symbolise l'emplacement futur du menu ou saisissez directement les coordonnées X et Y pour définir un placement très précis.**

    Pour les besoins de cet exemple, j'ai cliqué sur la deuxième icône pour que le menu apparaisse bien sous le mot Vidéo.

20. **Cliquez sur Terminé.**

    Revenu dans la zone de travail, vous constatez que le menu apparaît sous une forme toute simple, c'est-à-dire des cadres vides rattachés par une espèce de fil au nom du menu.

    Vous pouvez déplacer le menu à la souris pour le repositionner d'une manière plus intuitive.

Pourquoi ne voyez-vous pas le menu ? Parce qu'il s'agit d'un menu en JavaScript. Il faut donc que son code soit interprété par un navigateur web. Donc, pour tester le menu :

21. **Cliquez sur Fichier/Aperçu dans le navigateur/Aperçu dans <nom de votre navigateur>.**

22. **La barre de menus apparaît dans une page web affichée par Internet Explorer (si c'est votre navigateur principal).**

23. **Placez le pointeur de la souris sur le mot Vidéo.**

    Le menu apparaît. Placez-le sur une des rubriques du menu et le rollover s'opère, comme en témoigne la Figure 11.13.

FIGURE 11.13 Voilà ! Écrit en JavaScript, le menu ne peut être testé que dans un navigateur web !

La création de ces menus est simple dans Fireworks. Comme vous n'êtes pas un as de JavaScript, vous ne sauriez l'écrire directement dans ce langage. Vous ne me croyez pas ? Eh bien ! Regardez un peu sur la Figure 11.14 le code nécessaire à la création d'un tel menu ! Décourageant, n'est-ce pas ?

Pour utiliser ultérieurement ce bouton dans une page web créée avec Dreamweaver par exemple, vous devez l'exporter sous la forme d'une « page » HTML de la manière suivante :

```
<!DOCTYPE html PUBLIC "-//W3C//DTD XHTML 1.0 Transitional//EN"
"http://www.w3.org/TR/xhtml1/DTD/xhtml1-transitional.dtd">
<!-- saved from url=(0014)about:internet -->
<html xmlns="http://www.w3.org/1999/xhtml">
<head>
<title>00000001.png</title>
<meta http-equiv="Content-Type" content="text/html; charset=utf-8" />
<!--Fireworks CS6 Dreamweaver CS6 target.  Created Thu Mar 26 09:38:01 GMT+0100 2015-->
<script language="JavaScript1.2" type="text/javascript" src="mm_css_menu.js"></script>
<style type="text/css" media="screen">
        @import url("./00000001.css");
</style>
</head>
<body bgcolor="#ffffff">
<div id="FWTableContainer1073301736">
<table style="display: inline-table;" border="0" cellpadding="0" cellspacing="0" width="640">
<!-- fwtable fwsrc="Sans titre-2.fw.png" fwpage="page 1" fwbase="00000001.png" fwstyle="Dreamweaver" fwdocid =
"1073301736" fwnested="0" -->
  <tr>
   <td><img src="spacer.gif" width="117" height="1" alt="" /></td>
   <td><img src="spacer.gif" width="123" height="1" alt="" /></td>
   <td><img src="spacer.gif" width="400" height="1" alt="" /></td>
   <td><img src="spacer.gif" width="1" height="1" alt="" /></td>
  </tr>

  <tr>
   <td rowspan="2"><img name="n00000001_r1_c1" src="00000001_r1_c1.png" width="117" height="480" id="n00000001_r1
_c1" alt="" /></td>
   <td><a href="javascript:;" onmouseout="MM_menuStartTimeout(1000);"
onmouseover="MM_menuShowMenu('MMMenuContainer0326093618_0', 'MMMenu0326093618_0',0,58,'n00000001_r1_c2');"><img
name="n00000001_r1_c2" src="00000001_r1_c2.png" width="123" height="58" id="n00000001_r1_c2" alt="" /></a></td>
   <td rowspan="2"><img name="n00000001_r1_c3" src="00000001_r1_c3.png" width="400" height="480" id="n00000001_r1
_c3" alt="" /></td>
   <td><img src="spacer.gif" width="1" height="58" alt="" /></td>
  </tr>
  <tr>
   <td><img name="n00000001_r2_c2" src="00000001_r2_c2.png" width="123" height="422" id="n00000001_r2_c2"
alt="" /></td>
   <td><img src="spacer.gif" width="1" height="422" alt="" /></td>
  </tr>
</table>
<div id="MMMenuContainer0326093618_0">
      <div id="MMMenu0326093618_0" onmouseout="MM_menuStartTimeout(1000);" onmouseover="MM_menuResetTimeout();">
            <a href="javascript:;" id="MMMenu0326093618_0_Item_0" class="MMMIFVStyleMMMenu0326093618_0"
```

FIGURE 11.14 Le code HTML et JavaScript que vous auriez dû saisir pour créer un tel menu !

1. **Cliquez sur Fichier/Exporter.**
2. **Dans la boîte de dialogue Exporter, créez un nouveau dossier afin d'y stocker le code HTML et les images du rollover.**
3. **Dans le menu local Exporter, choisissez Documents HTML et images. Ne touchez pas aux autres options.**
4. **Donnez un nom au fichier, et cliquez sur Enregistrer.**

Vous disposez maintenant d'un code HTML et des deux états du bouton que vous insérerez dans Dreamweaver à la section « Insérer ces éléments dans Dreamweaver », plus loin dans ce chapitre.

Optimisation des images pour le Web

Nous avons répété dans cet ouvrage que la rapidité d'affichage des éléments d'une page web était la clé du succès d'un site. Moins l'internaute attend, plus vous avez de chance qu'il visite la totalité de votre site. Ce gain de temps passe par l'optimisation des images que vous allez insérer dans vos pages web. L'optimisation est une technique qui permet d'obtenir le meilleur compromis entre la taille de l'image et sa qualité d'affichage.

Optimiser pour l'exportation avec Fireworks

Découvrons la première méthode d'optimisation proposée par Fireworks :

1. **Importez une image dans Fireworks, via Fichier/Importer.**
2. **Dans la boîte de dialogue Importer, sélectionnez l'image à importer, puis cliquez sur le bouton Ouvrir.**

   Vous constatez que le pointeur de la souris a pris la forme d'une sorte d'angle droit.
3. **Cliquez et, sans relâcher le bouton de la souris, tracez la zone d'importation de votre image.**
4. **Relâchez le bouton de la souris : l'image est là !**
5. **Cliquez sur le bouton 4 en 1 de la fenêtre du document.**

   Vous disposez de quatre versions de la même image, comme le montre la Figure 11.15.

   Si vous ne voyez pas la totalité de l'image, sélectionnez un facteur de zoom inférieur à 100 % dans la liste Échelle de la partie droite de la barre de menus.

   Grâce à cet affichage, vous allez tester et comparer quatre paramètres différents d'optimisation. La première image, en haut à gauche, est l'image d'origine.
6. **Cliquez sur la deuxième image et ouvrez le panneau Optimiser.**

   Dans la liste Paramètres enregistrés (première liste de ce panneau), choisissez JPEG - Qualité supérieure. Sous l'image apparaît une estimation du temps de téléchargement sur un modem 56 Kbps.

FIGURE 11.15 L'optimisation de Fireworks est plus efficace si vous affichez quatre images simultanément.

7. **Cliquez sur la troisième image (en bas à gauche).**

   Cette fois, dans la liste Paramètres, choisissez JPEG - Fichier réduit. L'estimation du temps de téléchargement est largement réduite.

8. **Cliquez sur la quatrième image.**

   Choisissez un Paramètre GIF et, dans la liste Couleurs, choisissez 4.

   Toutes ces manipulations montrent trois images optimisées à comparer les unes aux autres, et surtout à l'image originale.

   Nous n'avons utilisé ici que des préréglages de Fireworks. Sachez que chaque préréglage peut être modifié soit en réduisant la compression JPEG, soit en diminuant le nombre de couleurs GIF. Dès qu'un paramètre correspond à vos besoins, cliquez sur le bouton Enregistrer les paramètres du menu local situé dans le coin supérieur droit du panneau Optimiser, pour l'utiliser quand bon vous semble.

9. **Pour enregistrer l'image optimisée, sélectionnez celle qui présente le meilleur compromis qualité/vitesse de téléchargement. Choisissez Fichier/Exporter.**

Si les paramètres vous agacent, utilisez l'Assistant Exportation comme cela est décrit dans la section suivante.

L'Assistant Exportation de Fireworks

Voilà un assistant qui va soulager tous ceux qui veulent optimiser rapidement les images sans s'inquiéter de multiples paramètres.

1. **Choisissez Fichier/Assistant d'exportation.**

   La boîte de dialogue Assistant d'exportation apparaît, comme sur la Figure 11.16. Elle vous pose des questions. Contentez-vous d'y répondre.

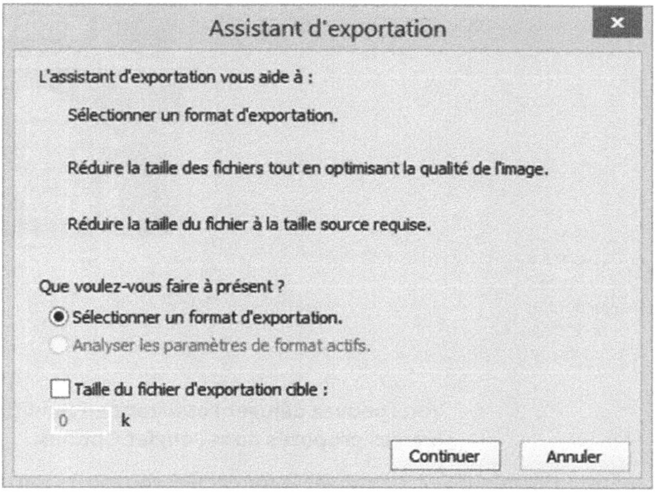

FIGURE 11.16 L'Assistant Exportation de Fireworks.

2. **Dans la zone « Que voulez-vous faire à présent ? », choisissez Sélectionner un format d'exportation.**
3. **Cliquez sur le bouton Continuer.**

   Une nouvelle étape apparaît : Choisir la destination.
4. **Activez l'option Le Web, puis cliquez sur Continuer.**

L'assistant affiche les résultats de l'analyse. Lisez-les et conformez-vous aux instructions après avoir cliqué sur Quitter.

5. **Dans la boîte de dialogue Aperçu de l'image, sélectionnez, par exemple, la première image affichée en JPEG (voir la Figure 11.17).**

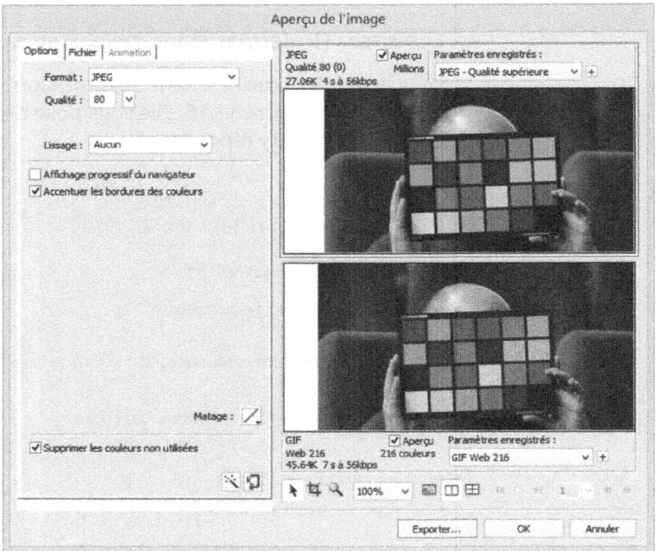

FIGURE 11.17 L'assistant invite à sélectionner un format d'image.

6. **Vous pouvez déjuger l'assistant en modifiant les paramètres proposés dans l'onglet Options.**

   - Conservez le format JPEG quand il s'agit d'une photographie.
   - Dans la liste Qualité, définissez 50.
   - Dans la liste Lissage, choisissez 8 Lissage maximum.
   - Cochez la case Affichage progressif du navigateur.
   - Décochez Accentuer les bordures des couleurs.
   - Cochez l'option Supprimer les couleurs non utilisées.

Vous optimisez largement l'image, mais au détriment de sa qualité initiale.

7. **Cliquez sur le bouton Exporter pour enregistrer l'image au format JPEG tel que vous venez de l'optimiser.**

Vous venez d'approcher l'optimisation des images dans Fireworks. Nous avons décrit une procédure générale qui devra être affinée par une pratique de l'optimisation pour laquelle de nombreux détails sont donnés dans des ouvrages spécialisés.

Insérer ces éléments dans Dreamweaver

Abordons rapidement les principes d'insertion d'éléments dans le logiciel WYSIWYG (Tel écrit, tel écran) de référence, je veux bien entendu parler de Dreamweaver CC. Il ne s'agit pas ici de détailler la procédure de mise en page et encore moins la gestion des sites, mais de montrer le principe général d'insertion d'éléments web dans le logiciel WYSIWYG le plus intéressant du marché.

Insérer un bouton Fireworks dans Dreamweaver CC

Nous supposons que Dreamweaver est ouvert en mode création. Si ce n'est pas le cas, cliquez sur le lien HTML de la section Créer de l'écran d'accueil, ou choisissez Fichier/Nouveau et, dans la liste Type de page de la section Page vierge, choisissez HTML, et cliquez sur Créer. Le défi qui se présente à nous est d'insérer le bouton créé dans Fireworks plus haut dans ce chapitre.

Il est possible de créer des boutons survolés (rollovers) directement dans Dreamweaver. Une boîte de dialogue vous demande d'indiquer le chemin d'accès à l'image du bouton normal et celui du bouton survolé.

Voici comment insérer dans Dreamweaver un bouton interactif créé dans Fireworks :

1. **Dans le panneau Insertion, veillez que les éléments Commun soient affichés comme à la Figure 11.18.**

   Si le panneau Insertion n'est pas visible, cliquez sur Fenêtre/Insertion.

   Si ce n'est pas le cas, ouvrez le menu local du panneau Insertion, et activez Commun.

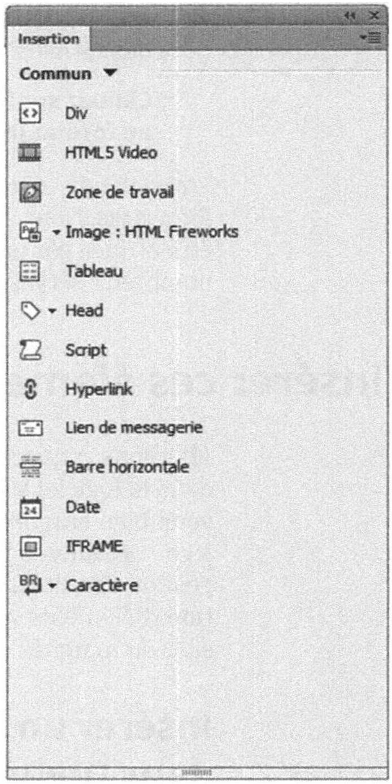

FIGURE 11.18 Les éléments Commun du panneau Insertion.

2. **Cliquez sur la petite flèche de l'élément Image, et choisissez Image : HTML Fireworks.**
3. **Dans la boîte de dialogue Insérer du HTML Fireworks qui apparaît, comme à la Figure 11.19, cliquez sur le bouton Parcourir afin de localiser le fichier HTML du bouton créé avec Fireworks.**

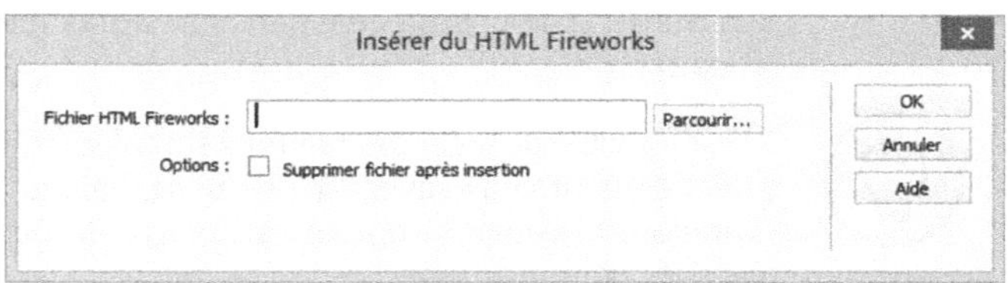

FIGURE 11.19 Pour localiser le fichier HTML Fireworks.

4. **Sélectionnez le fichier HTML et cliquez sur Ouvrir.**
5. **Revenu dans la boîte de dialogue Insérer du HTML Fireworks, cliquez sur OK.**

6. **Pour tester le bon fonctionnement du bouton, vous pouvez :**

   - Basculez en mode En direct par un clic sur la flèche du bouton Création, puis choisissez En direct. Il suffit alors de placer le pointeur de la souris sur le bouton puis de l'enlever pour apprécier le rollover.
   - Cliquez sur l'icône du globe terrestre dans la partie supérieure droite de l'interface. Dans le menu local qui apparaît, choisissez Aperçu dans Internet Explorer. Enregistrez votre fichier Dreamweaver si le programme vous le demande. Le document HTML s'ouvre alors dans le navigateur. Si nécessaire, cliquez sur le bouton Autoriser le contenu bloqué afin d'exécuter correctement le JavaScript. Ensuite, placez et retirez le pointeur de la souris du bouton afin d'apprécier le fonctionnement du rollover.

Insérer une image dans Dreamweaver CC

Puisque Dreamweaver est ouvert avec un joli bouton créé avec Fireworks, poursuivons en insérant l'image optimisée à la section « Optimiser pour l'exportation avec Fireworks ».

1. **Placez le point d'insertion à droite du bouton.**
2. **Cliquez sur Insertion/Images/Image.**

   Vous pouvez également passer par le panneau Insertion de Dreamweaver. Choisissez-y la catégorie Commun. Maintenez le bouton de la souris enfoncé sur Image et, dans le menu local qui apparaît, choisissez Image.

3. **Dans la boîte de dialogue Sélectionner la source de l'image qui apparaît, parcourez vos dossiers pour trouver l'image.**
4. **Si un message vous signale ne pas pouvoir créer un chemin relatif entre le document et le fichier, cliquez sur Oui afin de copier l'image dans le dossier du document.**

5. **Dans la boîte de dialogue Copier fichier sous, localisez si nécessaire le dossier dans lequel votre page web Dreamweaver est enregistrée. Cliquez alors sur le bouton Enregistrer.**

L'image apparaît dans Dreamweaver, comme le montre la Figure 11.20, l'image apparaît à droite du bouton Fireworks. Si l'image est trop grande, Dreamweaver risque de la placer sous

FIGURE 11.20 L'image est insérée et redimensionnée dans Dreamweaver.

le bouton en question. Dans ce cas, agissez sur les poignées de redimensionnement pour lui donner une taille correcte, ou bien saisissez directement cette taille dans le panneau Propriétés.

Vous notez que le panneau Propriétés affiche des paramètres propres aux images.

Si ce panneau n'est pas visible, choisissez Fenêtre/Propriétés.

Redimensionner ainsi l'image ne réduit pas sa taille réelle. Le redimensionnement opéré dans Dreamweaver est fait pour améliorer la mise en page. Pour cette raison, il est préférable de modifier les tailles des images dans Fireworks (ou de les préparer dans Photoshop). Pour cela, cliquez sur le bouton Modifier les paramètres de l'image du panneau Propriétés. Il est symbolisé par une icône de rouages. Vous accédez à la boîte de dialogue Optimisation d'image. Définissez le format et la qualité ou optez pour des réglages prédéfinis. Une fois les paramètres choisis, cliquez sur OK.

Pour apprécier le comportement (survol ou rollover) du bouton ainsi que l'affichage de l'image :

» Cliquez sur le menu local Création et choisissez En direct. Dans ce mode qui simule l'affichage web sans quitter Dreamweaver, le rollover du bouton fonctionne à merveille, comme le montre la Figure 11.21.

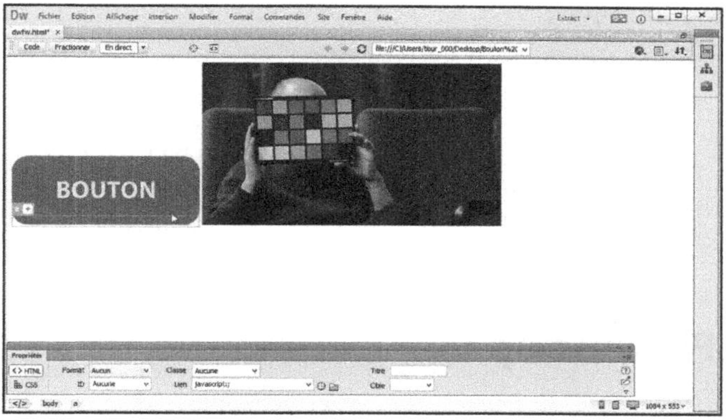

FIGURE 11.21 L'affichage En direct de Dreamweaver.

» Cliquez sur l'icône du globe terrestre située dans la partie supérieure droite de l'interface. Dans le menu local qui apparaît, choisissez Aperçu dans Internet Explorer (ou tout autre navigateur proposé). À la demande du programme, enregistrez votre travail. La page s'affiche ensuite dans Internet Explorer comme à la Figure 11.22.

Internet Explorer peut bloquer l'exécution du JavaScript. Dans ce cas, le rollover du bouton sera inopérant. Dans le message qui s'affiche en bas de la fenêtre d'Internet Explorer, cliquez sur Autoriser le contenu bloqué.

Ces deux procédures sont très simples. Elles sont là pour vous montrer que la gestion des éléments se fait par l'utilisation des différentes boîtes à outils et de l'Inspecteur de propriétés.

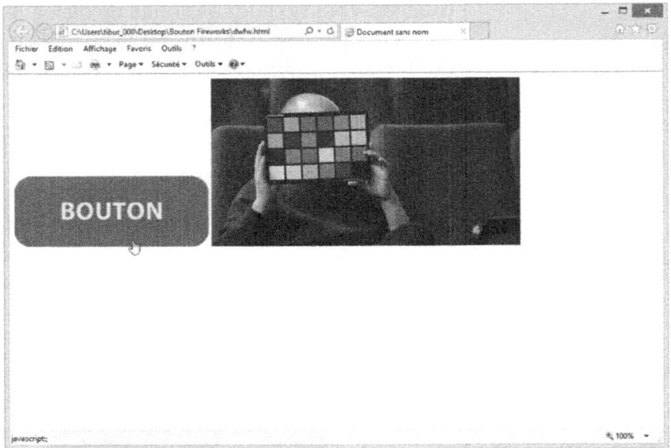

FIGURE 11.22 Le bouton Fireworks et l'image aperçus dans Internet Explorer.

Des mises en pages complexes peuvent être réalisées avec des cadres et surtout des tableaux. Ensuite, la gestion et la maintenance du site sont prises en charge par les fonctions avancées de Dreamweaver.

Photoshop CC

Photoshop CC permet de préparer des images pour le Web, et de publier des images en haute résolution grâce à la fonction Zoomify. Cette section propose de découvrir ces deux aspects de Photoshop, plus son interfaçage direct avec Dreamweaver CC.

Enregistrer pour le Web

Nous avons vu dans les précédentes sections qu'il était possible d'optimiser une image dans Fireworks et depuis Dreamweaver. Toutefois, lorsque vous travaillez sur une photo ou une composition infographique, force est de constater que Photoshop CC est le logiciel par excellence de la retouche des images numériques. Il se peut alors que vous n'ayez pas très envie de fermer l'image sur laquelle vous suez sang et eau, pour l'ouvrir dans Fireworks afin de l'optimiser. Bien qu'Adobe spécialise ses logiciels dans des fonctions très précises, vous pouvez préparer, avec Photoshop CC, une image destinée au Web.

Voici la procédure à suivre :

1. **L'image étant ouverte dans Photoshop CC, effectuez toutes vos opérations de retouche.**
2. **Cliquez sur Image/Taille de l'image.**

   Cette action ouvre la boîte de dialogue éponyme illustrée à la Figure 11.23.

   Vous constatez sur la Figure 11.23 que la photo à préparer pour une insertion dans une page web est bien trop volumineuse. La taille du document est de 1920 x 1080 pixels, dans une résolution de 150 ppp.

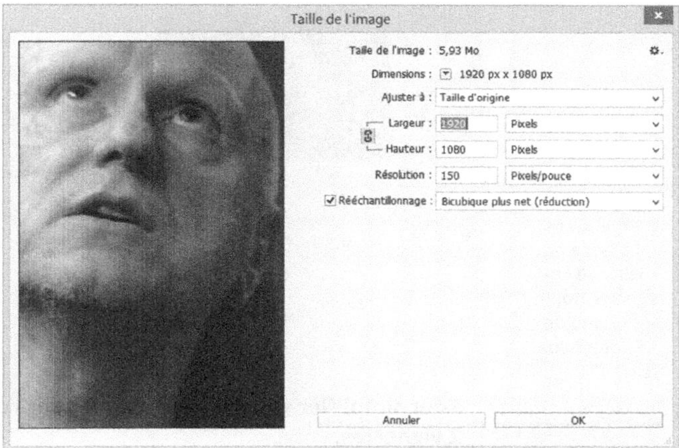

FIGURE 11.23 Commencez par redimensionner l'image.

3. **Dans le champ Résolution, tapez 72.**

   Cette résolution est suffisante pour un affichage écran. Immédiatement, vous constatez une réduction importante de la taille du document.

4. **Vérifiez que l'icône du chaînon relie bien les champs Largeur et Hauteur afin de procéder à un redimensionnement proportionnel c'est-à-dire sans déformer**

l'image en respectant le rapport Hauteur/Largeur. Ensuite, et entrez une Largeur de 350 pixels.

Dans mon exemple, le document passe d'un poids de 5,93 Mo à 202 Ko, et cette réduction n'est pas encore terminée.

5. **Cliquez sur OK.**
6. **Cliquez sur Fichier/Enregistrer pour le Web.**

   Vous accédez à une boîte de dialogue peu conventionnelle, illustrée à la Figure 11.24.

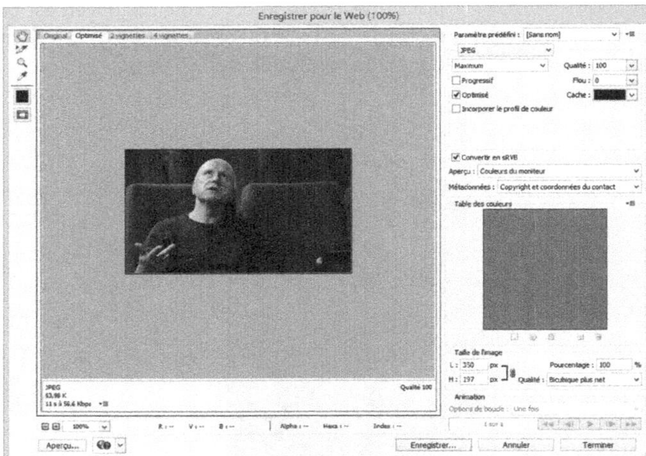

FIGURE 11.24 La boîte de dialogue Enregistrer pour le web de Photoshop.

7. **Pour simplifier votre travail, cliquez sur l'onglet 2 vignettes.**

   Dans l'aperçu du haut, vous avez l'image d'origine, et dans celui du bas, l'image optimisée.

8. **Si vous souhaitez que l'image ne soit pas trop dégradée par l'optimisation, choisissez JPEG Supérieur dans la liste Paramètre prédéfini.**

   Regardez la partie inférieure de l'aperçu. Vous voyez le poids de l'image, et sa vitesse de téléchargement avec un modem 56,6 K (cette évaluation peut être modifiée pour refléter davantage la vitesse avec des connexions plus rapides, notamment haut débit).

Dans mon exemple, et comme le montre la Figure 11.25, mon image ne pèse plus que 20,69 Ko contre 51,3 Mo au départ, et 202 Ko après redimensionnement.

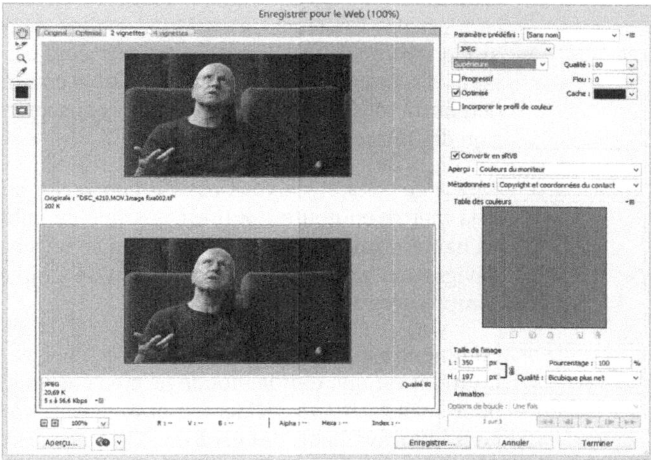

FIGURE 11.25 L'optimisation est tout aussi impressionnante que rapide.

Pour mieux apprécier l'image optimisée, cliquez sur l'onglet Optimisé. Cette fois, la boîte de dialogue ne montre que la photo compressée telle qu'elle s'affichera sur Internet.

9. **Dès que vous êtes satisfait du poids de votre image, cliquez sur Enregistrer.**

   Vous n'avez plus qu'à indiquer le dossier de stockage de cette image destinée à votre site. Comme nous l'avons expliqué dans la section consacrée à Dreamweaver, vous devez maintenant y placer cette image.

À côté de cette faculté qu'a Photoshop CC d'optimiser les images destinées à Internet, ce programme permet également de publier des images en haute résolution grâce à la fonction Zoomify.

Zoomify, les images haute résolution sur le Web

Nous savons que le Web est un diffuseur de média qui exige de la rapidité. Pourquoi ? Parce que l'internaute est un petit nerveux pressé, pour ne pas dire stressé, qu'il ne surfe pas forcément en haut débit, et quand il navigue en haut débit, eh bien ce n'est pas forcément à 25 Mo/s, malgré ce qu'annoncent à grand renfort de publicités les fournisseurs d'accès. Donc, les images sont compressées le plus possible comme nous l'avons démontré tout au long de ces sections consacrées à l'optimisation des photos pour les sites web.

Face à ce constat, je vous assène une vérité que je vous sens déjà mettre en doute : « Il est possible de publier des photos en haute résolution sur le Web, et qui se téléchargent dans les navigateurs web comme s'il s'agissait de simples images JPEG compressées à outrance ! »

Comment est-ce possible, mais aussi quel en est l'intérêt ? L'intérêt est que tout le monde ne crée pas un site simplement pour se distraire ou dérider ses amis. Savez-vous qu'il y a des gens qui travaillent, des gens dont le métier est de fournir des images de qualité à des clients exigeants. Pour qu'un client apprécie un travail à sa juste valeur, il doit pouvoir consulter les photos dans leur résolution finale sous peine de ne pas voir des détails importants à cause d'une réduction importante de la taille de la photo, et suite à une suppression de nombreux éléments inhérents à la compression JPEG. Or, je vois mal quelqu'un envoyer par mail une image de plus de 20 Mo, ni même la publier sur un site web. C'est donc là que la nouvelle fonction Zoomify de Photoshop CC entre en jeu. Elle va permettre de publier sur le Web des images gigantesques qui se téléchargeront aussi rapidement que des JPEG compressés. Voici les tenants et les aboutissants de cette technologie.

1. **Dans Photoshop, ouvrez l'image haute résolution que vous désirez publier sur le Web.**

   Sur la Figure 11.26, vous constatez que ce portrait destiné à une impression doit être apprécié par le client dans cette

FIGURE 11.26 Difficile de détailler une telle image sur le Web.

taille. Il faut donc la publier dans sa pleine résolution, c'est-à-dire en 4 368 x 2 912 pixels !

2. **Cliquez sur Fichier/Exportation/Zoomify.**

   Vous accédez à la boîte de dialogue Exportation Zoomify illustrée à la Figure 11.27. C'est ici que vous allez paramétrer la diffusion de l'image en haute résolution sur une page web.

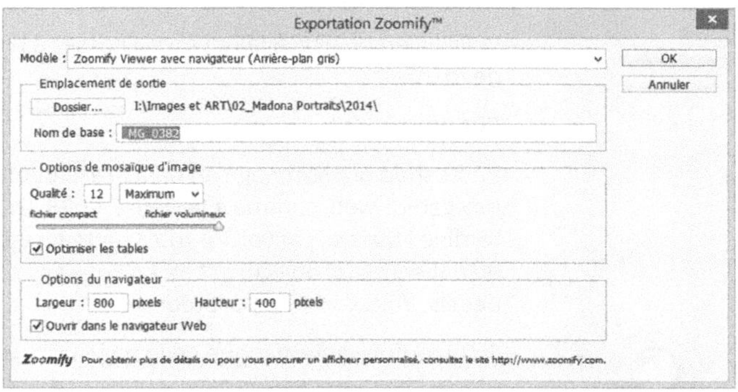

FIGURE 11.27 Exportation Zoomify.

3. **Dans la liste Modèle, choisissez la manière dont va s'afficher l'image. C'est-à-dire avec ou sans navigateur. Testez pour cet exercice Zoomify Viewer avec navigateur (Arrière-plan gris).**

« Avec navigateur » signifie que vous intégrez une interface de navigation dans l'image, un peu comme le fait le panneau Navigation de Photoshop CC. En d'autres termes, vous disposerez d'un outil qui va permettre de naviguer dans les détails de cette image haute résolution.

4. **Dans la section Emplacement de sortie, cliquez sur le bouton Dossier.**

5. **Dans la boîte de dialogue qui apparaît, sélectionnez le disque dur et/ou le dossier dans lequel vont être créés les fichiers permettant de publier l'image haute résolution sur le Web.**

6. **Donnez un Nom de base au fichier.**

   Par défaut, il s'agit du nom du fichier choisi. Je conseille d'attribuer un nom en rapport avec le contenu de la photo.

7. **Dans la section Options de mosaïque d'images, définissez la qualité d'affichage de l'image.**

   Je conseille de conserver les valeurs par défaut.

8. **En revanche, dans la section Options du navigateur, la dimension par défaut de 400 x 400 pixels est un peu trop faible. Je vous invite à saisir une Largeur de 800.**

   Voilà ! Rien de plus à faire ! Ah si : passez à l'Étape 9, tout de même.

9. **Cliquez sur OK.**

   Photoshop ouvre l'image en haute résolution dans votre navigateur web, comme à la Figure 11.28. Ouais, pas terrible ! Mais si, car voici le truc ! Cette image est affichée en entier, mais l'objectif est de pouvoir en contrôler les détails. Voici comment procéder :

Si l'ouverture automatique de la page web ne se produit pas, accédez au dossier dans lequel vous avez enregistré votre image traitée par Zoomify. Vous y trouverez un fichier HTML portant le nom de votre image. Double-cliquez dessus pour l'ouvrir dans votre navigateur web.

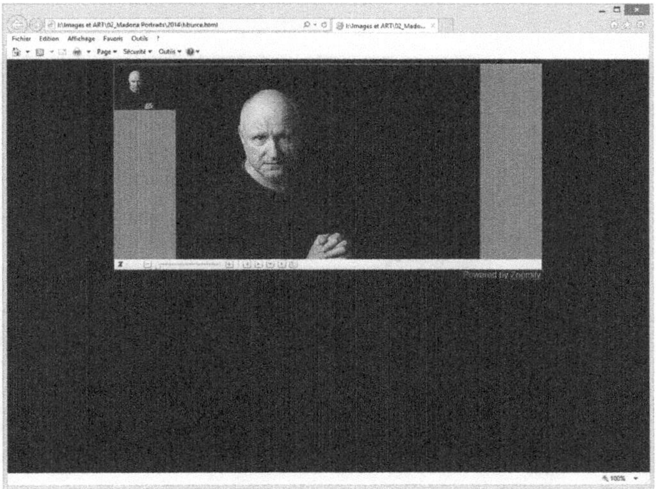

FIGURE 11.28 Voilà, l'image haute résolution est affichée dans le navigateur web.

La fonction Zoomify fonctionne de manière très aléatoire dans la version de l'écran d'accueil d'Internet Explorer de Windows 8.1.

10. **Cliquez sur le bouton + ou faites glisser le curseur pour grossir une zone de l'image.**

    En opérant ainsi, vous constatez que la qualité se dégrade tout au long du grossissement. Dès que vous relâchez le bouton de la souris, miracle : l'image atteint une netteté incroyable, comme à la Figure 11.29.

    Le problème est que le zoom se fait sur le centre de l'image. Comment afficher d'autres portions de la photo pour en apprécier les détails ? Très simple :

11. **Dans la partie supérieure gauche de l'image, un aperçu affiche un petit rectangle bleu de navigation. Cliquez dans ce rectangle et faites-le glisser vers la partie de l'image que vous désirez afficher en détail.**

    Là encore, durant le déplacement, l'image se dégrade, mais dès que vous relâchez le bouton de la souris, les détails sont impeccables.

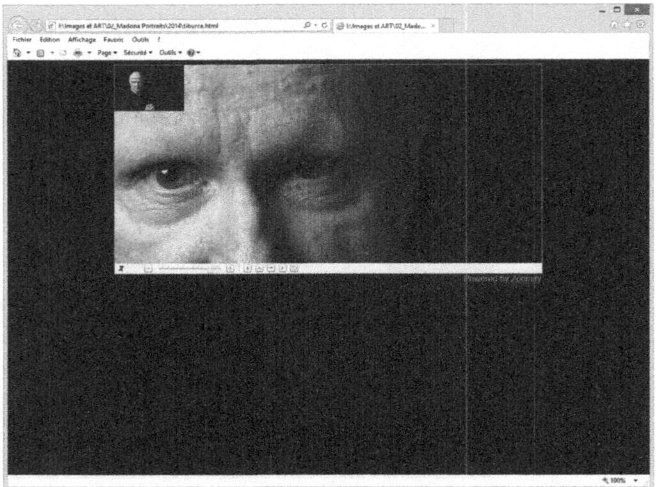

FIGURE 11.29 Qualité exceptionnelle des portions affichées en haute résolution.

Vous pouvez également afficher d'autres parties de l'image en cliquant directement dans la photo en haute résolution, et en glissant vers la zone à afficher en détail.

Ici, vous ne faites que consulter et naviguer dans cette image sur votre disque dur, donc sans téléchargement. Il faut publier l'image sur le serveur FTP de votre FAI. Reprenez pour cela la technique expliquée dans la cinquième partie de ce livre.

Pour cela, vous devez savoir quoi publier. Là aussi, les choses sont simples.

12. **Avec l'Explorateur Windows, affichez le contenu du dossier dans lequel sont stockés les éléments constituant cette page web affichée localement.**

    Il s'agit d'un dossier qui porte le nom attribué à l'Étape 6, d'un fichier `.html` et d'un et d'un autre nommé zoomify-Viewer.swf. (Ce dernier est le fichier d'une animation Flash).

13. **Double-cliquez sur le dossier pour l'ouvrir.**

    Vous constatez que ce dossier contient un dossier Tile-Group0, avec un fichier portant l'extension `.xml`.

Vous devez publier ce sous-dossier dossier et les fichiers énumérés ci-dessus (`.html` et `.swf`). Une fois le dossier sur le serveur FTP de votre FAI, vous l'affichez dans une page web en indiquant l'adresse du site, suivie du dossier, suivi du nom du fichier `.swf`. Vous n'avez plus qu'à créer un lien graphique ou textuel dans la page d'accueil de votre site, ou plus simplement envoyer ce lien par mail à votre client.

Création d'un site HTML 5 en ligne

Voici une section relativement longue qui explique les diverses étapes permettant de créer un site web HTML 5. L'intérêt ici est que vous n'avez pas besoin d'aucune connaissance en HTML . Certes, ce type de conception web s'adresse aux débutants. Vous serez otage des fonctionnalités du site qui vous propose de travailler directement en ligne, mais vous concevrez un site web efficace et très esthétique.

Sans plus attendre, je vous propose de découvrir les avantages exceptionnels du site `http://fr.wix.com/`.

Le site en question permet :

- De créer des sites complets et complexes.
- Il est entièrement gratuit dans ses fonctions de bases déjà bien avancées.
- La publication est automatique.
- Il propose de nombreux modèles thématiques, y compris pour des pages Facebook.
- La conception est intuitive, optimisée, et facile à mettre en œuvre.
- Tout est personnalisable.
- Selon vos besoins de stockage ou de conception web, vous pouvez vous abonner à des formules plus professionnelles.

Comme souvent sur ce genre de site, vous devez ouvrir un compte. Rassurez-vous, cette inscription ne vous coûtera pas un centime.

Ouvrir un compte sur wix.com

Pour ouvrir un compte gratuit sur le site wix.com, rien de plus simple. Il suffit de vous conformer aux étapes suivantes :

1. **Ouvrez votre navigateur web, comme Internet Explorer.**
2. **Dans la barre d'adresses du navigateur, tapez l'URL suivante :** `http://fr.wix.com`.

   Vous accédez la page que vous montre la Figure 11.30.

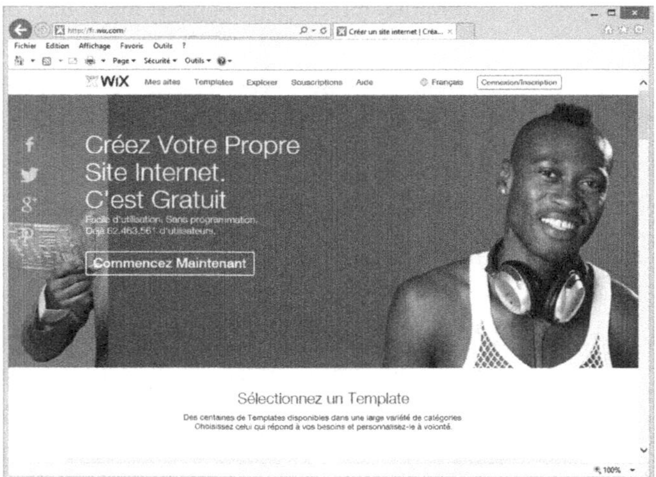

FIGURE 11.30 La page d'accueil du site fr.wix.com.

Pour travailler dans de bonnes conditions sur le site `fr.wix.com`, je vous conseille d'utiliser la résolution d'écran la plus importante que vous permet d'obtenir votre moniteur et votre carte graphique. Évitez toute résolution d'affichage inférieure à 1 024 x 768.

3. **Pour créer un compte, cliquez sur le bouton Commencez maintenant.**

   Une fenêtre apparaît comme à la Figure 11.31.

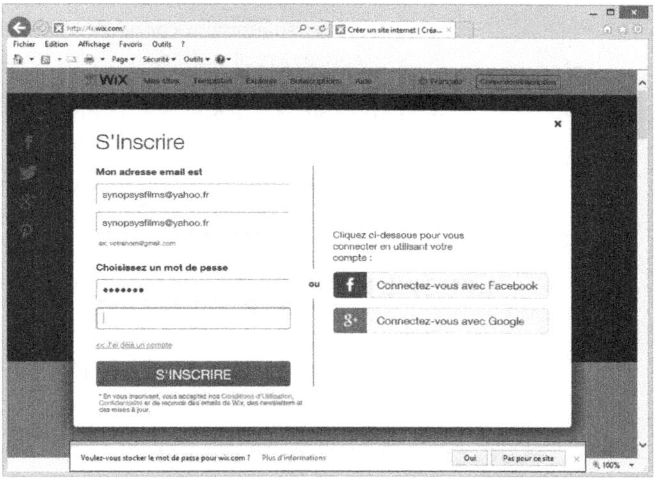

FIGURE 11.31 Communiquez des informations pour l'ouverture de votre compte gratuit.

4. **Dans la fenêtre Connexion, vérifiez que l'option Je suis un nouvel utilisateur est active.**
5. **Dans le premier champ de saisie, tapez votre adresse e-mail. Validez en appuyant sur la touche Tab de votre clavier.**
6. **Confirmez votre adresse. Passez au champ suivant et saisissez un mot de passe.**
7. **Confirmez votre mot de passe. Validez l'ensemble par un clic sur S'inscrire.**

   Ces informations sont essentielles, car elles vous permettent de vous connecter ultérieurement à votre compte pour modifier et enrichir votre site web. Le mot de passe vous sera demandé à chaque connexion. Donc, mémorisez-le bien. L'adresse e-mail est celle qui vous permettra de valider votre compte et éventuellement d'obtenir votre nom d'utilisateur et votre mot de passe si vous les perdez. Donc, tapez une adresse e-mail valide pour que wix.com puisse vous communiquer vos données oubliées et vous tenir à jour des nouvelles fonctionnalités mises à votre disposition.

Vous êtes immédiatement connecté à votre compte. Pour vous en convaincre, il suffit de regarder le coin supérieur droit de la page web de `fr.wix.com`. Vous y voyez votre nom d'utilisateur et la mention Déconnexion sur laquelle suffit de cliquer pour vous déconnecter de votre compte.

Vous voici inscrit et connecté à votre espace utilisateur de wix.com. Vous devez maintenant passer à la phase de création.

Créer un site avec wix.com

La création d'un site en HTML 5 avec wix.com est vraiment un délice. L'ensemble des sections et procédures qui suivent expliquent comment procéder.

Créer votre page d'accueil

La procédure de la création d'une page d'accueil sur wix.com est simple. Pourquoi ? Parce que vous travaillez uniquement avec des objets et que vous ne saisissez pas une seule ligne de code. Il s'agit d'une création graphique complète.

Je parle ici de page d'accueil, car il est plus simple de commencer un site par la page qui s'affichera quand l'internaute accédera à votre site. Toutefois, sachez que toutes les pages, quelles qu'elles soient se créent de la même manière sur wix.com, et dans l'ordre que vous voulez. Il est donc tout à fait possible de commencer par vos pages de contenu, et de créer la page d'accueil en dernier.

Ici, je vous invite à voir comment créer un site qui contiendra une rubrique Photo, Vidéo, Musique et un lien Contact.

Bien que la création HTML soit simplifiée sur wix.com, il est conseillé de dessiner, sur une feuille de papier, le plan de votre site afin de connaître, au moment de la conception, le contenu de l'ensemble des pages qui vont constituer votre site. Bien entendu, vous verrez qu'il est très facile d'ajouter et de supprimer des pages avec wix.com.

Pour créer votre première page :

1. **Sur la page d'accueil de fr.wix.com, commencez par sélectionner une catégorie de site, comme à la Figure 11.32.**

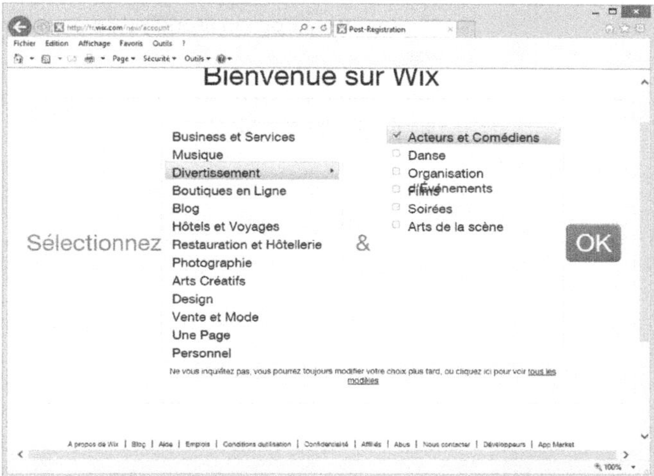

FIGURE 11.32 En choisissant une catégorie, vous accédez à ses modèles.

Chaque catégorie renvoie à des rubriques spécifiques. Cela vous permet d'obtenir un modèle répondant à vos besoins particuliers.

Si aucune proposition ne vous convient, ou si vous souhaitez créer un site sans vous baser sur un modèle, cliquez sur le lien « tous les modèles » affiché sous la liste des catégories.

Bien que vous puissiez, comme expliqué ci-dessus, créer un site en commençant par une page vierge, le fait de choisir un modèle ne vous rend pas prisonnier des choix graphiques opérés par ses créateurs. Non ! Tout modèle peut être personnalisé avec une grande souplesse. Toutefois, pour que vous compreniez bien l'ensemble des options et fonctionnalités de wix.com, nous allons créer un site, donc sa première page à partir d'une page vierge.

2. **Une fois la catégorie et sa rubrique choisies, cliquez sur OK.**

   Pour notre exemple, cliquez sur « tous les modèles ». Ensuite, activez l'option Vierges dans la colonne de gauche. Des modèles vides apparaissent dans la partie droite de wix.com. Passez alors à l'Étape 3.

3. **Cliquez sur le bouton Modifier du premier modèle vierge.**

   Cette action charge l'éditeur HTML 5 de wix.com, comme l'illustre la Figure 11.33.

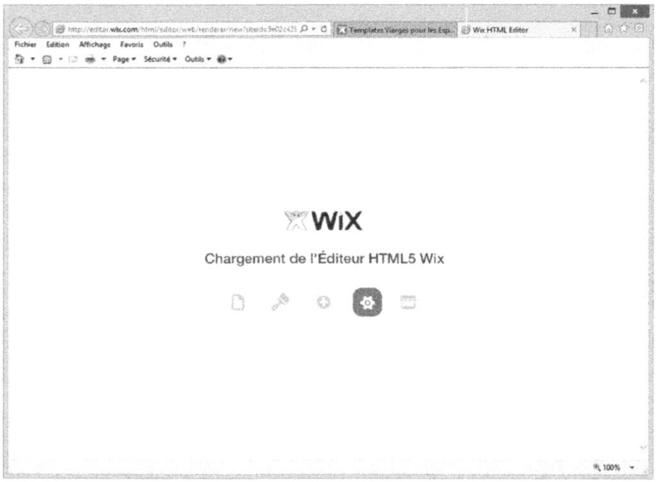

FIGURE 11.33 Chargement de l'éditeur HTML 5 de winx.com.

   Wix ouvre ensuite une fenêtre de conception comme à la Figure 11.34.

4. **Bien que vous n'ayez rien placé sur votre page, enregistrez-la par un clic sur le bouton Enregistrer.**

   Cette action est importante, car elle va définir l'adresse définitive de votre site web.

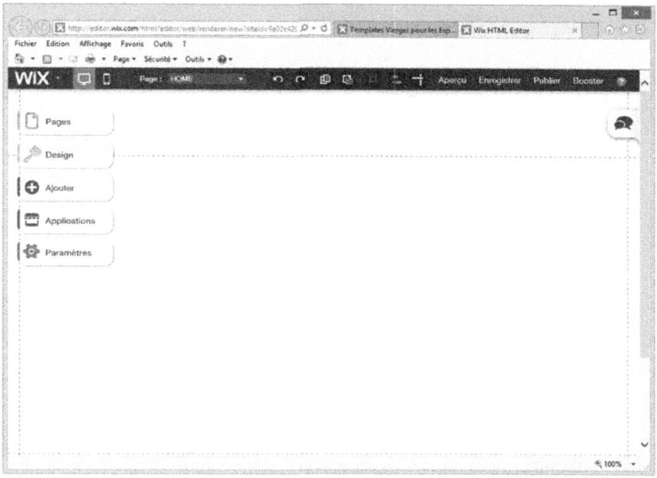

FIGURE 11.34 La première page vide de votre site.

5. **Dans la boîte de dialogue qui apparaît, donnez un nom à votre site.**

   Par exemple, tapez « mesœuvres ».

6. **Validez votre site en cliquant sur le bouton Enregistrez (Figure 11.35).**

   Ce nom est important, car vous ne pourrez plus le changer !

   En définissant ainsi le nom de la première page du site, vous définissez aussi l'adresse du site lui-même. Dans notre exemple, il sera accessible à l'adresse suivante : `http://<suffixe de l'adresse mail>.wix.com/mesoeuvres`.

7. **Dans la fenêtre suivante, qui confirme que la page a bien été enregistrée, cliquez sur le bouton OK.**

Voilà, votre première page web, donc votre site, est créée. Force est de constater que, en l'état, il ne présente aucun intérêt puisqu'il se compose d'une seule page et que, de surcroît, elle est vide.

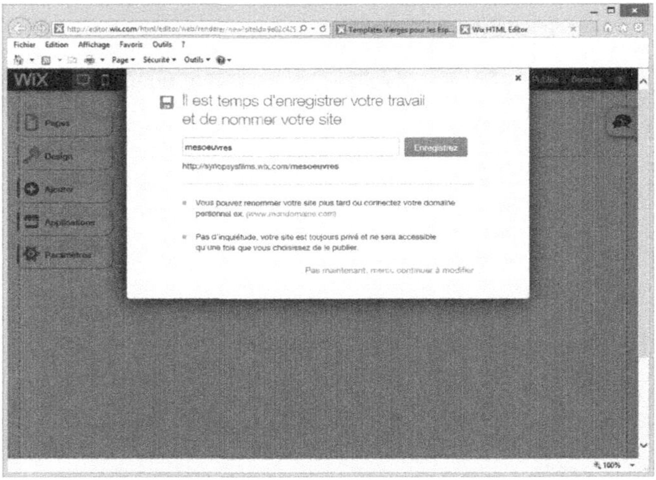

FIGURE 11.35 Enregistrez votre site web.

Ajouter les éléments graphiques et textuels à votre page

Votre page d'accueil, et votre site en général, doit se conformer à une certaine charte graphique afin de préserver une cohérence de navigation sur toutes les pages de votre site web. Pour enrichir votre page, nous allons appliquer une image d'arrière-plan, une barre de navigation, et du texte.

Image d'arrière-plan

L'image d'arrière-plan d'un site représente l'habillage graphique du site sur lequel viendront s'ajouter d'autres éléments graphiques, vidéographiques, et textuels.

Sur wix.com, vous pouvez soit ajouter un arrière-plan sélectionné dans la bibliothèque du site, soit choisir un arrière-plan personnel, c'est-à-dire une de vos images.

1. **Pour ajouter un arrière-plan, cliquez sur le bouton Design (icône du pinceau) situé dans la colonne des icônes de conceptions sur la gauche de la page.**

Comme le montre la Figure 11.36, vous accédez à un menu local.

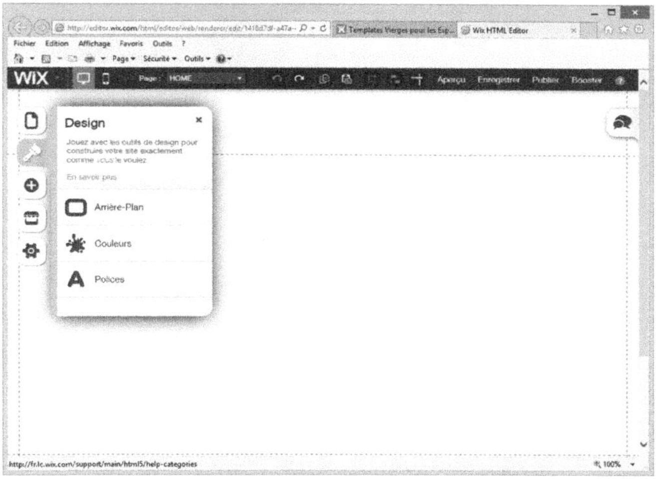

FIGURE 11.36 Pour appliquer un arrière-plan, commencez par cliquer ici.

2. **Cliquez sur le premier élément de ce menu local, c'est-à-dire Arrière-plan.**

   Cela affiche immédiatement un sélecteur d'arrière-plan.

3. **Cliquez sur la vignette d'arrière-plan de votre choix.**

   L'arrière-plan s'applique aussitôt à votre site (Figure 11.37).

4. **Si l'arrière-plan ne vous convient pas, cliquez sur une autre icône d'arrière-plan.**

5. **Si vous voulez modifier l'arrière-plan, clique sur le bouton Personnaliser A-P.**

   Vous accédez à l'écran Personnaliser Arrière-plan, illustré à la Figure 11.38. Utilisez les différentes options de positionnement de l'image en arrière-plan, de couleurs ou d'échelle.

Pour utiliser une photo personnelle comme arrière-plan, cliquez sur Changer Image, puis sur le bouton Télécharger Images. Sélectionnez l'image dans son dossier, puis cliquez sur

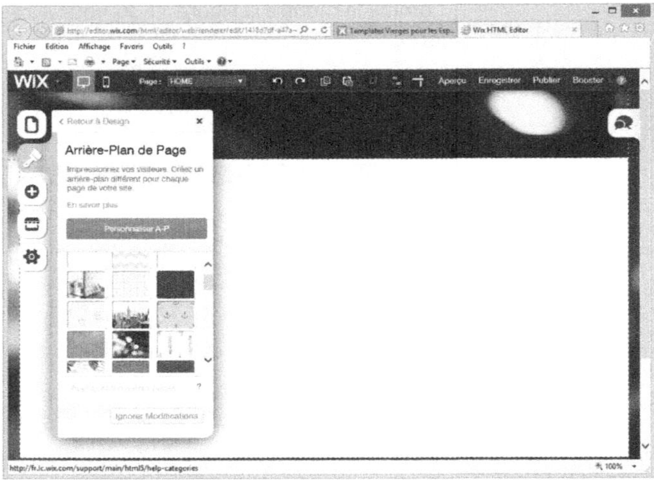

FIGURE 11.37 L'arrière-plan est appliqué par un simple clic.

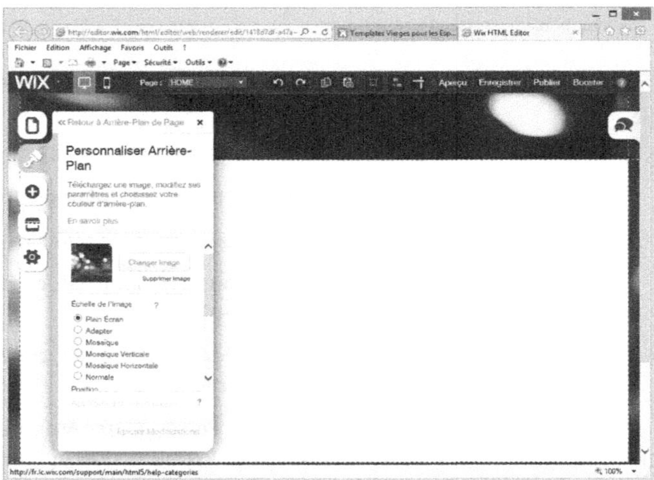

FIGURE 11.38 Personnaliser l'arrière-plan.

le bouton Ouvrir. La nouvelle image se retrouve dans l'onglet Mes images. Cliquez dessus pour la sélectionner, puis sur le bouton Changer Arrière-Plan pour l'utiliser comme nouvel arrière-plan.

Définir la barre de navigation : l'ajout de boutons animés

Nous créons une interface web enrichie. Il serait vraiment dommage de se priver des animations qui donnent de la vie à vos pages web. Nous allons donc créer une barre de navigation sous forme de boutons qui renverront à d'autres pages web. Ces pages seront conçues ultérieurement en reprenant les mêmes techniques que celles développées dans ces procédures.

1. **Cliquez sur le bouton Ajouter (signe +) à gauche de la page.**
2. **Dans le menu local qui se déroule, cliquez sur Boutons & Menus comme à la Figure 11.39.**

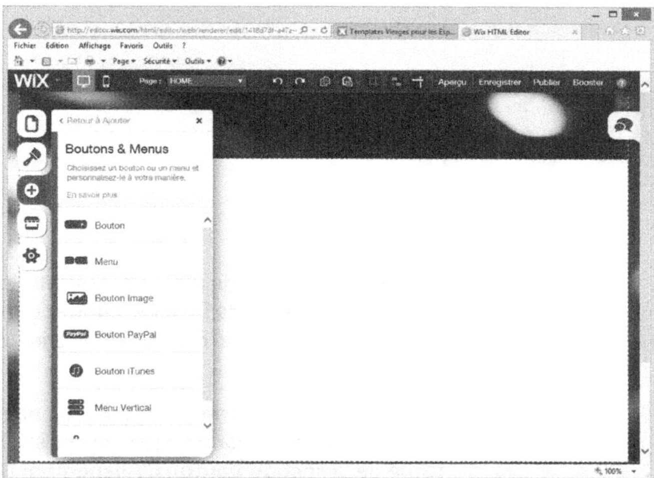

FIGURE 11.39 La liste des éléments à ajouter.

Instantanément, un nouveau menu local Boutons & Menus apparaît.

Vous avez le choix, comme pour les arrière-plans, entre plusieurs types de boutons graphiques animés ou non.

3. **Cliquez sur Menu.**

Cette option permet de définir une barre de navigation horizontale entre vos différentes pages.

Comme vous n'avez pour le moment qu'une seule page sur votre site, la barre de menu ne comporte qu'un seul bouton Home, comme à la Figure 11.40.

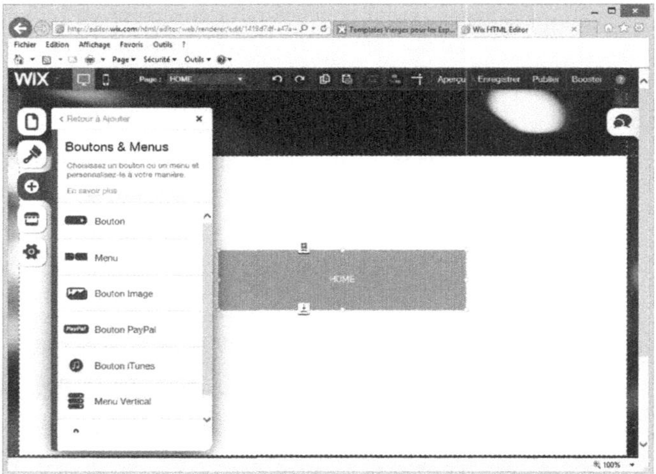

FIGURE 11.40 La barre de menu ne comporte qu'un seul bouton correspondant à la seule page de votre site.

4. **Une zone encadrée de bleu symbolisant le bouton apparaît au centre de la page. Cliquez dans cette zone et, dans le menu local qui apparaît, choisissez Paramètres.**
5. **Dans la fenêtre Paramètres du menu, alignez ce premier bouton sur la gauche par un clic sur la première icône de la section Bouton d'Alignement (Figure 11.41).**

L'option « Étirer les boutons pour utiliser toute la place disponible » permet d'obtenir une barre de menu sans espace vide. Dans un premier temps, cette barre se retrouve occupée par un seul bouton. Toutefois, elle s'enrichira d'autres boutons de navigation au fur et à mesure que vous ajouterez des pages à votre site.

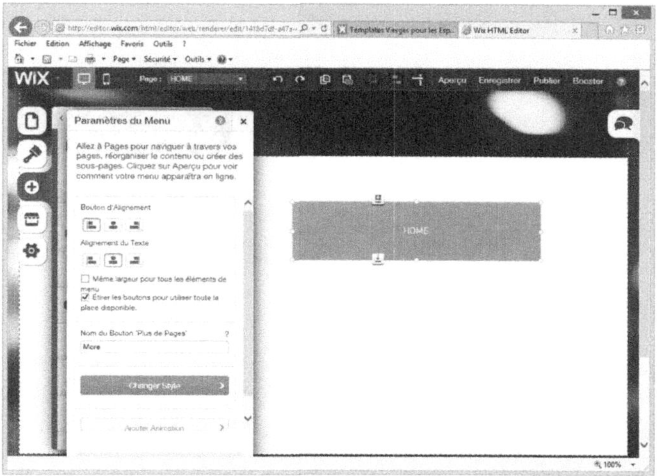

FIGURE 11.41 Aligner le texte et définir d'autres paramètres de la barre de menu.

6. **Cliquez éventuellement sur le bouton Changer style pour modifier l'apparence de la barre de navigation. Cliquez ensuite sur Personnaliser ce menu.**

   Vous accédez à un certain nombre d'options avancées qui vont permettre de singulariser l'apparence de barre de navigation, comme à la Figure 11.42.

7. **Cliquez sur l'un des thèmes prédéfinis.**

   Un aperçu de ce thème s'applique aussitôt à la barre de navigation présente dans la page (Figure 11.43).

8. **Cliquez sur le bouton OK de la fenêtre Styles avancés, puis de la fenêtre Changer style.**

   Nous allons à présent renseigner le contenu de chaque bouton, c'est-à-dire la page vers laquelle il renvoie. Par défaut, il s'agit de Home, Page 2, Page 3, Page 4 et Contact.

9. **Cliquez sur la barre de navigation, puis, dans le menu contextuel qui s'affiche, cliquez sur Naviguer.**

   L'onglet Page s'affiche, avec la liste des différentes pages citées précédemment.

10. **Cliquez sur la roue dentée de la première page.**

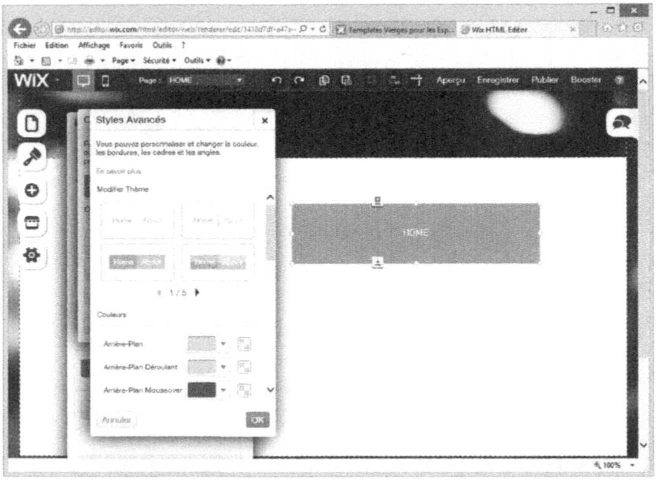

FIGURE 11.42 Pour modifier l'apparence du menu.

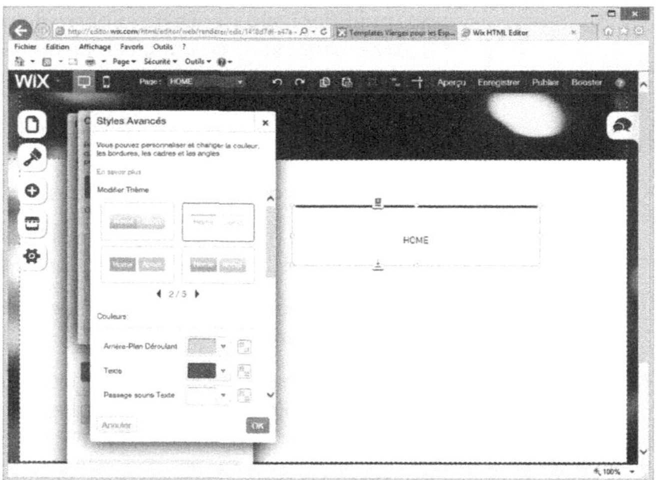

FIGURE 11.43 Un aperçu du thème sélectionné.

Une fenêtre Paramètres et référencement s'affiche. Elle va nous permettre de renommer et de décrire la page

11. **Cliquez dans la zone Nom de la page, puis remplacez « Home » par « Accueil ».**

12. **Faites de même pour la zone Adresse de la page.**

13. **Cliquez sur le bouton Terminé.**

14. **Ajoutez les pages Photos, Vidéos et Musique. Cliquez sur l'icône Pages en haut à gauche de l'interface, puis sur le lien Ajouter situé dans la partie inférieure droite de la fenêtre Pages.**

15. **Cliquez sur Pages puis, dans les modèles de pages qui s'affichent, choisissez Vierge.**

16. **Dans le champ Nommer la page, saisissez PHOTOS, comme à la Figure 11.44.**

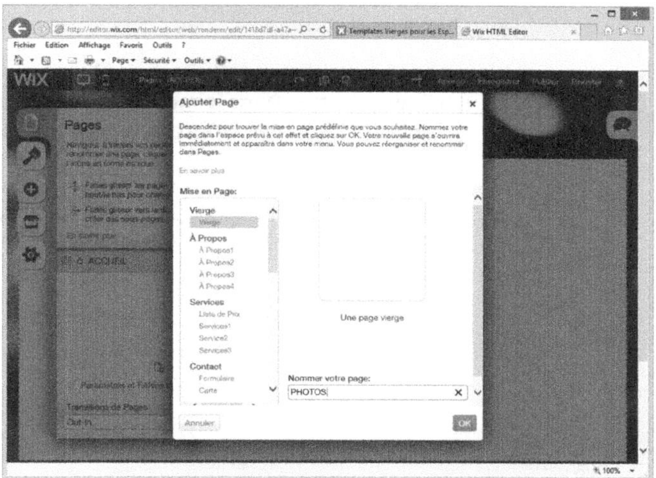

FIGURE 11.44 Créez la page PHOTOS !

17. **Confirmez la création de la page par un clic sur le bouton OK.**

18. **Répétez ces opérations pour créer les pages VIDÉOS, MUSIQUE, et CONTACT.**

    Vous constatez que la barre de menu présente sur la page ACCUEIL s'enrichit de nouveaux boutons de navigation portant le nom des pages créées.

Cependant, cette barre de navigation n'apparaît pas sur les autres pages du site. Remédiez à ce problème en lisant la suite de cette procédure.

19. **Repositionnez cette barre dans la partie supérieure afin de la placer en en-tête de la page. Pour redimensionner la barre de navigation, cliquez sur l'un de ses contours, puis faites glisser vers l'intérieur ou l'extérieur pour la séduire ou l'agrandir.**

Si le mot « More » apparaît sur la droite de la barre de menu, cela signifie qu'elle n'est pas assez large pour afficher tous les boutons de navigation. Cliquez alors sur la poignée de redimensionnement de droite, et faites-la glisser vers la droite jusqu'à ce que chaque bouton soit bien visible.

20. **Une fois la barre en place et aux bonnes dimensions, cliquez dessus. Dans le menu local qui apparaît, cochez l'option Afficher sur toutes les pages, comme à la Figure 11.45.**

FIGURE 11.45 Pour afficher la barre de navigation sur toutes les pages du site.

Dès cet instant, chaque nouvelle page arborera cette barre de menu indispensable à une navigation directe de page en page.

Toute modification ultérieure apportée à cette barre de navigation se répercutera sur ses occurrences présentes sur les autres pages du site.

Ajouter du texte

À présent, vous allez ajouter un petit texte de présentation sur la page d'accueil.

1. **Ouvrez le menu local Pages situé dans la partie supérieure de l'interface, et choisissez ACCUEIL.**

   La page correspondante s'affiche.

2. **Cliquez sur le bouton + (Ajouter).**
3. **Cliquez ensuite sur Texte.**
4. **Dans le menu qui apparaît, cliquez sur Titre.**

   Comme vous le constatez à la Figure 11.46, une zone de texte s'affiche au centre de la page. Elle contient le texte « Je suis un titre, Double-cliquez moi ».

5. **Double-cliquez dans la zone de texte.**

   Un point d'insertion apparaît ainsi qu'une boîte de dialogue flottante permettant de modifier les propriétés du texte.

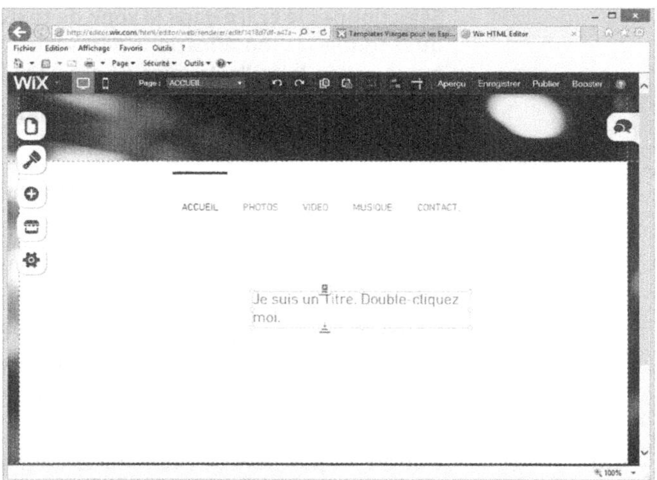

FIGURE 11.46 Créez du texte.

6. **Supprimez le texte par défaut, et saisissez par exemple, « Bienvenue sur mon site dédié à la photo, la vidéo, et la musique. », comme à la Figure 11.47.**

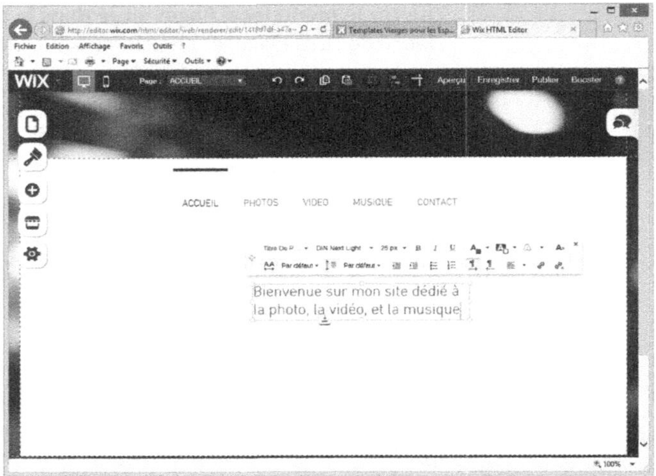

FIGURE 11.47 Tapez votre texte et modifiez-le.

7. **Sélectionnez le texte dans la zone de texte, et appliquez toutes les modifications nécessaires, comme une autre police, la taille, la mise en gras, etc.**
8. **Cliquez en dehors du texte pour le valider, puis de nouveau dessus pour le sélectionner.**
9. **Glissez-déposez ce texte dans la partie inférieure droite de la page.**

   Le texte est un peu grand. Réduisez-le comme expliqué à la prochaine étape.

10. **Double-cliquez sur la zone de texte, sélectionnez le texte, et appliquez-lui une autre taille de police via le menu local de barre d'outils de mise en forme (Figure 11.48).**
11. **Utilisez les poignées de redimensionnement qui s'affiche sur le contour pour redimensionner le cadre et le texte qui s'y trouve.**

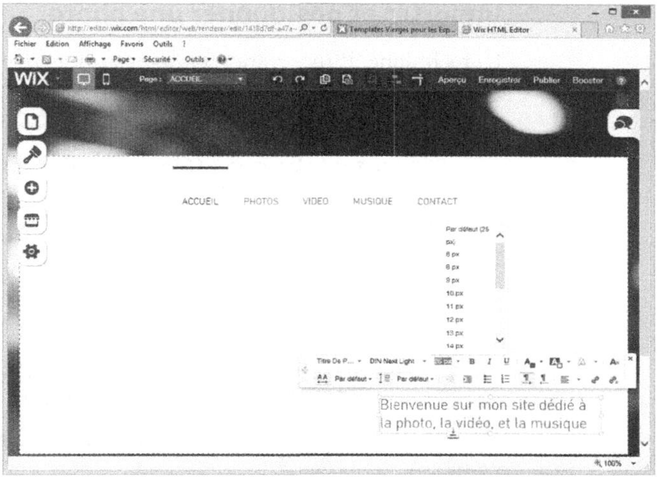

FIGURE 11.48 Modifier la taille du texte.

12. **Si nécessaire, repositionnez le texte de manière à ce qu'il soit bien visible en bas de la page.**

13. **Si cela vous sied, cliquez sur le nuancier pour modifier la couleur du texte, comme à la Figure 11.49.**

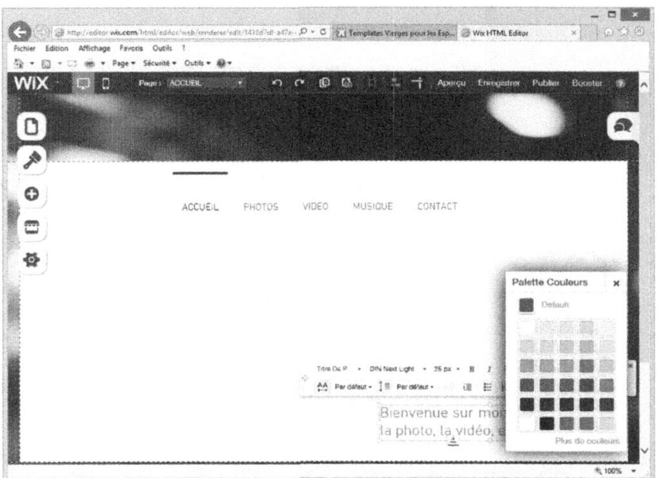

FIGURE 11.49 Modifier la couleur du texte.

Importer et positionner une photo

La technique d'importation et de positionnement d'une photo reprend la philosophie du travail sur wix.com. Voici comment procéder.

1. **Cliquez sur le bouton + (Ajouter), puis sur Image.**

   Comme le montre la Figure 11.50, vous avez le choix entre insérer une image, une image sans cadre, et un clipart.

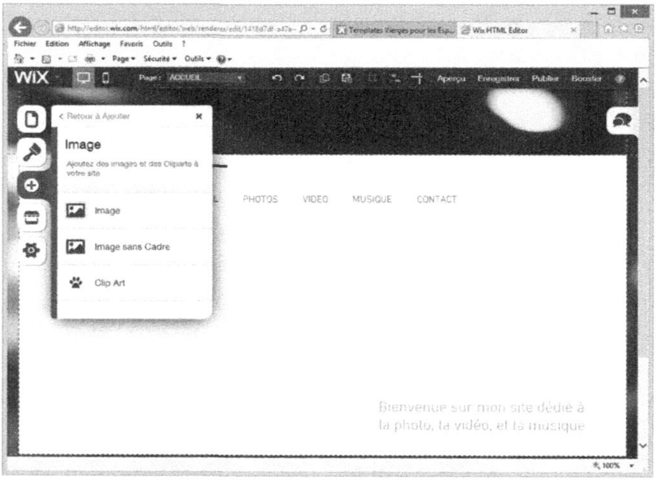

FIGURE 11.50 Pour télécharger des images.

2. **Cliquez sur Image sans cadre.**
3. **Dans la boîte de dialogue Ajouter des images, cliquez sur le bouton Télécharger Images.**

   Pour ranger vos images dans des dossiers spécifiques, cliquez sur le bouton Ajouter Dossier situé dans la partie inférieure gauche de la boîte de dialogue. Nommez le dossier et appuyez sur la touche Entrée de votre clavier.

4. **Dans la boîte de dialogue Choisir un fichier à télécharger, parcourez vos différents lecteurs afin de localiser votre image.**
5. **Sélectionnez l'image et cliquez sur le bouton Ouvrir.**

6. **Une fois l'image téléchargée, cliquez sur sa vignette pour la sélectionner, puis sur le bouton Ajouter Images pour l'insérer dans votre page, comme à la Figure 11.51.**

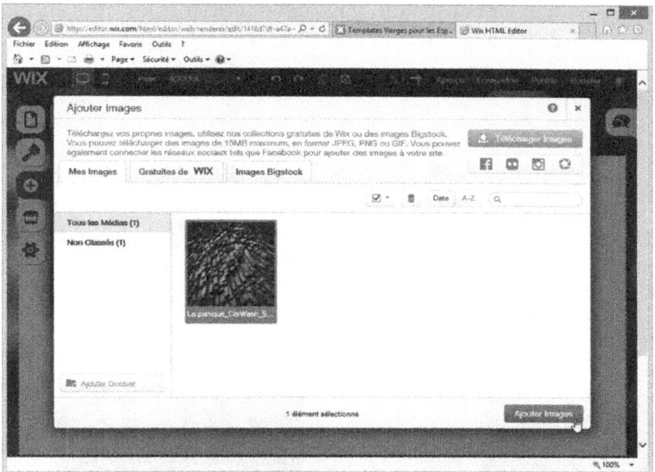

FIGURE 11.51 Pour insérer une image.

7. **Pour redimensionner cette photo, agissez sur les poignées de redimensionnement de son rectangle de sélection.**

8. **Pour ajouter un cadre, cliquez sur l'image. Dans le menu local qui apparaît, choisissez Changer Style.**

   Cette action ouvre une fenêtre contenant de nombreux styles de cadres. Cliquez sur celui que vous souhaitez appliquer à votre image. Si vous ne voulez pas appliquer de cadre, cliquez sur l'icône Sans cadre.

   Il est même très facile de changer d'image. Dans ce même menu contextuel, il vous suffit de choisir Changer Image. Ensuite, cliquez sur la photo devant se substituer à celle qui est actuellement utilisée, ou bien téléchargez-en une nouvelle. Vous voyez qu'il est particulièrement simple de changer la photo de votre page d'accueil, ou de toute autre page de votre site.

9. **Cliquez sur le bouton Enregistrer pour sauvegarder votre travail.**

   La Figure 11.52 montre une page d'accueil sobre après ajout d'une barre de navigation, d'un texte, et d'une photo.

Maintenant, vous devez enrichir les trois autres pages de votre site. Rien de plus aisé avec wix.com.

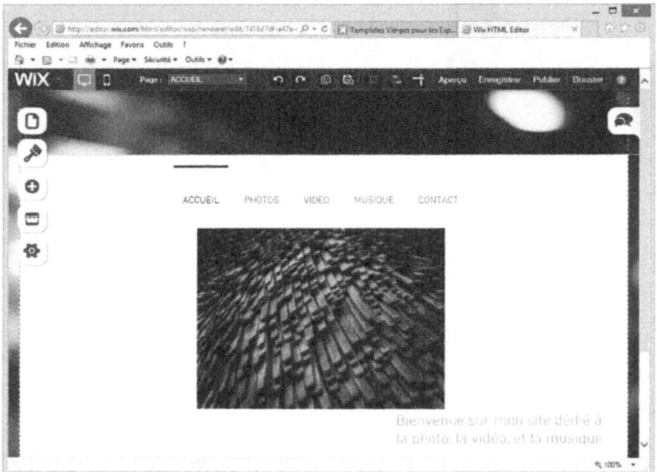

FIGURE 11.52 La page d'accueil après quelques opérations simples.

Ajouter un diaporama à la page Photos

Voici comment créer une galerie de photos rapidement pour votre page Photos.

1. **Dans le menu local Pages situé dans la partie supérieure de l'interface, choisissez PHOTOS.**

   La page PHOTOS s'affiche dans la zone de travail. Elle ne contient que la barre de menu.

2. **Cliquez sur le bouton + (Ajouter), puis sur Galerie.**
3. **Dans la fenêtre Galerie, cliquez sur Diaporama comme à la Figure 11.53.**

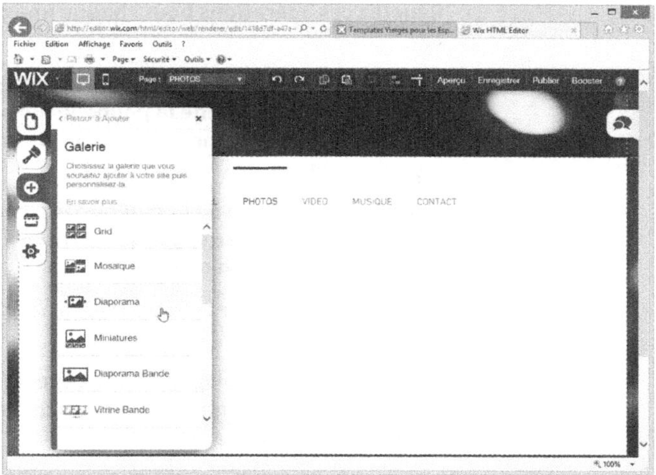

FIGURE 11.53 Insérer un diaporama sur votre page web.

Le diaporama est inséré dans la page. Le problème est qu'il affiche des photos par défaut qui ne sont pas les vôtres.

4. **Cliquez sur l'image puis, dans le menu local qui apparaît, choisissez Organiser Images.**
5. **Dans la boîte de dialogue Organisez les images de votre galerie, cliquez sur Remplacer Images.**

   En effet, plutôt que de supprimer les images par défaut, remplacez-les !

6. **Dans la boîte de dialogue Changer Image qui apparaît, cliquez sur le bouton Télécharger Images. Ensuite, parcourez vos disques durs et vos dossiers pour localiser les images qui vont alimenter votre diaporama.**
7. **Appuyez sur la touche Ctrl et cliquez sur toutes les images à importer. Ensuite, cliquez sur Ouvrir.**

   Le téléchargement des images commence. wix.com affiche une barre de progression.

8. **Sélectionnez une image dans la galerie, puis cliquez sur le bouton Changer Image.**

9. **Répétez ces opérations pour chaque image à remplacer.**

10. **Supprimer les éventuelles anciennes images restantes en cliquant sur l'icône de la poubelle qui apparaît lorsque vous positionnez le pointeur de la souris sur leur vignette.**

11. **Dans la partie droite de la fenêtre Organisez les images de votre galerie, donnez un nom à chaque photo et décrivez son contenu.**

    Vous pouvez également effacer le nom par défaut qui est celui du fichier image.

12. **Comme le montre la Figure 11.54, repositionnez les vignettes pour redéfinir l'ordre d'affichage de chaque photo dans le diaporama.**

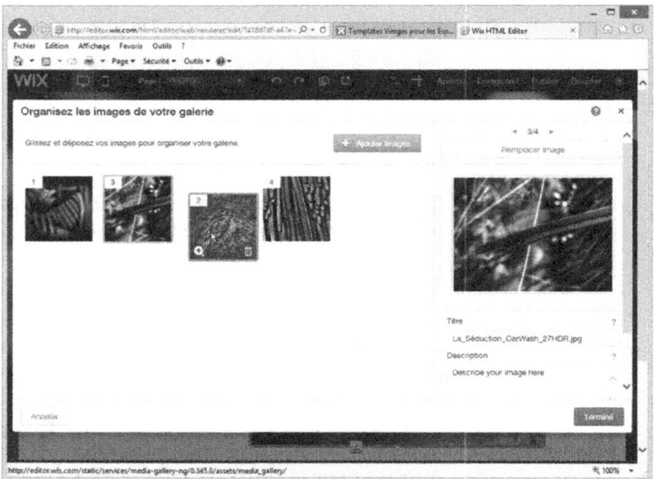

FIGURE 11.54 Réorganiser les diapositives.

13. **Cliquez sur Terminé.**

    Une incrustation apparaît sur la zone de travail comme à la Figure 11.55.

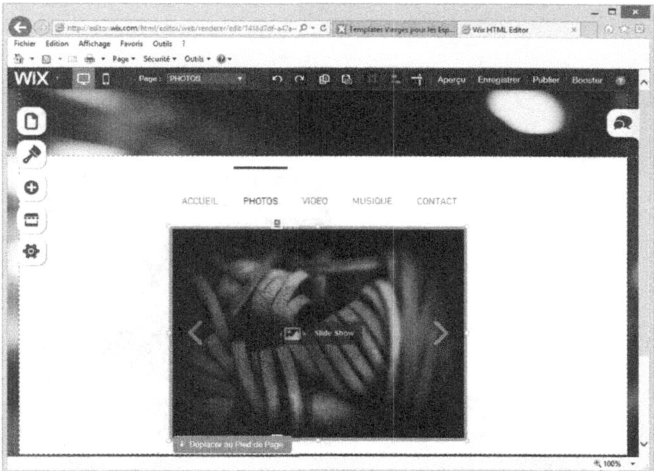

FIGURE 11.55 La création du diaporama.

14. **Utilisez les poignées de redimensionnement du diaporama pour lui donner une taille qui permettra de bien voir les photos.**

15. **Cliquez sur le diaporama. Dans le menu local qui apparaît, choisissez Paramètres.**

    Cette action ouvre la fenêtre Paramètres Diaporama.

16. **Utilisez les différents réglages de la fenêtre : échelle de l'image, type de transition, durée, lecture automatique, etc.**

17. **Cliquez sur la case de fermeture de la fenêtre Paramètres Diaporama.**

18. **Cliquez sur le bouton Enregistrer, puis sur le bouton aperçu dans la partie supérieure de la page.**

    Votre diaporama s'affiche, avec des flèches de navigation, comme le montre la Figure 11.56.

19. **Cliquez sur les flèches situées de part et d'autre de chaque image pour parcourir le diaporama.**

20. **Cliquez sur le diaporama, et l'image en cours s'affiche dans une plus grande taille.**

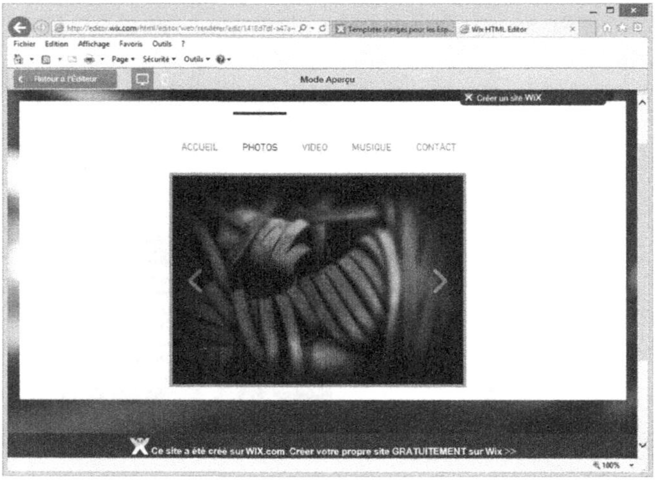

FIGURE 11.56 Le diaporama est créé.

Simple et génial !

Si les transitions entre les photos ne vous conviennent pas, revenez dans le mode d'édition en cliquant sur le bouton Retour au mode éditeur, puis répétez les Étapes 15 et 16.

Vous pouvez apporter toutes sortes de modifications à tout moment. Nous allons maintenant voir comment utiliser vos vidéos sur wix.com.

Importer une vidéo sur la page Vidéos

La vidéo est un média un peu plus complexe à gérer dans wix.com. La mise en œuvre est simple, mais elle doit être précédée par une publication de votre vidéo sur un site comme YouTube.

Voici comment inclure une vidéo dans la page éponyme :

1. **Ouvrez le menu local Pages situé en haut de l'interface, et choisissez VIDÉO.**

   Cette page s'affiche dans la zone de travail.

2. **Cliquez sur le bouton + (Ajouter), puis sur Média. Dans le panneau qui apparaît, cliquez sur Vidéo.**

3. **Une image de vidéo apparaît dans la page. Cliquez dessus, puis sur Paramètres.**

   Cela ouvre le sélecteur de vidéos comme à la Figure 11.57. Vous allez y importer des vidéos publiées sur YouTube.

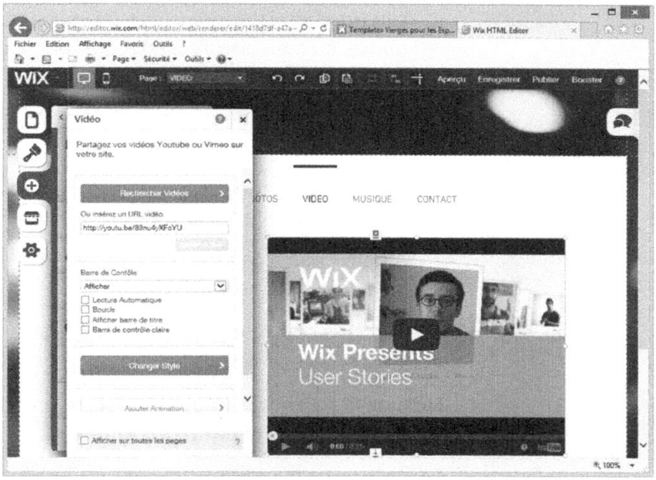

FIGURE 11.57 Pour indiquer l'URL de votre vidéo.

Vous aurez compris que la phase préalable à l'importation d'une vidéo sur wix.com consiste à publier une vidéo sur YouTube. Conformez-vous aux instructions de ce site pour y publier vos vidéos personnelles.

4. **Cliquez sur Rechercher Vidéos pour localiser directement votre film sur YouTube.**

   Une autre méthode consiste à copier le lien de partage (URL) de la vidéo depuis YouTube, puis de le coller dans le champ « Ou insérez une URL vidéo » du panneau Vidéo de wix.

   wix.com lance une recherche sur YouTube. Votre vidéo s'affiche dans votre page.

5. **Si vous recherchez la vidéo, tapez des mots-clés dans le champ Rechercher.**

6. **Une fois l'URL indiquée, cliquez sur le bouton Mettre à jour.**

   Vous pouvez paramétrer la lecture de cette vidéo de la manière suivante :

   - Afficher ou non la barre de contrôle : Permet aux utilisateurs d'interrompre la lecture, de basculer en mode pause, ou bien encore d'effectuer une avance ou un retour rapide.
   - Lecture Automatique : Lance la lecture de la vidéo dès son affichage.
   - Boucle : La lecture de la vidéo reprendra automatiquement dès qu'elle arrivera à la fin.
   - Afficher barre de titre : Pour afficher ou masquer le titre de la vidéo sur le lecteur.
   - Barre de contrôle claire : Affiche la barre de contrôle en gris clair au lieu de noir.

7. **Fermez le panneau Vidéo une fois que vous avez défini vos options, puis le panneau Ajouter.**
8. **Comme pour les photos, repositionnez le lecteur, et utilisez les poignées de redimensionnement pour agrandir le lecteur vidéo.**
9. **Pour changer l'apparence du lecteur, cliquez dessus. Dans le menu local, choisissez Changer Style.**
10. **Dans la fenêtre Changer Style, cliquez sur le lien Modifier Style du bouton Vidéo.**
11. **Dans la fenêtre Styles Avancés qui s'affiche comme à la Figure 11.58, sélectionnez le type de lecteur que vous désirez utiliser, et validez par un clic sur le bouton OK.**

    Le nouveau lecteur remplace instantanément l'ancien.

12. **Cliquez sur le bouton Enregistrer pour enregistrer la page, puis sur le bouton Aperçu pour en obtenir un aperçu.**

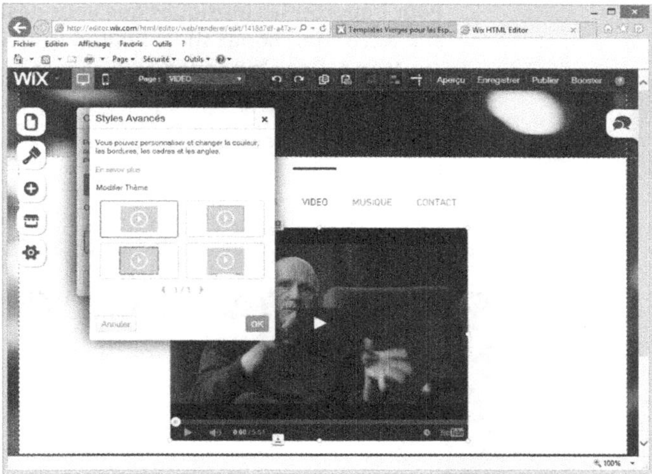

FIGURE 11.58 Sélectionnez un autre type de lecteur.

Vous pouvez effectuer un aperçu de la vidéo directement dans le mode d'édition. Pour cela, cliquez simplement sur le bouton Lecture du lecteur YouTube.

13. **Pour revenir en mode d'édition, cliquez sur le bouton Retour au mode Éditeur.**

Voilà ! De la photo et de la vidéo avec une facilité déconcertante. Que demande le peuple ? Voyons comment les choses se passent avec la musique.

Créer une liste de lecture dans la page Musique

La procédure d'ajout de musique ne diffère pas tellement de celle de l'ajout de photos. En effet, à l'instar d'un diaporama, vous allez créer non pas une sorte de liste de lecture de photos, mais de musiques.

Voici la marche à suivre :

1. **Ouvrez le menu local Pages situé dans la partie supérieure de l'interface, et choisissez Musique.**

   La page apparaît dans la zone de travail.

2. **Pour importer les musiques que vous désirez diffuser sur votre site, cliquez sur le bouton + (Ajouter), puis sur Média. Dans le panneau qui apparaît, cliquez sur Bouton Lecture Audio.**

   Cette action ouvre la fenêtre Ajouter Morceaux, comme à la Figure 11.59.

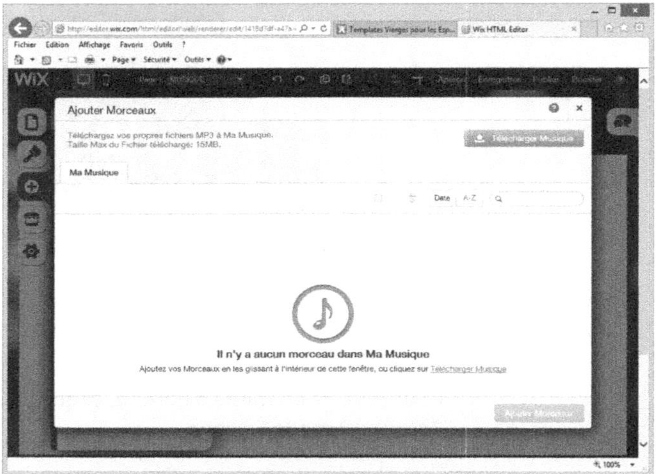

FIGURE 11.59 Pour ajouter une musique stockée sur le disque dur de votre ordinateur.

3. **Pour importer des musiques, cliquez sur le bouton Télécharger Musique.**

4. **Dans la boîte de dialogue Choisir un fichier à télécharger, localisez le disque dur et/ou le dossier contenant vos musiques.**

   Téléchargez de préférence des fichiers MP3.

5. **Appuyez sur la touche Ctrl, et sélectionnez chaque titre à importer, puis cliquez sur Ouvrir.**

   Une barre de progression permet de suivre l'évolution du téléchargement de chaque titre.

6. **Une fois les titres téléchargés, cliquez sur ceux que vous voulez ajouter à votre liste de lecture, puis cliquez sur le bouton Ajouter Morceaux (Figure 11.60).**

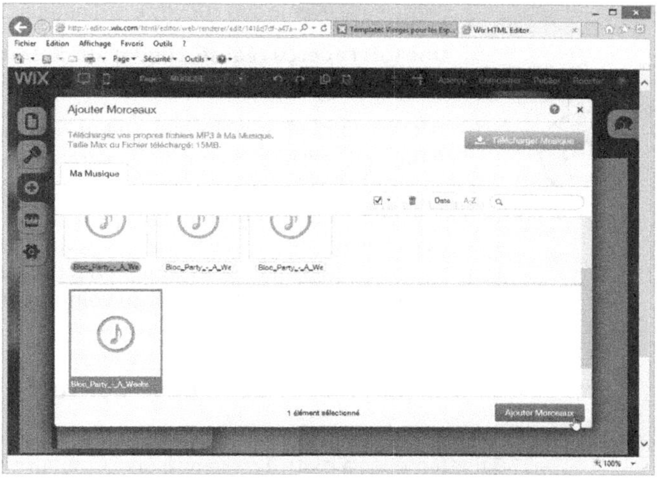

FIGURE 11.60 Sélectionnez un titre MP3.

7. **Le lecteur audio est matérialisé dans la page par un symbole de lecture (une flèche triangulaire). Cliquez dessus puis déplacez-le où bon vous semble.**

8. **Agissez sur les poignées de redimensionnement pour donner au lecteur une taille permettant de l'utiliser correctement.**

   La taille peut-être modifiée à n'importe quel moment.

9. **Pour modifier l'apparence du lecteur, cliquez dessus, puis sélectionnez Changer Style dans le menu qui apparaît.**

   Dans le panneau Changer Style qui s'affiche, cliquez sur le lien Modifier Style pour choisir la nouvelle apparence du lecteur audio.

10. **Cliquez sur le bouton OK, puis de nouveau sur OK pour fermer le panneau Changer Style.**

11. **Cliquez sur le bouton Enregistrer pour sauvegarder votre travail, puis sur Aperçu pour le prévisualiser.**

12. **Cliquez sur le bouton de lecture et appréciez le résultat avec vos oreilles !**

Pensez à activer le son sur votre ordinateur.

13. **Une fois l'aperçu réalisé, cliquez sur Retour au mode Éditeur.**

Vous pouvez configurer ce lecteur audio. Pour cela, cliquez sur l'icône du haut-parleur et choisissez Paramètres dans le menu qui apparaît. Dans le panneau Bouton Lecture Audio qui s'affiche, cochez Lecture Automatique pour que la musique démarre dès que la page MUSIQUE sera téléchargée. Cochez l'option En boucle pour que la lecture s'effectue indéfiniment. Le curseur Volume permet de définir le volume initial par défaut de la musique.

Le cas particulier de la page Contact

La page Contact n'est pas une page tout à fait comme les autres. En effet, elle va mettre en œuvre un formulaire qui permet aux internautes de vous adresser un message. Donc, sa structure sera identique à celle de la page d'accueil, car depuis la page Contact vous devez être capable d'accéder à toutes les sections de votre site. Voici comment la personnaliser :

1. **Ouvrez le menu local Pages situé dans la partie supérieure de l'interface, et choisissez CONTACT.**

   Cette page s'affiche dans la zone de travail.

2. **Cliquez sur le bouton + (Ajouter).**

3. **Dans le panneau qui s'affiche, cliquez sur Apps tout au bas de la liste, puis sur Formulaire de contact.**

   Un formulaire s'affiche dans la page, comme à la Figure 11.61.

4. **Utilisez les poignées de redimensionnement pour donner au formulaire une taille permettant à l'internaute de saisir correctement ses coordonnées et son message.**

   L'intérêt d'un formulaire de ce type est que cela fait très pro ! Toutefois, vous devez impérativement vous conformer à l'étape suivante si vous désirez recevoir les messages que vous adressent les internautes.

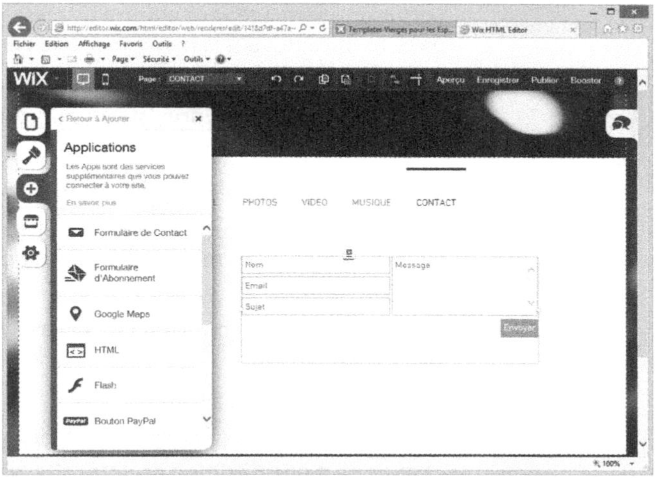

FIGURE 11.61 Créer un formulaire de contact dans wix.com.

5. **Une fois le formulaire de contact en place, cliquez dessus. Dans le menu qui s'affiche, choisissez Paramètres.**
6. **Dans la fenêtre Formulaire de contact qui apparaît, tapez votre adresse électronique dans le champ E-mail (Figure 11.62).**

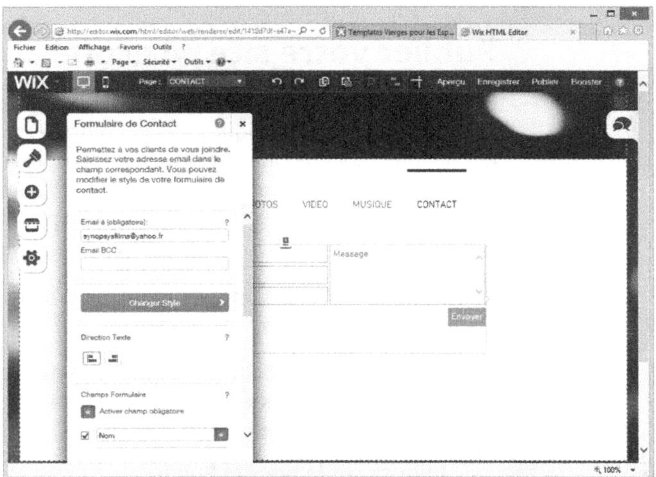

FIGURE 11.62 Tapez l'adresse e-mail de réception des messages.

Lorsqu'un internaute vous enverra un message par le biais de ce formulaire, vous le recevrez directement à l'adresse indiquée à l'Étape 6.

7. **Cliquez sur le bouton Enregistrer pour sauvegarder vos modifications.**
8. **Pour tester ce formulaire, cliquez sur le bouton Aperçu**
9. **Dans le formulaire qui apparaît, remplissez les champs, tapez votre message, et cliquez sur le bouton Envoyer.**
10. **Ouvrez votre programme de messagerie, et relevez votre courrier.**

    Le message vous est délivré !

11. **Cliquez sur le bouton Retour au mode Éditeur pour revenir au mode d'édition de votre site web.**

Vos différentes pages ont été créées, avec du contenu dans chacune. Maintenant que le site est terminé, vous pourrez l'enrichir et le modifier à votre convenance en répétant l'ensemble des procédures étudiées ici. Vous découvrirez par vous-même de nombreux modèles et styles disponibles.

Une fois qu'un site est créé, il faut le publier.

Publier votre site wix.com

Dans wix.com, un site est publié avec toutes ses modifications chaque fois que vous cliquez sur le bouton Enregistrer. En effet, je vous rappelle que l'adresse de votre site est `http://<nom d'utilisateur>.wix.com/<nom du site>`. Tapez cette adresse dans le navigateur de votre choix, et vous pourrez visiter votre site.

Toutefois, si vous ne vous souvenez plus de toutes ces informations, voici comment les retrouver :

1. **Par mesure de sécurité, cliquez une nouvelle fois sur le bouton Enregistrer afin de sauvegarder toutes les modifications apportées à votre site.**
2. **Cliquez sur le bouton Publier.**

La boîte de dialogue de publication s'affiche.

3. **Cliquez sur OK.**

   Un message de félicitation s'affiche.

   Wix vous invite à partager votre site sur ShoutOut, Facebook, et Twitter. Cela n'est possible que si vous disposez d'un compte sur ces réseaux spécifiques. Vous cliquez sur Plus tard pour procéder ultérieurement à ces partages.

4. **Cliquez sur OK.**

   Et voilà : votre site est en ligne (Figure 11.63). Vous pouvez cliquer sur le lien qui s'affiche afin de le visiter.

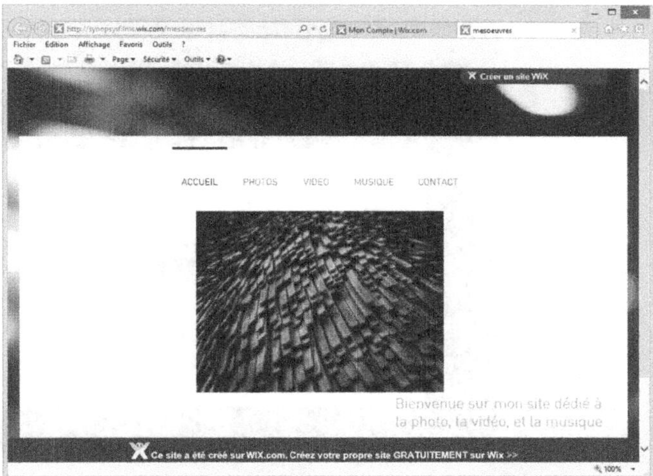

FIGURE 11.63 Votre site affiché dans Internet Explorer.

Adobe Muse pour les designers

Adobe Muse est un logiciel de conception web dédié aux designers qui ne souhaitent pas perdre du temps avec de la programmation HTML ou JavaScript.

Cette section, sans entrer dans les détails, explique comment créer un site web avec Muse destiné à s'afficher sur les écrans des ordinateurs de bureau.

Démarrer Muse et configurer le site web

Une fois que vous avez téléchargé Muse à l'adresse `https://creative.adobe.com/fr/products/download/muse`, et que vous l'avez installé, il ne reste plus qu'à double-cliquer sur le raccourci du programme placé sur votre Bureau.

Le programme apparaît avec son écran d'accueil, comme à la Figure 11.64.

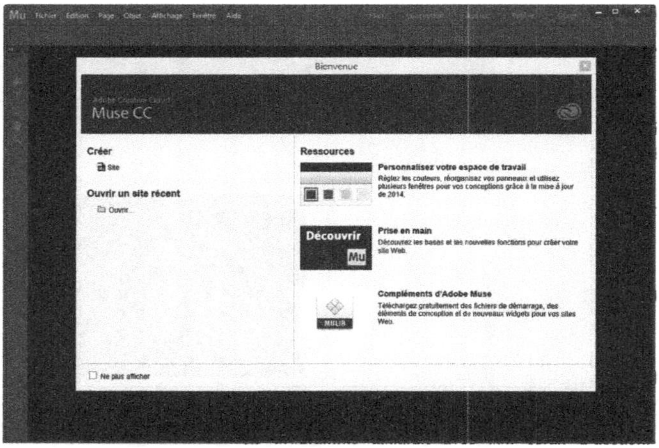

FIGURE 11.64 L'écran d'accueil de Muse.

Commencez par cliquer sur Site dans la section Créer, puis conformez-vous aux étapes suivantes :

1. **Dans le menu local Mise en page initiale, conservez la valeur par défaut Bureau.**

   Les autres options de ce menu local permettent de créer des mises en page pour smartphones et tablettes.

2. **Dans le champ Largeur de page, indiquez 960.**

3. **Dans le champ Hauteur minimum, spécifiez 872, comme à la Figure 11.65.**

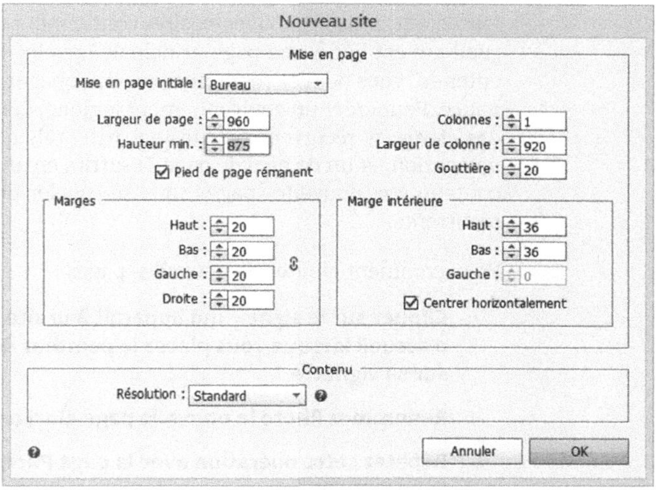

FIGURE 11.65 Les dimensions des pages du site.

L'option Pied de page rémanent activée par défaut permet de conserver un pied de page à l'emplacement indiqué au départ, et ceci même si la fenêtre du navigateur est beaucoup plus grande que celle de la page web.

4. **Cliquez sur le bouton OK.**

Voilà, vous accédez maintenant à l'interface de travail de Muse où vous allez commencer par structurer votre site avec de nouvelles pages.

Créer la carte de votre site

Une carte de site dresse la liste des pages d'un site web. Vous pouvez ainsi ajouter des pages qui se situeront au même niveau (aucune sous-page) ou bien des pages qui renverront à des sous-pages.

Muse facilite la création et la réorganisation des pages tout en assurant la pérennité des liens entre elles. L'important consiste, dans un premier temps, à organiser le contenu d'un nouveau site en définissant ses pages indispensables, et en spécifiant la présentation des informations du site.

Par défaut, tous les nouveaux sites contiennent une page d'accueil qui est liée à une page principale appelée Gabarit A. Bien entendu, vous pouvez renommer ces deux pages à votre convenance. Pour créer un environnement logique, vous devez placer des éléments récurrents sur les gabarits, tels qu'une barre de navigation, et un de pied de page. Il suffira ensuite d'ajouter du contenu aux nouvelles pages sans se soucier de ces éléments récurrents.

Voici comment ajouter de nouvelles pages :

1. **Cliquez sur le signe + qui apparaît à droite de la page d'accueil lorsque vous placez le pointeur de la souris sur sa vignette.**
2. **Renommez Photo la nouvelle page ainsi créée.**
3. **Répétez cette opération avec la page Photo pour créer la page Vidéo.**
4. **Recommencez avec chaque nouvelle page jusqu'à créer les pages Musique et Contact.**

   La structure du site ressemble alors à celle illustrée à la Figure 11.66.

Créer la barre de navigation

Comme vous venez de créer la structure de vos pages, ajoutez une barre de navigation dans l'en-tête ou le pied de page de votre site en procédant de la manière suivante :

1. **En mode Plan, double-cliquez sur la vignette A-Gabarit afin de l'ouvrir dans le module Conception.**
2. **Dans les panneaux localisés sur la droite de l'interface, cliquez sur Bibliothèque de widgets.**

   Si cette bibliothèque n'est pas visible, ouvrez le menu Fenêtre, et choisissez Bibliothèque de widgets.

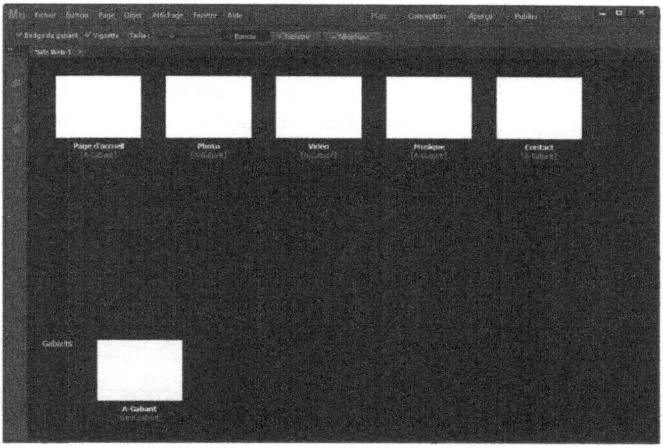

FIGURE 11.66 La structure de ce site composé de 5 pages principales.

3. **Dans la Bibliothèque de widgets, ouvrez le dossier Menus, puis glissez-déposez Horizontal dans la partie supérieure de l'espace de conception, comme à la Figure 11.67.**

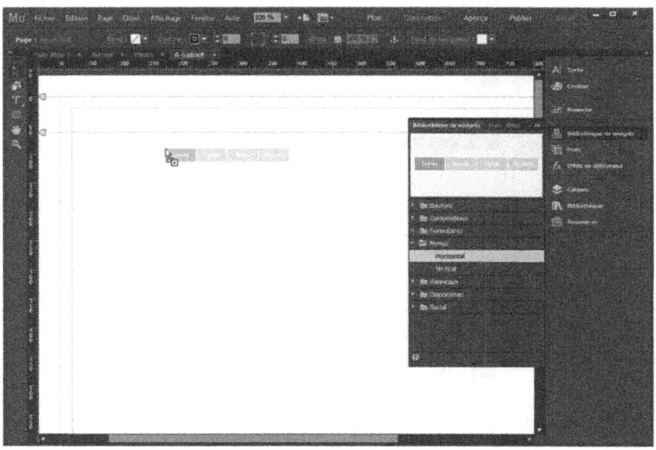

FIGURE 11.67 Ajouter facilement une barre de navigation horizontale.

Dès que vous relâchez le bouton de la souris, la barre de navigation est en place. Chaque menu porte le nom de la page à laquelle il renvoie.

4. **Repositionnez le menu, et agissez sur ses poignées pour le redimensionner.**

   Comme cet élément a été inséré dans le gabarit, il se retrouve automatiquement et au même emplacement sur toutes les pages du site.

   Vous pouvez personnaliser le widget menu en cliquant sur le petit triangle blanc affiché dans la partie supérieure droite de la barre de navigation. Vous accédez alors à une fenêtre d'options illustrée à la Figure 11.68.

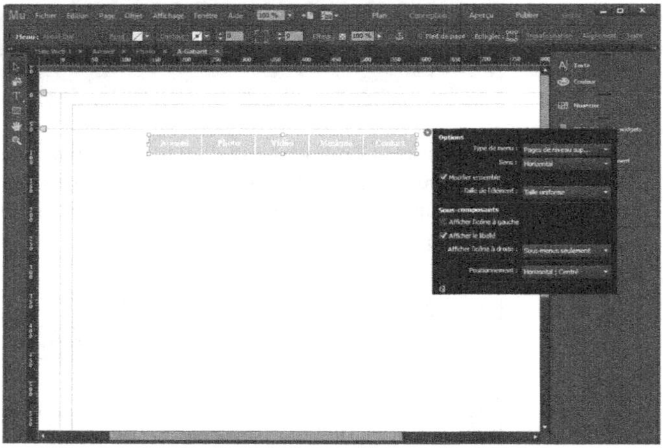

FIGURE 11.68 Pour personnaliser la barre de menus.

5. **Pour tester l'apparence et la réaction des boutons, cliquez sur l'onglet Aperçu.**

   Vous devez être connecté à Internet pour que l'aperçu fonctionne.

Modifier l'état de bouton de navigation

Pour modifier l'état de vos boutons :

1. **Quittez si nécessaire le mode Aperçu par un clic sur l'onglet Conception.**
2. **Vérifiez que vous intervenez sur le gabarit.**

3. **Placez le pointeur de la souris sur le bord de la barre de navigation, puis cliquez dessus afin de sélectionner l'ensemble.**
4. **Cliquez ensuite sur un élément de menu, comme Photo.**

   Cette action sélectionne le bouton de l'élément.

5. **Dans la partie droite de l'interface, cliquez États.**

   Si le panneau États n'est pas accessible, sélectionnez-le dans le menu Fenêtre.

6. **Dans le panneau États, cliquez sur chaque élément de la liste : Normal, Survol, Clic et Actif.**

   Chaque état s'affiche dynamiquement dans la barre de navigation.

7. **Cliquez sur l'état Normal.**
8. **Dans la section Élément de menu située dans la partie supérieure gauche de l'interface, définissez une nouvelle couleur dans le menu local Fond, comme à la Figure 11.69.**
9. **Répétez cette opération pour tous les états des boutons.**

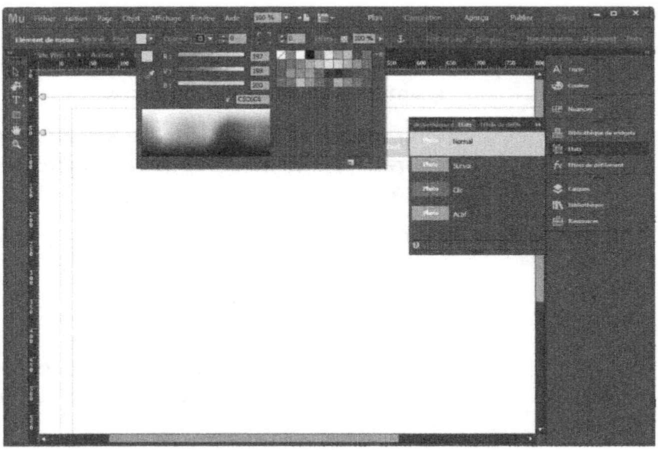

FIGURE 11.69 Modifier la couleur des états des boutons de la barre de navigation.

Ajouter du texte aux pages

Nous allons reprendre l'idée du site créé avec le service en ligne wix.com, en ajoutant un texte à la page d'accueil. Si vous avez bien étudié les précédentes sections consacrées à la création d'un site avec le logiciel Muse, vous savez que ce texte ne sera visible que sur ladite page. En effet, pour retrouver un texte sur toutes les pages, comme un copyright, il suffit de l'ajouter au gabarit.

Voici comment ajouter un texte unique sur une page du site, en l'occurrence la page d'accueil :

1. **Vérifiez que l'onglet de la page d'accueil est actif en mode Conception.**

   Si cet onglet n'est pas visible, basculez en mode Plan, et double-cliquez sur sa vignette.

2. **Dans la barre d'outils située sur la gauche de l'interface, cliquez sur l'outil Texte (T).**

3. **Placez le pointeur de la souris sur la zone de travail. Cliquez et, sans relâcher le bouton de la souris, tracez une zone de texte sur la page. Relâchez le bouton de la souris.**

   Vous obtenez une zone équivalente à celle de la Figure 11.70.

4. **Tapez votre texte comme vous le feriez dans un programme de traitement de texte.**

5. **Pour mettre en forme le texte, sélectionnez-le, puis ouvrez le panneau Texte dans la section droite de l'interface.**

   Comme le montre la Figure 11.71, vous pouvez modifier la police, sa taille, sa couleur, le crénage, l'interlignage, et bien d'autres choses encore.

6. **Validez vos modifications et le texte en activant l'outil Déplacement. Repositionnez le texte et redimensionnez sa zone en agissant sur les poignées de son cadre de transformation.**

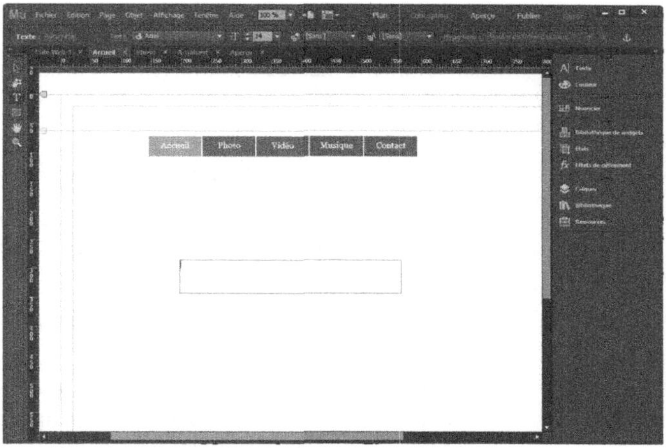

FIGURE 11.70 Pour saisir du texte dans Muse.

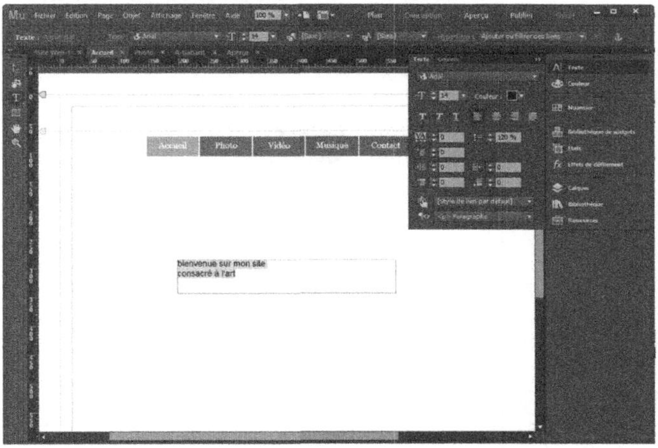

FIGURE 11.71 Modifier le texte saisi.

Pour ajouter un texte récurrent, c'est-à-dire que l'on retrouve sur chaque page, activez le gabarit. Ensuite, ajoutez et modifiez le texte en appliquant la procédure ci-dessus.

Ajouter des images

Voici comment insérer des images préparées dans Fireworks, Photoshop, ou tout autre éditeur dans vos pages web conçues avec Muse :

1. **Ouvrez le menu Fichier et cliquez sur Importer.**
2. **Dans la boîte de dialogue Importer, localisez le disque dur puis le dossier contenant l'image à insérer dans la page.**
3. **Cliquez sur sa vignette ou son nom pour la sélectionner, puis sur le bouton Ouvrir.**
4. **Placez le pointeur de la souris sur la zone de travail. Comme le montre la Figure 11.72, un aperçu de l'image à insérer apparaît au niveau du pointeur.**

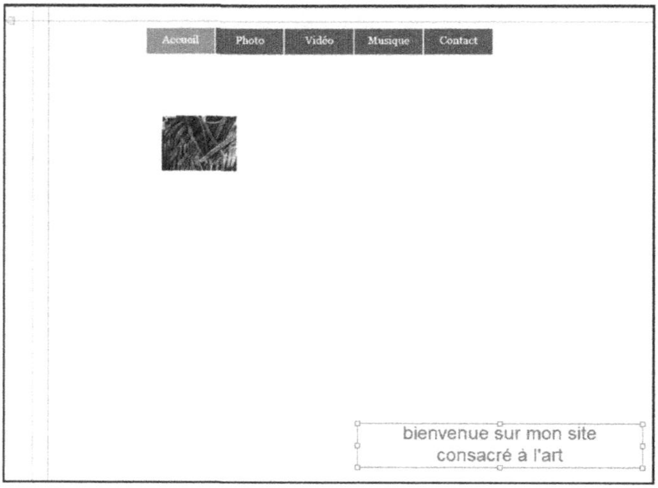

FIGURE 11.72 Insérer une image dans une page web.

5. **Tracez un cadre d'une dimension égale à l'espace que doit occuper l'image sur la page.**

   Le cadre sera proportionnel aux dimensions initiales de l'image. Vous ne pouvez donc pas la déformer.

6. **Redimensionnez l'image en agissant sur les poignées du cadre de transformation.**
7. **Si nécessaire, repositionnez l'image sur la page.**

Au final, vous devriez obtenir une page sensiblement équivalente à celle de la Figure 11.73.

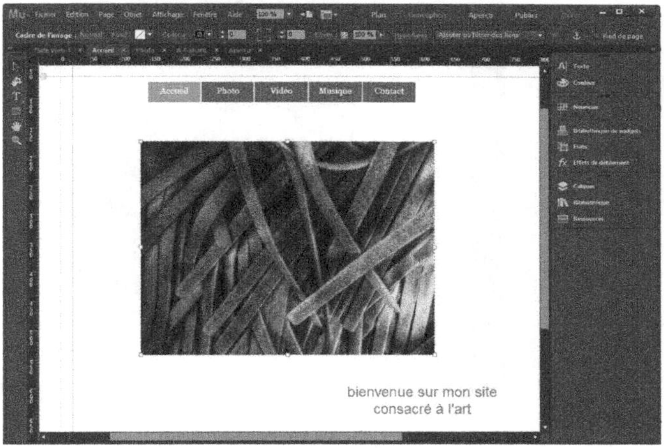

FIGURE 11.73 Une image insérée dans une page web conçue avec Muse.

Pour ajouter un élément graphique identique sur toutes les pages du site, insérez-le dans le gabarit !

Transformer du texte ou une image en lien hypertexte

Voici comment ajouter un lien hypertexte à une image ou à du texte afin de renvoyer vers une page du site ou vers un site externe.

Créer un lien interne

1. **Sélectionnez l'élément devant servir d'hyperlien.**

   Dans notre exemple, utilisons l'image importée suivant les techniques de la précédente section.

2. **Dans la partie supérieure de l'interface, ouvrez le menu local situé à droite du terme Hyperliens.**
3. **Cliquez sur le nom de la page, par exemple Photo, comme à la Figure 11.74.**

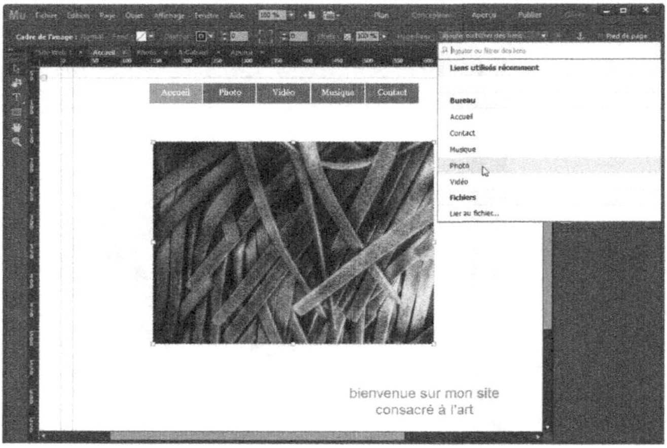

FIGURE 11.74 Créer un lien interne.

Vous créez immédiatement un lien interne vers la page Photo du site.

4. **Testez ce lien via l'onglet Aperçu de Muse.**

Vous accédez bien à la page Photo.

Créer un lien externe

Exécutez la procédure ci-dessus. Cette fois, à l'Étape 3, tapez ou collez directement l'adresse Internet (URL) du site à atteindre. Validez-le en appuyant sur la touche Entrée.

Les liens externes ainsi insérés s'ajoutent à la liste des liens récemment utilisés à laquelle vous accédez via le menu local Hyperliens.

Insérer une vidéo publiée sur YouTube

Bien que n'étant pas très intuitive, l'insertion est facile à réaliser, car la technique est relativement simple. Voici comment procéder :

1. **Affichez la page dans laquelle insérer la vidéo.**

   Pour les besoins de notre exemple, et dans la logique de ce petit site, nous affichons la page Vidéo.

2. **Dans la partie droite de l'interface, cliquez sur Bibliothèques de widget.**

3. **Dans le panneau qui apparaît, ouvrez le dossier Social.**

4. **Si besoin, faites défiler le contenu de ce dossier pour accéder à l'élément YouTube, comme à la Figure 11.75.**

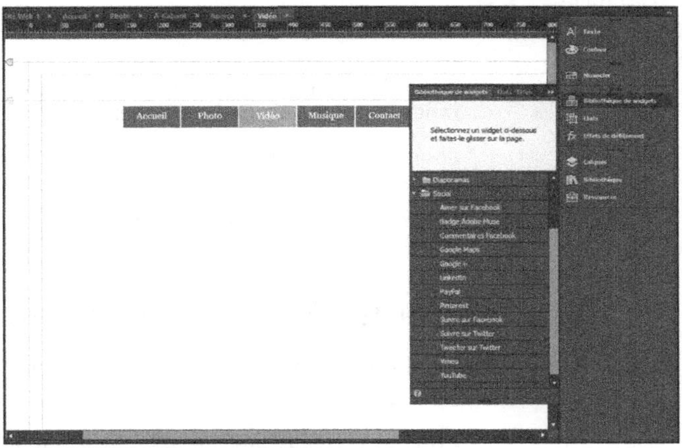

FIGURE 11.75 Pour insérer une vidéo publiée sur YouTube.

5. **Glissez-déposez l'élément YouTube sur la page.**

   Bien entendu, Muse affiche une vidéo par défaut que vous devez remplacer par la vôtre selon les explications de l'Étape 6.

6. **Cliquez sur le petit bouton affiché dans l'angle supérieur droit de l'élément YouTube.**

   Cette action ouvre les Options YouTube.

7. **Dans le champ ID de vidéo, tapez ou collez l'URL YouTube de votre vidéo (Figure 11.76), et validez en appuyant sur la touche Entrée de votre clavier.**

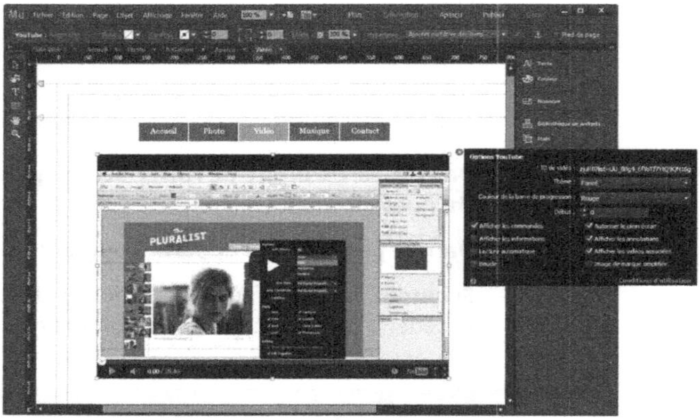

FIGURE 11.76 Tapez ou collez l'URL de votre vidéo.

Profitez de ce panneau pour définir les options d'apparence du lecteur YouTube et celles de lecture.

Pour insérer une vidéo stockée sur votre ordinateur, faites un clic-droit sur l'élément vidéo et, dans le menu contextuel qui apparaît, choisissez Remplacer YouTube. Utilisez la boîte de dialogue qui apparaît pour localiser la vidéo.

Insérer un formulaire de contact

Pour ajouter un formulaire à la page web Contact définie dans Muse, procédez comme suit :

1. **Affichez la page dans laquelle insérer le formulaire, en l'occurrence Contact.**
2. **Dans la partie droite de l'interface, cliquez sur Bibliothèques de widget.**
3. **Ouvrez le dossier Formulaires.**
4. **Glissez-déposez Contact simple sur la page Contact.**

   Le formulaire s'affiche comme à la Figure 11.77.

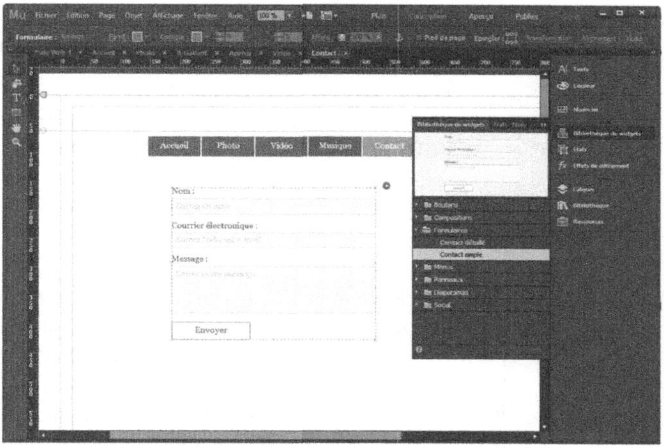

FIGURE 11.77 Insertion d'un formulaire.

5. **Pour paramétrer le formulaire et notamment (et principalement) indiquer l'adresse e-mail où il doit être envoyé, cliquez sur le petit bouton affiché dans le coin supérieur droit du formulaire.**

   Vous accédez aux options illustrées à la Figure 11.78.

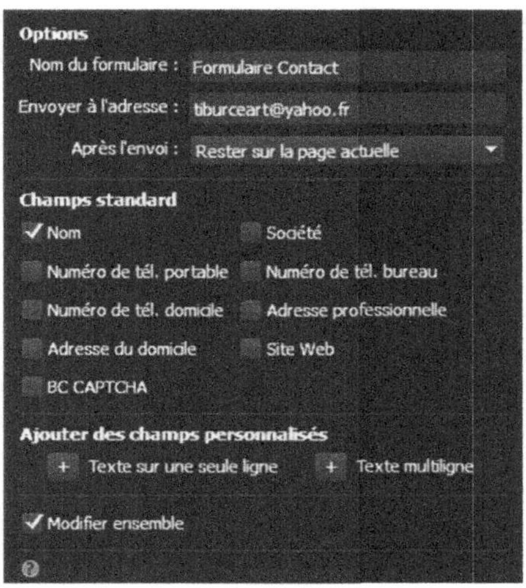

FIGURE 11.78 Paramétrer le formulaire de contact.

6. **Si nécessaire, nommez le formulaire et indiquez votre adresse mail dans le champ Envoyer à l'adresse.**

Vous ne pouvez pas tester le formulaire en mode Aperçu. Vous devez publier le site Muse sur le serveur FTP afin de tester le formulaire directement en ligne.

Conclusion

Avec Dreamweaver CC, les procédures d'insertion d'éléments dans un logiciel WYSIWYG sont très simples. Mais ces programmes de création, d'organisation, de gestion et de maintenance des sites vont bien plus loin que cela. Leur étude dépasse le cadre de cet ouvrage qui cherche simplement à vous faire apprécier la philosophie du travail de logiciels comme Fireworks, Photoshop, Dreamweaver, et Muse dans une utilisation entièrement dévolue au Web.

Leur maîtrise passe par un apprentissage soutenu qui est difficilement envisageable sans le soutien d'ouvrages consacrés à chacun de ces logiciels.

Quoi qu'il en soit, un jour ou l'autre votre site sera créé sur votre disque dur. Il s'agira alors de le publier et surtout de le faire connaître, deux choses abordées par la cinquième partie de ce livre.

V

Publier et faire connaître son site

DANS CETTE PARTIE...

Cette partie vous dévoile tout ce que vous devez savoir pour mettre votre site en ligne et le faire connaître. Le Chapitre 12 vous dit tout sur l'hébergement de sites web. Le Chapitre 13 vous explique comment vous inscrire dans les moteurs de recherche et comment créer des liens réciproques avec d'autres sites. Enfin, le Chapitre 14 vous montre comment garder le contact avec vos visiteurs sans tomber dans le piège du spamming.

Chapitre 12

Venir au monde

DANS CE CHAPITRE :

- **Choisir un hébergeur.**
- **Trouver un fournisseur d'espace web gratuit.**
- **Trouver et enregistrer son nom de domaine.**

Vous cherchez un fournisseur d'espace web pour votre nouveau site ? Vous êtes mécontent de votre fournisseur actuel ? Vous avez plusieurs possibilités, dont celui de créer votre serveur. Toutefois, si vous préférez vous concentrer sur l'entretien et la mise à jour de votre site, laissez donc cette besogne aux professionnels.

La plupart des fournisseurs d'espace web proposent toutes sortes de services. Ils offrent souvent l'hébergement de boutiques électroniques, de la simple fourniture du logiciel à la solution clé en main.

Héberger son site

Pour héberger votre site, vous avez trois solutions :

- Les fournisseurs d'accès.
- Les serveurs virtuels.
- Les serveurs dédiés.

Les fournisseurs d'accès

C'est la solution choisie par les quidams comme vous et moi. Vous disposez d'un accès à l'Internet et d'un espace de publication pour vos pages web. Souvent, les fournisseurs d'accès proposent un service d'hébergement de sites. Votre abonnement comprend certainement un peu d'espace web gratuit – ce qui est amplement suffisant pour les sites simples. Même si vous n'avez aucun accès CGI, vous pouvez utiliser des services distants pour améliorer votre site.

Les hébergements auprès des FAI sont gratuits pour la plupart. Avec le haut débit, la majorité d'entre eux proposent un tarif unique comprenant la connexion Internet illimitée, le téléphone gratuit, et la télévision, plus un espace de publication de vos pages web.

Les serveurs virtuels et dédiés

Cette solution intéresse principalement les sociétés. Un particulier ne s'en soucie guère. Il remet tout entre les mains de son FAI.

Un *serveur virtuel* est un dossier présent sur le disque dur d'un serveur web physique. Chaque serveur virtuel hébergé par le serveur physique fonctionne comme un serveur web physique. Si, techniquement, il n'y a qu'une machine, l'utilisateur pense être en présence de plusieurs machines.

La solution du serveur virtuel est intéressante si votre site est simple, peu exigeant et que vous vous attendez à un trafic modéré. C'est la solution la plus économique.

L'inconvénient est que vous partagez un serveur physique avec plusieurs utilisateurs. Plus un serveur est sollicité, plus ses performances faiblissent. Il en va de même pour un serveur physique hébergeant des serveurs virtuels. Si l'un des sites hébergés est très fréquenté, le vôtre ralentira fatalement. C'est un inconvénient.

La plupart des sociétés gérant des serveurs virtuels gèrent également des serveurs dédiés. Un *serveur dédié* est un ordinateur unique destiné à héberger exclusivement votre site.

Les serveurs virtuels et dédiés offrent plus qu'un hébergement. Ils gèrent également les e-mails.

Les serveurs dédiés coûtent une petite fortune – bien que les prix soient en baisse. À 100 euros par mois pour certains dans leur gamme dite professionnelle, cela reste cher pour les particuliers mais très modique pour une société. À 2 000 euros par an, c'est moins cher que de payer un administrateur ! Vous avez même des hébergements à moins de 10 euros par an !

Pourquoi comparer le prix de revient d'un serveur dédié à celui d'un administrateur ? Tout simplement parce que la société à qui vous louez le serveur dédié gère et entretient ce serveur, ce qui est le rôle d'un administrateur réseau. Les serveurs dédiés et virtuels se trouvent dans les locaux des fournisseurs d'espace web tels que OVH (voir Figure 12.1). Vous n'avez pas à penser à sauvegarder vos données, à les restaurer après un plantage, à mettre à jour les kernels Linux ni à faire les centaines de choses qu'implique l'administration d'un réseau.

FIGURE 12.1 OVH vous offre de bons services pour une somme modique.

L'hébergeur qu'il vous faut

Il n'est pas facile de s'y retrouver dans la jungle des hébergeurs. En dehors des offres (espace disque, services supplémentaires...), il est souvent difficile de connaître la qualité réelle d'un hébergeur (rapidité, fiabilité, discrétion de la publicité…). Pour obtenir des informations sur les hébergeurs, vous pouvez faire des recherches dans les moteurs ou les annuaires Internet. Certains annuaires comme BePub (`www.bepub.com/multimedia/noms_domaine_hebergement_web_internet.htm`) sont même spécialisés dans ce domaine ! Ils vous aident à trouver le meilleur hébergeur dans des domaines spécifiques (voir Figure 12.2).

Les sites web affichés dans le Tableau 12.1 vous permettent de comparer les offres du marché.

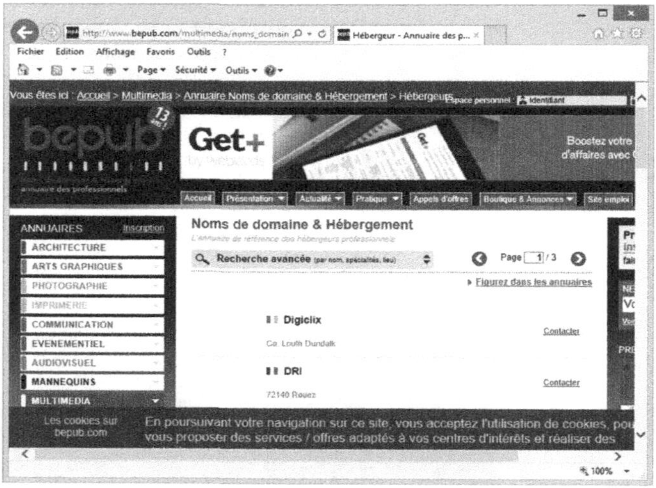

FIGURE 12.2 BePub est un moteur de recherche et un annuaire qui vous aide à trouver le meilleur hébergeur dans votre catégorie socioprofessionnelle.

TABLEAU 12.1 Annuaires d'hébergeurs de sites.

Nom du site	Adresse Internet
Les hébergements	`www.hebergementweb.org`
Internet-Hébergeur	`www.internet-hebergeur.com`
Quali-Gratuit	`www.quali-gratuit.com`

Fournisseurs d'espace web gratuit

Pour héberger votre site personnel, vous pouvez faire appel à un fournisseur d'espace web gratuit. Certains offrent même plus d'espace que votre fournisseur d'accès sans vous réclamer un centime.

En revanche, si vous créez un site professionnel, faire appel à un fournisseur d'espace web gratuit n'est pas l'idéal. Il vous faut votre propre nom de domaine en .com, .fr ou .org, peu importe, pour être pris au sérieux (reportez-vous à la section « Obtenir un nom de domaine », dans ce chapitre). De plus, les fournisseurs d'espace web gratuit gagnent de l'argent grâce à la publicité, vous ne pouvez décemment pas afficher les vôtres en plus.

La publicité de votre hébergeur d'espace web peut vous empêcher d'utiliser des add-ins distants imposant leur propre bandeau publicitaire.

Le Tableau 12.2 vous indique quelques hébergeurs de sites gratuits.

TABLEAU 12.2 **Hébergeurs d'espace web.**

Nom du site	Adresse Internet
Free	`www.free.fr`
Hostinger	`www.hostinger.fr`
Livehost	`www.livehost.fr`
Voila	`monsite.voila.fr`
Olympe	`www.olympe.in`

Obtenir un nom de domaine

Un *nom de domaine* est l'adresse d'un site sur le World Wide Web. Dans cette section, nous allons vous expliquer comment choisir et enregistrer son nom de domaine. Lorsque vous demandez à votre navigateur Internet de se rendre à l'adresse suivante : `http://www.pourlesnuls.fr`, il est évident qu'il va se rendre sur le site web de la collection « Pour les Nuls ». Le nom de domaine, très parlant pour l'utilisateur, est traduit par le Domain Name Server (DNS) en une série de chiffres plus faciles à interpréter par l'ordinateur. Cette série de chiffres est appelée *adresse IP*.

Les extensions de domaine – les lettres situées à la fin d'une adresse Internet – sont connues sous le nom *top-level domain* ou TLD. Pourquoi « top level » ? Parce qu'on lit les adresses de droite à gauche, les lettres situées à droite du point étant le niveau de hiérarchie supérieur. Vous avez certainement rencontré les cinq extensions de domaine suivantes :

- .com : opérations commerciales.
- .fr : sites généralistes de langue française.
- .edu : organismes éducatifs.
- .net : fournisseurs de services Internet (ISP).
- .org : organisations à but non lucratif.
- .arts : sites d'art.
- .firm : sociétés commerciales.
- .info : services d'information.
- .nom : sites privés (« nom » pour « nom de plume »).
- .rec : sites de divertissement.
- .store : sites marchands.
- .web : sites traitant du Web.
- .info
- .biz
- .name
- .pro
- .coop
- .aero
- .museum

Vous noterez qu'il n'y a aucune obligation d'utiliser l'extension adéquate. Ainsi, un certain nombre d'organisations à but non lucratif ont des adresses en .com et certains sites en .net n'ont rien à voir avec les fournisseurs d'accès.

Le sigle « .com » (prononcer « point com ») devient un terme de la langue française à part entière, que l'on retrouve dans l'expression « la vie .com » (la vie point com) par exemple. Employé en ce sens, « .com » se rapporte à tout ce qui touche à l'Internet, à la nouvelle société créée par l'Internet, aux nouvelles habitudes, technologies, moyens de communication tournant autour du Web.

Les extensions de domaines que nous vous avons présentées sont appelées *TLD génériques*. Il existe d'autres TLD – les *country-level TLD* ou domaines nationaux. Ils indiquent le pays d'origine du site web. Ce n'est pas nécessairement le pays où se trouve le serveur, en raison de la nature planétaire de l'Internet. Pour les organismes internationaux, il peut s'avérer très utile d'enregistrer le même nom dans plusieurs pays et de faire traduire son site en plusieurs langues. Vous aurez un site en espagnol à monsite.es, un site en allemand à monsite.de et un site en japonais à monsite.jp, en plus de votre site en français à monsite.fr.

Si vous souhaitez en savoir plus, vous pouvez faire des recherches sur les termes gTLD (TLD génériques) et ccTLD (country level TLD).

Choisir un nom de domaine

Autrefois, on pouvait facilement trouver un nom de domaine en trois ou quatre lettres. Aujourd'hui, c'est devenu très difficile, car toutes les combinaisons ou presque sont prises. La solution consiste à choisir des mots, voire des phrases, suffisamment longs pour qu'ils n'aient pas déjà été retenus mais assez courts pour être mémorisés facilement.

Comment savoir si un nom est libre ? C'est simple. Vous devez passer par un utilitaire WhoIs (l'un des plus utilisés se trouve sur la page de Raynette à `http://www.raynette.fr/services/whois/`, illustrée Figure 12.3) ou utiliser un programme auto-

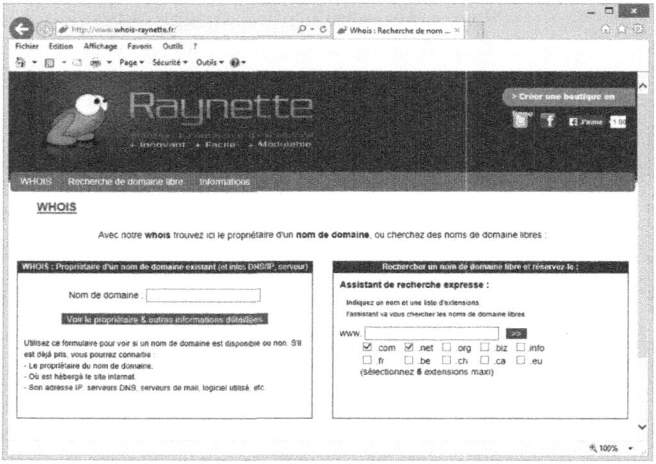

FIGURE 12.3 Raynette vous permet de vérifier la disponibilité des noms de domaines.

nome tel que WhoIs Ultra, que vous pouvez télécharger sur `http://www.analogx.com/contents/download/Network/whois/Freeware.htm`

Il est conseillé de donner le nom de votre société (Fleurs et jardins, par exemple) à votre nom de domaine (`www.fleursetjardins.fr`). Normalement, le nom de votre société est déposé, donc personne ne peut l'utiliser, même pour en faire un nom de domaine. Si votre société porte un nom très long du type « Feng-Shui Équilibre et bien-être au quotidien » et que le nom de domaine « Feng-Shui Équilibre et bien-être au quotidien » est déjà pris, vos avocats auront la tâche facile pour libérer le nom. La tâche est bien plus ardue pour des termes courts et courants tels que « e-commerce », « Fleuriste en ligne » ou « Avocat ».

Si le nom de domaine que vous voulez est pris, vous pouvez toujours l'acheter à son propriétaire. Cela ne coûte rien d'essayer.

Certaines personnes ou sociétés enregistrent des noms de domaines non pour les réserver en vue de la création d'un site, mais simplement pour retenir des noms en otage, pour ainsi dire. Elles les vendent ensuite à prix d'or à des sociétés qui, comme vous, recherchent *le* nom de domaine idéal.

Enregistrer son nom de domaine

Une fois que vous avez choisi un nom et que vous êtes assuré qu'il est disponible, vous devez l'enregistrer. C'est en général votre fournisseur d'espace web qui s'en charge.

Vous pouvez recourir à des services comme ceux proposés par Register.eu (`www.register.eu/fr`) ou Domaines des noms.com (`www.domainedesnoms.com`). Ces organismes enregistrent votre nom de domaine moyennant une rétribution annuelle. Pour réserver votre nom, il vous en coûte également une somme déboursée tous les ans.

Le gouvernement américain a toujours été très impliqué dans la gestion de l'Internet par l'intermédiaire de l'IANA (Internet Assigned Numbers Authority). Il a décidé de transférer la responsabilité de la gestion du DNS (Domain Name Server ou System) et de l'adressage IP, entre autres, à une organisation représentative de l'ensemble de l'Internet mondial : l'ICANN (Internet Corporation for Assigned Names and Numbers).

L'ICANN supervise la gestion du DNS, de l'adressage IP, des paramètres du protocole IP ainsi que du serveur ROOT. Elle tient la liste de tous les *registrars* autorisés à enregistrer votre nom de domaine.

Pour vous enregistrer en TLD générique, rendez-vous sur `www.icann.org/registrars/accredited-list.html` et choisissez l'organisme qui vous convient.

Pour vous enregistrer en ccTLD, rendez-vous sur `www.iana.org/domains/root/db`. Vous y trouverez des liens conduisant vers les organismes accrédités de tous les pays.

Pour la France, l'organisme accrédité est l'AFNIC. Qu'est-ce que l'AFNIC ? L'AFNIC (Association française pour le nommage Internet en coopération) est une association à but non lucratif responsable de l'enregistrement des noms de domaines en .fr. Ses seuls interlocuteurs sont les fournisseurs d'accès Internet qui en sont membres. Toute personne voulant déposer un nom de domaine dans la zone .fr doit s'adresser à un fournisseur d'accès Internet membre de l'AFNIC. Une fois le nom de domaine choisi, le fournisseur transmettra à l'AFNIC les documents que vous lui aurez fournis pour l'enregistrement de votre nom de domaine.

Il n'est pas obligatoire d'être adhérent de l'AFNIC pour recevoir (*via* un prestataire) un nom de domaine en .fr.

Les bonnes adresses du Net

Le Tableau 12.3 donne les adresses de quelques sites offrant des informations sur les sujets abordés dans ce chapitre.

TABLEAU 12.3 Ressources Internet.

Nom du site	Adresse Internet
AFNIC	`www.afnic.fr`
Gandi	`www.gandi.net`
Nordnet	`www.nordnet.net`
Better-Whois.com	`www.betterwhois.com`
FreeWebspace.net	`www.freeWebspace.net`
Netcraft	`http://news.netcraft.com`

Chapitre 13

De la bonne visibilité de votre site

DANS CE CHAPITRE :

- » **Bien choisir ses mots-clés.**
- » **Se référencer.**
- » **Vérifier sa position.**
- » **Échanger des liens.**
- » **Utiliser des bandeaux publicitaires.**

Les *sites de recherche*, également appelés *moteurs de recherche*, sont un élément indispensable du Web. Sans eux, il serait impossible de trouver des informations de façon ciblée. Tout webmestre devrait donc bien connaître les moteurs de recherche – l'idéal étant de tous les essayer pour se faire sa propre idée sur leur valeur.

Le Tableau 13.1 vous indique le nom et l'adresse des plus grands moteurs de recherche.

Pour qu'en saisissant un mot-clé l'internaute croise votre site, vous devez le référencer dans un moteur de recherche ou un annuaire. La question qui se pose est : dans combien de moteurs de recherche ? C'est comme vous voulez, l'idéal étant de le référencer dans tous, mais ce serait trop long puisqu'il en existe plus de 2 000. Coupez la poire en deux et référencez votre site dans les moteurs indiqués dans le Tableau 13.1, ce sera parfait. Référencer votre site dans les autres moteurs de recherche ne serait pas très rentable au regard du temps passé.

TABLEAU 13.1 **Moteurs de recherche.**

Moteur de recherche	Adresse Internet
Ask Jeeves	`htt://fr.ask.com`
Bing	`www.bing.fr`
Google	`www.google.fr`
Hotbot	`www.hotbot.com`
Lycos	`www.lycos.fr`
Voila	`www.voila.fr`
Webcrawler	`www.webcrawler.com`
Yahoo!	`http://fr.yahoo.com/`

Pour vous faire connaître, il y a d'autres moyens que de vous faire référencer. Vous pouvez par exemple utiliser des liens réciproques avec d'autres sites web. Vous pouvez le faire à un niveau personnel ou par l'intermédiaire d'un organisme d'échange de bandeaux de liens.

Les mots-clés

Les moteurs de recherche utilisent différentes méthodes pour rassembler des informations sur le contenu des sites web. Chez certains, le travail est manuel, chez d'autres, il est entièrement automatisé. Dans le premier cas, des personnes que l'on appelle *éditeurs* se rendent sur les sites dont l'URL leur a été soumise, les parcourent, puis classent les sites dans des catégories. Dans le second cas, des programmes, appelés *robots* ou *araignées* (*spiders* en anglais), parcourent le Web, rassemblent des informations et les ajoutent dans la base de données du site de recherche. Les robots et les araignées ne se contentent pas de noter l'URL des pages, ils relèvent également tous les mots de chaque page. Lorsqu'un internaute effectue une recherche, les mots-clés sont comparés aux mots indexés. Le site de recherche affiche ensuite l'adresse des sites contenant les mots-clés saisis par l'internaute.

En plus d'indexer tous les mots de la page, les robots indexent les mots situés entre les balises méta.

Ajouter des balises méta

L'élément `META` est l'un des plus vastes parce que le moins défini. On peut même dire qu'il n'a pas beaucoup de limites. Grâce à ses attributs `name` et `content`, vous pouvez insérer un certain nombre d'informations dans vos documents HTML.

L'élément `META` fonctionne toujours avec l'élément `HEAD` et ne comporte pas de balise de fin.

Vous pouvez utiliser toutes sortes d'attributs de l'élément `META` en sachant que les deux seuls qui comptent pour les araignées sont `description` (description de la page) et `keywords` (liste des mots-clés). En dépit du battage existant autour de l'attribut `keywords`, seuls l'attribut `description` et l'élément `TITLE` sont vraiment utiles pour les moteurs de recherche.

Les résultats de la recherche d'un moteur s'affichent souvent sous la forme du titre suivi des premiers mots de la page. D'où l'importance d'un bon titre, d'une première phrase bien choisie et parlante et, si cela ne suffit pas, d'une description `META` judicieuse.

Imaginons que votre page s'intitule « Mandala ». Ne vous attendez pas à ce que tous les internautes sachent qu'un mandala est, dans le bouddhisme du Grand Véhicule et dans le tantrisme, un diagramme géométrique, dont les couleurs symboliques et les enceintes concentriques, entre autres éléments, représentent l'univers et servent de support à la méditation. Et si la première phrase est une citation en sanskrit, soyez sûr que votre site ne sera pas souvent visité ! Mais une bonne description peut arranger les choses :

```
<META name=»description» content=»Méditation avec le
bouddhisme
du Grand Véhicule»>
```

On ajoute les mots-clés de la même façon :

```
<META name=»keywords» content=»méditation, bouddhisme,
```

```
Grand
Véhicule, tantrisme, religion»>
```

Ajouter les mots-clés

L'importance des mots-clés META n'est pas forcément celle que l'on croit. En effet, votre page, si elle est bien rédigée, comporte les mots que vous considérez comme clés pour votre site. De plus, certains moteurs de recherche ne traitent même pas les mots-clés ! Non, l'importance des mots-clés META est ailleurs. Vous allez comprendre pourquoi. Avez-vous déjà pensé aux personnes ayant des difficultés en orthographe ? Combien de fois doivent-elles réécrire leurs mots-clés pour que le moteur de recherche leur affiche enfin des résultats ?! Eh bien, c'est là qu'interviennent les mots-clés META ! Vous allez saisir les mots-clés avec toutes les variantes orthographiques (erronées) possibles et imaginables. Ainsi, même l'internaute à l'orthographe déficiente pourra trouver votre site du premier coup. Cette technique n'est pas purement altruiste, bien sûr. Elle vous permet d'apparaître dans les résultats de recherche à tout prix, même au prix de l'orthographe !

Lorsque vous saisissez les mots-clés, n'oubliez pas les synonymes ! Si certains recherchent des « pièces détachées de voiture », d'autres recherchent des « accessoires automobiles ».

N'oubliez pas que le contenu de vos pages web est plus important que les mots-clés META, tant pour la notation donnée par le moteur de recherche que pour la satisfaction du visiteur. Votre texte doit comporter le plus de mots-clés possible – les moteurs de recherche notent votre site en fonction de l'adéquation entre les mots-clés saisis par l'internaute et le contenu de votre site.

Écrire pour vos lecteurs

Afin de retenir l'attention des éditeurs, qui jugent attentivement votre site, contrairement aux robots et autres araignées, vous devez avoir un style agréable et délié. Nous ne vous en dirons pas plus, nous ne sommes pas là pour ça, mais la partie rédactionnelle du site – souvent négligée – a son importance.

Un problème se pose donc : il faut ménager la chèvre et le chou ; à savoir, se faire remarquer par les araignées en utilisant le plus de mots-clés possible tout en plaisant aux éditeurs avec un style léger. Voilà un art difficile auquel vous devez vous exercer, car il est vraiment payant !

Éviter les pièges

Le piège ici se cache dans les frames et les images. Pourquoi ? Parce que de nombreux moteurs de recherche ne naviguent pas correctement dans les frames et qu'aucun d'entre eux ne sait lire le texte affiché sous forme d'image ou le texte situé dans les images.

Cela ne signifie pas pour autant qu'il faut abandonner les cadres et les images textuelles. Vous devez simplement fournir, en parallèle, un texte descriptif. De nombreux concepteurs de sites web le font également afin que les internautes disposant de vieux navigateurs n'affichant pas toutes les images aient une idée du contenu de l'image refusant d'apparaître.

Si vous utilisez des frames (cadres), n'oubliez pas d'inclure une version sans frames comportant les mêmes liens que la version avec frames. Si vous utilisez des images ou des liens images, créez un lien textuel menant vers une autre page disposant des versions textuelles de tous les liens images.

Jouer avec les mots-clés

Certains sites vous promettant le succès facile vous conseillent d'améliorer votre note en multipliant les mots-clés. Cela consiste à saisir le même mot plusieurs fois dans les balises méta, comme ceci :

```
<META name=»keywords» content=»cheval, cheval, cheval,
cheval, cheval, cheval, cheval, cheval, cheval, cheval,
cheval»>
```

Une autre astuce consiste à insérer un tel contenu dans la page elle-même. Pour ne pas gêner la lecture, le webmestre cache le texte en lui attribuant la même couleur qu'au fond ou en l'écrivant très petit, ou les deux.

Faites bien la différence entre cette astuce et l'utilisation en contexte d'un même terme à de multiples reprises. Si votre site porte sur l'équitation et que le terme « cheval » apparaît à de multiples reprises, c'est bien normal et ce n'est pas pour autant du bombardement.

Nous vous déconseillons toutefois ces astuces, car elles sont mal vues par les moteurs de recherche. Les sites de recherche connaissent ce genre de trucs et rejettent votre candidature au référencement si vous les pratiquez. Ils n'apprécient pas ces méthodes, car elles faussent les résultats et leur font perdre de leur crédibilité.

Et même si, par un tour astucieux, vous parvenez à doper artificiellement votre site, pourquoi arriver le premier dans toutes les recherches si votre site ne tient pas ses promesses ? Après une brève visite et un certain dépit, les internautes quitteront votre site et n'y remettront jamais les pieds !

Analyser les mots-clés

Pour choisir les bons mots-clés, analysez le comportement des internautes. Quels types de mots saisissent-ils ? Des noms, certes. Et des adjectifs ? Peu. Quelles formes verbales préfèrent-ils ? L'infinitif ou l'impératif ?

N'ajoutez pas de termes populaires tels que « sexe » et « MP3 » pour vous attirer les visiteurs si votre site porte sur la migration des cigognes. Comme nous l'avons dit plus haut, les visiteurs seront déçus et ne reviendront pas.

Proposer son site à un moteur

Pour être repéré par un moteur de recherche, vous pouvez vous tourner les pouces en attendant qu'un robot passe sur votre site. Cela finira certainement par se produire. Mais il est préférable de prendre les devants et de faire référencer votre site volontairement. Vous pouvez soit proposer vous-même votre site à un moteur de recherche, soit passer par un service spécialisé.

On n'est jamais mieux servi que par soi-même !

Pourquoi s'embêter à proposer son site à un moteur de recherche pour le référencer alors que l'on peut payer quelqu'un pour le faire ? Premier avantage manifeste : l'économie.

Mais il y a une autre raison : on n'est jamais mieux servi que par soi-même ! Nous vous recommandons donc vivement de proposer votre site aux moteurs de recherche du Tableau 13.2 ou à certains d'entre eux au moins.

Services de référencement

Tout service a son prix, et le référencement ne déroge pas à la règle. Les services gratuits, à de rares exceptions près, vous référencent auprès d'un nombre restreint de sites de recherche.

De nombreux services de référencement proposent des services limités gratuits et des options payantes.

TABLEAU 13.2 **Pages de soumission d'un site web en vue d'un référencement.**

Nom du site	Adresse Internet
Octs	`www.octs.fr/choosepack.html`
Google	`www.google.com/addurl.html`
Outiref	`www.outiref.com`
Yahoo! Search Marketing	`http://advertisingcentral.yahoo.com/searchmarketing/fr_FR/yahoo-search-marketing`

Avant d'investir dans le référencement, tâtez le terrain. Vérifiez que le service de référencement est sérieux, qu'il sait de quoi il parle, qu'il comprend les subtilités entre les différents services de recherche, qu'il connaît la longueur autorisée de la description et ce genre de détails.

Vous pouvez utiliser un logiciel de référencement comme Agent Web Ranking (`http://www.agentwebranking.com/fr/`) ou Reft Hotkey (`http://www.refhotkey.com/`).

Le Tableau 13.3 donne les adresses des sites de référencement gratuits.

TABLEAU 13.3 **Les services de référencement gratuits.**

Nom du site	Adresse Internet
add me	`www.addme.com`
AlpSubmit	`http://www.alpmedia.com/`
NameShield	`www.nameshield.net`
NET-ADS	`www.net-ads.com/submit`
Referencement 2000	`www.referencement-2000.com`

Pour ne pas être référencé

Certains webmestres souhaitent que leur site ne soit pas référencé et donné en pâture à l'internaute ou, du moins, pas la totalité. Il existe deux méthodes pour que les robots n'indexent pas votre site. L'une d'entre elles nécessite l'aide de votre administrateur réseau ou de votre fournisseur d'accès à l'Internet.

Longtemps, la seule façon de bloquer le passage à un robot était d'utiliser un fichier appelé robots.txt. Ce fichier, situé dans le dossier racine du domaine (qui contient également votre page d'accueil), contient la liste de tous les robots interdits et les dossiers à ne pas parcourir. Pourquoi avez-vous besoin d'aide ? Parce que, à moins que vous ne gériez votre propre serveur dédié, vous n'avez pas accès au dossier racine. Vous indiquerez à la personne gérant votre serveur HTTP quels dossiers vous souhaitez garder confidentiels. Elle en fera la liste dans un fichier texte qu'elle placera au bon endroit. L'exemple suivant vous montre comment interdire l'accès à deux dossiers à tous les robots :

```
User-agent: *
Disallow: /~mine/private/
Disallow: /~mine/personal/
```

L'inconvénient du fichier robots.txt est qu'il donne la liste des dossiers confidentiels de votre site. Pour les petits curieux, robots.txt est un véritable sésame !

Vous souhaitez éviter d'utiliser robots.txt ? Vous préférez ne pas faire appel aux services de votre administrateur ? C'est possible grâce aux balises méta. N'oubliez pas ce que nous avons dit précédemment : cette balise a une utilisation très large. En voici encore la preuve : il suffit d'assigner la valeur `robots` à l'attribut `name` et d'ajouter une variable supplémentaire à l'attribut `content`.

Par défaut, le robot indexe votre page, en ajoute les mots dans la base de données du site de recherche et suit tous les liens de la page. Pour désactiver ces deux comportements, il suffit d'ajouter le code HTML suivant dans l'élément `HEAD` du fichier :

```
<META name="robots" content="noindex, nofollow">
```

Vous pouvez arriver au même résultat en utilisant la valeur `none` :

```
<META name="robots" content="none">
```

Techniquement parlant, vous pouvez faire l'opération contraire pour obtenir le résultat inverse, c'est-à-dire utiliser la valeur `all` pour que les deux options fonctionnent. Mais cela n'a aucun intérêt, puisqu'il suffit de laisser les choses comme elles sont pour que cela marche.

Pour autoriser le référencement tout en empêchant les robots de suivre vos liens, utilisez cette ligne de code :

```
<META name="robots" content="nofollow">
```

N'oubliez pas que, par défaut, le robot indexe les mots de votre site et suit les liens. Inutile de créer une ligne de commande lui demandant de faire ces deux actions, puisqu'il les exécute par défaut. C'est pourquoi la ligne de code ci-dessus ne mentionne pas le référencement. Vous pourriez très bien écrire la ligne de code suivante, par souci de précision, mais cela aboutirait au même résultat :

```
<META name="robots" content="index, nofollow">
```

Pour autoriser un robot à suivre vos liens tout en lui interdisant d'indexer les mots de votre page, utilisez le code suivant :

```
<META name=»robots» content=»noindex»>
```

Vérifier la position de votre site

Il est conseillé d'effectuer un suivi du référencement, non seulement pour vous assurer qu'il a bien été pris en compte (les différents sites de recherche sont plus ou moins longs à réagir), mais aussi pour vérifier votre position lors de l'affichage des résultats d'une requête.

Vérification manuelle

Pour vérifier le référencement de votre site et son ordre d'arrivée, le plus simple est de procéder à une vérification manuelle. Saisissez le nom du site dans le moteur de recherche. Le lien vers le site s'affiche-t-il ? Non ? Eh bien, soit le moteur n'a pas encore référencé votre site, soit il ne le fera pas, auquel cas vous devrez le soumettre à nouveau.

C'est également un bon moyen de voir quels sites ont des liens menant vers le vôtre. En effet, chaque page portant le nom de votre site s'affichera dans les résultats. Pour en savoir plus à ce sujet, veuillez à vous reporter à la section « Les liens réciproques », plus loin dans ce chapitre.

Si votre site s'affiche, formulez une seconde requête à l'aide de mots-clés. Le résultat vous permettra de situer votre site : dans quelle position arrive-t-il ? Vous êtes à la traîne ? Consultez le code des sites en tête de liste, notamment les mots-clés utilisés. Il est toujours difficile d'accéder aux techniques cachées de ses concurrents, alors profitez-en !

Les liens réciproques

La méthode des liens réciproques consiste à placer sur votre site un lien vers un autre site, lequel insérera un lien vers votre site. C'est un échange de bons procédés pouvant même être pratiqué par deux sites concurrents.

Si l'idéal est d'avoir des liens réciproques avec un maximum de sites, cela n'est pas possible dans la pratique. Il faut donc cibler votre investigation : créez des liens réciproques avec les meilleurs sites de votre catégorie ou les plus visités. Qu'est-ce qu'un bon site ? C'est un site que vous aimez, vous avez carte blanche. Quant aux sites les plus visités, ils sont faciles à trouver. Ils figurent même parfois sur la page d'accueil des moteurs de recherche.

Voici la marche à suivre pour créer un lien réciproque :

1. **Saisissez les mots-clés relatifs au sujet traité par votre site. Ces mêmes mots-clés sont susceptibles d'être utilisés par les internautes en quête d'information.**
2. **Suivez les liens indiqués dans la page de résultats.**

   Certains moteurs de recherche donnent des réponses peu pertinentes. Faites le tri !

3. **Envoyez un e-mail au webmestre lui proposant un échange de liens.**

Pour accélérer les choses, vous pouvez placer un lien sur votre site avant même de contacter le webmestre concerné. Cela l'incite souvent à vous rendre la pareille assez rapidement.

Il arrive que des sites ne donnent pas l'adresse électronique du webmestre. Si vous tenez absolument à établir un lien réciproque avec ce site, il vous faut les coordonnées de son administrateur ! Vous pouvez effectuer une recherche sur le nom de domaine du site à l'aide d'un service WhoIs. Les services WhoIs identifient les contacts administratifs et techniques d'un domaine donné.

Certains moteurs de recherche classent votre site en fonction du nombre de liens pointant vers lui. Toutes choses étant égales par ailleurs, c'est le site vers lequel renvoient le plus de liens qui sera le mieux classé.

Les échanges de bannières

Lorsque vous pratiquez l'échange de bannières, vous créez une bannière publicitaire et la soumettez à un site central. Ce site l'échange lui-même, automatise le processus d'affichage de la publicité de chacun des membres sur le site web de tous les autres membres. L'échange de bannières semble une bonne idée, mais en pratique peu survivent bien longtemps. Avant de vous joindre à l'un d'entre eux, renseignez-vous sur sa date de création. Contactez ses membres et demandez-leur s'ils sont satisfaits.

Rejoindre un échange de bannières est très facile. Vous remplissez un formulaire sur le site de l'échange, puis vous lui envoyez votre bannière et placez du code HTML sur votre site. C'est tout – l'échange s'occupe du reste.

Chapitre 14

Garder le contact

DANS CE CHAPITRE :

- **Utiliser les autorépondeurs.**
- **Distribuer des newsletters.**

Comme tous les webmestres, vous souhaitez que vos visiteurs reviennent sur votre site. L'idéal est de garder le contact avec l'internaute, de lui signaler les nouveautés, de lui rappeler que vous existez. Mais il faut éviter de tomber dans le *spam* – un mot du jargon Internet désignant les mails commerciaux non sollicités.

Comment garder le contact sans spamming ? La réponse est simple. Vous envoyez des messages seulement aux internautes qui le désirent. Dans ce chapitre, vous allez découvrir un certain nombre d'outils informant les visiteurs des nouveautés de votre site.

Les autorépondeurs

Les *autorépondeurs* sont des programmes envoyant automatiquement un message électronique au visiteur l'ayant demandé. Ce dernier en fait la demande en envoyant un e-mail à votre autorépondeur ou en remplissant un formulaire sur votre site.

Bien sûr, le contenu du message doit être utile et répondre à une attente de la part de l'internaute. Vous devez rester crédible. Vous pouvez ainsi envoyer le catalogue de la nouvelle collection. Il est également possible de préparer plusieurs types de documents pouvant être demandés individuellement par les différents internautes. Cette technique est très utile si ce que vous vendez ou les sujets que vous traitez peuvent être organisés en catégories. Si votre site vend des articles de jardinage, vous pouvez créer un lien pour envoyer aux internautes le nouveau catalogue des plantes, celui des outils, etc.

Vous avez donc à votre disposition un moyen complètement automatisé de répondre aux demandes de vos internautes, tout en évitant le spamming.

Il faut cependant jouer la carte de la prudence avec l'une des fonctionnalités de ce genre de programme, qui frise le spamming. Vous pouvez en effet paramétrer l'autorépondeur de façon à ce qu'il envoie, à la suite du premier message, quelques messages sur plusieurs semaines ou plusieurs mois. Dans le commerce, il est rare que le premier contact aboutisse à une vente ou à un contrat. D'où l'intérêt de solliciter l'internaute... sans tomber toutefois dans le spamming. Ce type de fonctionnalité est quelque peu dangereux. Soyez prudent.

Demandez à votre fournisseur d'accès Internet si son offre inclut le service d'autorépondeur.

Vous pouvez télécharger un répondeur automatique fonctionnant avec Outlook, ou utilisable directement sur le site (ou serveur) du prestataire auprès de GestResponse à `www.getresponse.com`.

Mais si vous voulez utiliser Windows Live Mail ? Eh bien, la section qui suit explique comment créer votre système de réponse automatique.

Configurer Windows Live Mail comme répondeur automatique

Dans cette procédure, pas besoin de recourir à un logiciel payant ou un serveur externe. Vous utilisez Windows Live Mail, c'est-à-dire le logiciel de gestion des e-mails téléchargeable avec Windows au sein de la suite Windows Live Essentials (`http://windows.microsoft.com/fr-FR/windows-live/essentials-home`). Il suffit de créer une règle de courrier pour que les expéditeurs de courriers reçoivent de votre part un mail générique qui, par exemple, fait état de votre absence pendant une certaine période.

Voici la procédure dans Windows Live Mail 2012 :

1. **Commencez par créer le message de votre réponse.**

   Écrivez un message générique, sans citer de nom ou de prénom puisque vous savez que tous les destinataires vont recevoir le même courrier. Si possible, ajoutez une version anglaise de ce message pour vos contacts étrangers.

   Bien entendu, indiquez un objet mais pas de destinataire !

2. **Une fois le message rédigé, enregistrez-le en cliquant sur l'onglet Fichier/Enregistrer en tant que fichier.**

   Choisissez un dossier de sauvegarde pour le message et nommez ce dernier à l'aide de la boîte de dialogue Enregistrer.

   Maintenant, créez la règle de réponse automatique.

3. **Fermez le message ainsi créé et enregistré.**

4. **Dans Windows Live Mail, cliquez sur l'onglet Dossiers/Règle de message.**

   Vous accédez à la boîte de dialogue Nouvelle règle de courrier si vous n'avez pas encore créé de règles. Sinon, vous obtenez la fenêtre Règles, qui liste toutes les règles de courrier que vous avez éventuellement créées, comme le montre la Figure 14.1. Dans ce cas, cliquez sur le bouton Nouveau.

5. **Dans la boîte de dialogue Nouvelle règle de courrier, cochez l'option Pour tous les messages située en bas de la liste Sélectionnez une ou plusieurs conditions.**

6. **Dans la deuxième liste Sélectionnez une ou plusieurs actions, cochez l'option Répondre en utilisant un message.**

7. **Dans la section Pour modifier cette description…, cliquez sur le lien `message` comme à la Figure 14.2.**

8. **Dans la boîte de dialogue Ouvrir, parcourez vos disques durs et dossiers pour localiser le fichier du**

FIGURE 14.1 Les règles de message.

message enregistré au début de cette procédure. Cliquez dessus, puis sur Ouvrir.

Ne supprimez ou ne déplacez pas ce message, sinon Windows Live Mail sera incapable de l'envoyer aux personnes qui vous écrivent.

9 **Dans la dernière section, entrez le nom de cette règle, tapez par exemple Réponse automatique.**

10. **Cliquez sur Enregistrer la règle.**

11. **Cliquez sur OK dans la boîte de dialogue Règles qui s'affiche en vous assurant que la case de la règle Réponse automatique est bien cochée.**

N'oubliez pas de désactiver cette règle lorsque vous êtes présent, sinon Windows Live Mail répondra automatiquement aux messages entrants en leur envoyant le message

FIGURE 14.2 Cliquez sur ce lien pour sélectionner le message de votre réponse automatique.

de réponse automatique. Cliquez sur l'onglet Dossiers/Règles de message, puis décochez la case de la règle Réponse automatique. Soyez très vigilant !

Si vous souhaitez que ce répondeur fonctionne lorsque vous êtes en vacances, vous devez laisser l'ordinateur allumé et Windows Live Mail ouvert, en veillant que l'option d'envoi et de réception automatique des messages soit bien activée. Sans cela, votre répondeur ne sert à rien !

Le message arrive chez votre destinataire sous forme de pièce jointe. Il se peut alors que, se croyant spammé, le destinataire ne reçoive pas le message, ou le mette tout simplement à la poubelle sans prendre connaissance du contenu de la pièce jointe.

Les newsletters opt-ins

Les *newsletters* ou *lettres d'information* sont de petites publications traitant d'un sujet particulier. Écrites par une petite équipe pour un public relativement restreint, elles ont souvent un caractère informel.

Sous couvert d'informations diverses et variées, les newsletters sont un bon outil commercial. Certains envoient leur catalogue dans les newsletters, d'autres, les consultants notamment, y prodiguent des conseils – rien d'altruiste à cela, c'est avant tout une bonne publicité.

Un certain nombre de services vous permettent d'envoyer des messages aux adresses e-mail ciblées dont ils tiennent des listes. On peut considérer ces pratiques comme du spamming, sauf si elles sont générées par des *opt-ins*. Les listes de diffusion opt-ins sont moins intrusives et susceptibles d'erreur que les listes de diffusion traditionnelles. Le système opt-in fonctionne de la façon suivante : l'internaute remplit un formulaire et un message lui est envoyé dans sa boîte aux lettres électronique, message devant être confirmé pour valider l'inscription. Si l'internaute ne répond pas à ce message, son inscription n'est pas prise en compte. Cette méthode est un bon garde-fou.

Excepté lorsque vous avez surveillé le processus de création de ce type de liste, vous ne pouvez être sûr que l'organisme qui vous la propose est entièrement honnête. Comment s'assurer que toutes les adresses inscrites sont valables et autorisées ? Surtout que les services vendant ce genre de listes pratiquent souvent la philosophie de l'argent facile. Soyez donc prudent et veillez à ne pas tomber dans le spamming.

Les services que nous vous présentons dans ce chapitre sont sérieux, vous pouvez nous faire confiance. Ils vous permettent de gérer votre propre système opt-in depuis votre site, tout en vous déchargeant de la partie la plus difficile des opérations.

Les bonnes adresses du Net

Le Tableau 14.1 donne les adresses de quelques sites offrant des informations sur les sujets abordés dans ce chapitre.

TABLEAU 14.1 **Ressources Internet.**

Nom du site	Adresse Internet
AWeber Systems	`www.aweber.com`
MDaemon	`www.altn.fr/produits/messagerie/MDaemon/`
SendFree	`www.sendfree.com`

Glossaire

Mots magiques et mystérieux

La profusion de mots nouveaux inventés pour le monde de l'informatique et de l'Internet est telle qu'elle pourrait rendre fou le créateur du Petit Robert ! C'est pourquoi nous avons constitué un glossaire complet, expliquant tous les termes que vous rencontrerez dans cet ouvrage. Il sera votre fidèle compagnon de lecture.

Les termes Internet ayant de nombreux synonymes, nous avons choisi comme entrée les termes couramment employés – peu nous importe qu'ils soient anglais ou non reconnus par le gouvernement, c'est l'usage qui prime ! Par ailleurs, nous donnons, dans la mesure du possible, les recommandations du *Journal officiel* ainsi que les équivalents anglais, lorsqu'ils sont aussi utilisés que les termes français.

accès Internet : Possibilité de se connecter à l'Internet fournie le plus souvent par un fournisseur d'accès.

add-in : Sorte de patch (petit programme dépendant et dédié, ou simple correctif) servant à améliorer le fonctionnement d'un système en remplaçant certaines de ses fonctions par d'autres.

adresse IP : Équivalent numérique du nom de domaine.

ADSL : Abréviation d'« Asymetric Digital Subscriver Line » ou « ligne asymétrique numérique ». Il s'agit d'une technologie qui permet de faire transiter à haut débit de très importantes quantités de données numériques sur le réseau téléphonique classique.

annuaire : Base de données d'URL de sites Internet et de leur description, organisées en catégories et parfois accompagnées de critiques. Les annuaires et les moteurs de recherche sont des services de recherche. *Directory* en anglais.

applet : La plupart des programmes sont appelés des *applications*. Les petits programmes, notamment ceux écrits en langage de programmation Java pour être utilisés sur le Web, sont appelés *applet*, le diminutif d'application. Une applet est indépendante du matériel et du logiciel utilisés. Elle est téléchargée depuis un serveur du Web et exécutée localement au sein d'un logiciel de navigation. Le *Journal officiel* recommande le terme d'*appliquette*.

araignée : Programme utilisé par les services de recherche pour rassembler des données. On les appelle également *robot* ou *bot*, *crawler* (chenille), entre autres. *Spider* en anglais.

ASCII (American Standard Code for Information Interchange) : Un jeu normalisé de 128 caractères sur 7 bits, devenu un standard. Comportant tous les caractères alphanumériques non accentués, il est lisible par la plupart des systèmes. Il garantit une transmission sans altération des données sur l'ensemble du Web, puisqu'il n'est codé que sur 7 bits.

authentification : Vérification de l'identité d'une personne ou d'un service, généralement à l'aide du code d'identification (ID) numérique.

autorépondeur : Logiciel répondant automatiquement à un courrier électronique.

balise : Marque introduite en début et fin de commande HTML signalant au programme qui interprétera le code qu'une commande spécifique doit être exécutée. Le début d'un élément HTML est marqué par le nom de l'élément entre crochets. Cet élément s'appelle *balise de début*. Vous indiquez la fin de l'élément à l'aide d'une *balise de fin*, identique à la balise de début à ceci près que vous ajoutez un slash initial. *Tag* en anglais.

balise de début : *Voir* **balise**.

balise de fin : *Voir* **balise**.

bandeau : *Voir* **bannière**.

bannière : Lien image apparaissant sur une page web, en haut de la page en général, faisant de la publicité pour un sponsor.

browser : *Voir* **navigateur**.

cadre/jeu de cadres : Les *cadres* sont des éléments permettant d'afficher plusieurs pages web sur une seule page du navigateur. Un *jeu de cadres* regroupe plusieurs zones de page. Chaque zone est appelée *cadre* ou *frame* et chaque cadre contient sa propre page web. *Frame* et *frameset* en anglais.

canal : Lieu virtuel de discussions sur IRC. *Channel* en anglais.

ccTLD : *Voir* **country-level TLD**.

CGI : *Voir* **Common Gateway Interface**.

channel : *Voir* **canal**.

chat : Communication informelle entre plusieurs personnes sur l'Internet, par échange de messages affichés sur leur écran. Le *Journal officiel* recommande le terme *causette.*

chat room : Lieu virtuel dans lequel on peut discuter.

chenille : *Voir* **araignée**.

client/serveur : Ordinateur fournissant des ressources à d'autres ordinateurs *via* un réseau. L'ordinateur le plus puissant (le serveur) contient les données centrales et réagit aux demandes des autres ordinateurs (les clients) qui disposent d'une partie de l'intelligence. *Voir également* **serveur**.

Common Gateway Interface (CGI) : Technique permettant à un client d'exécuter des programmes spécifiques sur un serveur. Ces programmes sont généralement écrits en Perl, C, C++ ou TCL.

compilateur : Programme destiné à traduire en langage machine un programme écrit en langage évolué en vue de son exécution.

compiler : Le code source que vous créez dans des langages tels que Java ou C est traité par un *compilateur* lui permettant de devenir autonome et exécutable.

cookie : Donnée inscrite par un serveur de la Toile dans un fichier de votre ordinateur, au cours d'une connexion, afin de vous reconnaître en tant qu'utilisateur et de se configurer en fonction. Le *Journal officiel* recommande le terme *témoin de connexion*.

copyright : Droit exclusif dont bénéficie un auteur d'exploiter son œuvre, qu'il s'agisse d'un livre, d'une image, d'une chanson, d'un programme informatique, etc. L'auteur est propriétaire de ce droit à moins qu'il ne le cède à une autre personne ou à une société.

country-level TLD : Domaine attribué à chaque pays, comme « fr » pour la France et « de » pour l'Allemagne. *Voir également* **Top Level Domain**.

courriel : *Voir* **courrier électronique**.

courrier électronique : Message numérique passant par un réseau pour accéder à l'ordinateur du destinataire. On dit plus simplement *mail*, les puristes employant les termes *courriel* ou *mél*.

crawler : Mot anglais pour chenille. *Voir* **araignée**.

cruncher : Logiciel de compression, souvent rencontré sous la forme d'une petite routine intégrée dans une démonstration.

défaut (option par) : Paramètre normal, standard, d'un logiciel ou d'un matériel, défini par le constructeur. Le plus souvent, vous pouvez modifier les paramètres par défaut pour les adapter à vos besoins.

Domain Name System (DNS) : Système du nom de domaine, en français. Système traduisant un nom de domaine lisible tel que `www.efirst.com` en adresse IP numérique comprise par l'ordinateur.

download : *Voir* **télécharger.**

éditeur de texte : Petit traitement de texte simple enregistrant le fichier texte sans aucun format.

éditeur HTML : Éditeur de texte possédant des fonctionnalités spécifiques à la création de pages web.

emoticon : *Voir* **smiley**.

FAQ : Frequently Asked Questions, bien francisé, une fois n'est pas coutume, en « Foire Aux Questions ». Il s'agit des questions fréquemment posées, accompagnées des réponses correspondantes, à lire avant de s'adresser à l'auteur.

fichier attaché : *Voir* **pièce jointe**.

fichier binaire : Un fichier de programme. Lors des transferts par FTP, veillez à envoyer les fichiers de programme en tant que fichiers binaires plutôt qu'en tant que fichiers texte, les fichiers texte ayant un format différent. Notez que le terme *fichier binaire* est utilisé tout à fait abusivement. Au sens strict, les fichiers texte sont aussi binaires que les autres (puisqu'ils sont eux aussi composés de 0 et de 1).

fichier texte : Il est préférable de transférer des fichiers texte *via* FTP, au format texte plutôt qu'au format binaire. En effet, les fichiers texte exigent souvent une conversion dans le transfert entre les systèmes Windows et Unix, qui utilisent des formats de texte légèrement différents. *Voir également* **ASCII**.

File Transfer Protocol (FTP) : Protocole de transfert de fichiers, en français. Méthode de transfert de fichiers d'un ordinateur à l'autre *via* un réseau ou l'Internet.

forum : Service permettant d'échanger et de discuter sur un thème donné ; chaque utilisateur peut lire à tout moment toutes les interventions et intervenir sous forme d'articles. *Newsgroup* en anglais.

fournisseur d'accès : Société fournissant un accès à l'Internet. Appelé *provider* en anglais ou *ISP*, *Internet Service Provider*.

frame/frameset : *Voir* **cadre/jeu de cadres**.

freeware : Logiciel pouvant être distribué et utilisé gratuitement. L'auteur conserve ses droits d'auteur. *Logiciel libre*, *graticiel* ou *gratuiciel* en français.

frimousse : *Voir* **smiley**.

FTP : *Voir* **File Transfer Protocol**.

generic Top Level Domain (gTLD) : *Voir* **Top Level Domain**.

GIF : Format de fichier image suivant les standards Graphics Interchange Format (format d'échange graphique). C'est l'un des deux grands standards utilisés pour afficher les images sur l'Internet. Il est peu à peu supplanté par le format JPEG, dont le taux de compression est largement supérieur.

guestbook : *Voir* **livre d'hôtes**.

hyperlien : *Voir* **lien**.

hypertexte : Texte affiché sur un ordinateur contenant des liens vers d'autres textes, des images, des sons, etc.

HyperText Markup Language (HTML) : Langage informatique du World Wide Web servant à définir les pages web. Le HTML consiste en balises (*tags*) insérées au milieu du texte pour décrire la présentation d'une page.

HypterText Transfer Protocol (HTTP) : Système permettant de transférer des fichiers *via* le World Wide Web.

ICANN : Signifie Internet Corporation for Assigned Names and Numbers.

ID : ID, pour identification. Nom ou chiffre permettant de reconnaître un ordinateur, une personne ou un procédé.

image : Terme générique employé pour désigner les représentations graphiques d'une page web. Les images web sont en général enregistrées au format GIF, JPEG ou PNG.

interprété : Se dit d'un langage dont les instructions sont exécutées les unes après les autres, sans compilation, au fur et à mesure qu'on les rencontre lors de l'exécution du programme.

interpréter : Parlant d'un programme, traduire et exécuter des instructions données dans un code écrit dans un langage de programmation tel que JavaScript ou Perl.

interpréteur : Programme traduisant et exécutant les instructions d'un programme écrit en langage évolué. Il s'agit par exemple d'un navigateur ou d'un serveur web traduisant les instructions du code écrit en JavaScript ou en Perl.

Java : Langage de programmation souvent utilisé pour créer des applets pour le Web. *Voir également* **applet**.

JavaScript : Langage de programmation simple mais puissant permettant de créer des scripts pour les pages web. *Voir également* **script**.

jeu de cadres : *Voir* **cadre**.

journal : Fichier comportant l'enregistrement de l'activité d'un système. *Voir également* **log file**.

JPEG : Également appelé JPG. Format de fichier image suivant les standards du Joint Photographic Experts Group. Les fichiers JPEG sont souvent plus légers que les autres formats de fichier tout en disposant d'une très bonne qualité.

keyword : *Voir* **mot-clé**.

lien : Passerelle entre deux éléments multimédias. Le lien d'une page web contient en général l'URL (l'adresse Internet) d'une autre page web, mais il peut également conduire à d'autres types de ressources tels que des images. Les conventions Internet veulent qu'un lien soit bleu et souligné lorsqu'il s'affiche. Quand vous l'activez, avec un clic de souris le plus souvent, il fait en sorte que le navigateur charge la ressource liée. Les liens images sont de plus en plus courants. Par convention, une fine bordure bleue encadre les liens images pour différencier ce type d'image des images standards. Un lien actif est le lien en cours d'activation tandis qu'un lien visité est un lien précédemment activé.

lien actif : *Voir* **lien**.

lien réciproque : Lien menant vers une page web comportant un lien vers la page d'origine du premier lien. Pour établir un lien réciproque vers un site, il suffit d'insérer un lien vers ce site puis d'envoyer un e-mail au webmaster pour lui demander de faire de même.

lien visité : *Voir* **lien**.

liste de diffusion : Messages écrits par les abonnés d'une liste et envoyés à tous les autres abonnés par un modérateur. *Mailing list* en anglais.

livre d'hôtes : Page spéciale d'un site web dans laquelle les visiteurs peuvent laisser leurs messages personnels, donner leur avis, leurs impressions. *Guestbook* en anglais.

livre d'or : *Voir* **livre d'hôtes**.

log file : Fichier journal enregistrant les événements se produisant dans un système.

logiciel partagé : *Voir* **shareware**.

log-in : Procédure de connexion sur un système, un hôte, en général protégé par un mot de passe. Cela peut être aussi en français le nom de connexion.

mailing list : *Voir* **liste de diffusion.**

mél : Francisation d'e-mail.

modem : De MOdulateur et DEModulateur. Périphérique permettant de transmettre des données informatiques par une ligne de téléphone.

modem-câble : Modem particulier utilisé pour se connecter à l'Internet *via* un réseau câblé.

modérateur : Personne contrôlant le contenu d'une mailing list ou d'un newsgroup. Si, dans certains cas, ce contrôle peut aller jusqu'à la censure, il se limite le plus souvent à la suppression d'éléments extérieurs tels que de la publicité ou des messages sans aucun rapport avec les sujets traités. Un modérateur peut également tempérer les discussions.

module d'extension : *Voir* **plug-in**.

mot-clé : Mot saisi par l'utilisateur dans un moteur de recherche qui recherchera sur le Web les pages comportant des occurrences. *Keyword* en anglais.

mot de passe : Moyen d'identification permettant à l'utilisateur d'accéder à un ordinateur ou à un réseau. Les membres d'un réseau sont identifiés par leur nom et leur mot de passe, ce qui permet de leur attribuer des autorisations différentes.

moteur de recherche : Site web offrant des services de recherche sur tous les autres sites web. Les moteurs de recherche et les annuaires sont des *services de recherche*. Google et Bing sont les deux moteurs de recherche les plus connus.

navigateur : Type de logiciel utilisé pour naviguer sur les réseaux informatiques et dans leurs bases de données, notamment l'Internet et le Web.

netiquette : D'InterNET et étIQUETTE. Série de règles à respecter pour vivre en harmonie avec les internautes dans le cyberespace.

newsgroup : *Voir* **forum**.

nom de domaine : Chaîne de caractères identifiant un ensemble d'adresses IP.

overlay : Incrustation de vidéo analogique dans un affichage numérique, sans numérisation effective. L'image incrustée contient une couleur que l'on dit « transparente », laissant apparaître l'image sur laquelle on incruste.

partagiciel : *Voir* **shareware.**

patch : Ajout temporaire d'un morceau de code pour corriger rapidement un bug (un bogue, en français). On parle aussi de *correctif*.

pièce jointe : Fichier envoyé avec un message électronique. La plupart des clients de courrier électronique placent la pièce jointe dans un dossier séparé du dossier de stockage des courriers électroniques. Les pièces jointes sont la première source de virus.

plug-in : Extension d'une application venant se loger dans l'application elle-même. Une fois le plug-in installé, on l'utilise de façon transparente. Le *Journal officiel* recommande *module d'extension*.

point com : Qualificatif désignant une société basée sur l'Internet.

police : Groupe de caractères d'une même collection, comportant tous les styles (gras, italique, etc.) et toutes les tailles. Ceci est écrit en Arial `tandis que cela est en Courier New.`

robot : *Voir* **araignée**.

RTC : Sigle du réseau téléphonique commuté. Ce terme désigne en fait le réseau téléphonique traditionnel.

script : Petit programme.

séparateur horizontal : Ligne traversant horizontalement la page web, permettant de séparer une section de page d'une autre. L'élément HR du code HTML permet de créer un séparateur horizontal.

serveur : Ordinateur consacré à l'administration d'un réseau informatique. Il gère l'accès aux périphériques et aux ressources et administre les connexions des utilisateurs. *Voir également* **serveur dédié** et **serveur virtuel**.

serveur dédié : Ordinateur réservé à l'usage d'une seule personne, d'une seule société ou organisation. *Voir également* **serveur** et **serveur virtuel**.

serveur virtuel : Serveur n'existant pas vraiment, dossier hébergé par un autre serveur simulant l'existence d'un ordinateur séparé. S'il n'y a qu'une machine sur le plan technique, on en voit plusieurs de l'extérieur. Cela permet d'économiser du matériel : la moyenne des sites web est bien loin de consommer toutes les ressources d'un ordinateur. *Voir également* **serveur dédié**.

service de recherche : Tout type de service permettant de faire des recherches sur l'Internet (annuaire, moteur de recherche, etc.).

service en ligne : Réseau privé proposant des services, des fichiers, le courrier électronique, etc. Contrairement à l'Internet, qui est un réseau public, les services en ligne sont gérés par des sociétés commerciales. L'accès est donc payant. L'avantage des services en ligne est d'être mieux structurés et mieux adaptés au public visé. America Online (AOL), CompuServe (CIS) et Microsoft Network (MSN) font partie des plus grands services en ligne.

shareware : Logiciel disponible à l'essai gratuitement. *Partagiciel* ou *logiciel partagé* en français.

slash : Nom du caractère « / » (0101111 en ASCII), barre oblique symbolisant la division.

smiley : Combinaison de caractères ASCII censée indiquer l'état émotionnel, dans le parlé-écrit qui a cours sur les réseaux. Vous trouverez une liste de smileys à l'adresse suivante : `www.dicofr.com/divers/smiley.html`. Également appelé *emoticon*, de « emotion » et « icon » (deux mots anglais que nous ne traduirons pas !). Le *Journal officiel* recommande *frimousse*.

sniffer : Programme écoutant une ligne par laquelle transitent des paquets de données pour récupérer les paquets intéressants (qui contiennent par exemple le mot « mot de passe », « password »...). Cette pratique est illégale.

Spam : Messages électroniques envoyés en grande quantité. Se dit également du bombardement volontaire de données dans les balises méta permettant au site d'être repéré par les araignées.

spamming : Action d'envoyer des messages électroniques en grande quantité, d'arroser les sites de publicité, etc.

spider : Araignée en français. *Voir* **araignée**.

standard : Terme générique appliqué à une méthode reconnue par tous ou par la plupart. Ce terme peut s'appliquer à une méthode de transfert des fichiers d'un système à l'autre, à la structure d'un langage informatique ou à une méthode de compression d'images vidéo. Développé par un organisme reconnu, il s'appelle *standard officiel*. Développé par un des leaders du marché et adopté par les utilisateurs d'une branche particulière, il s'appelle *standard de facto*.

streaming : Exécution d'opérations sur des données au fur et à mesure qu'elles arrivent *via* un réseau. C'est le cas du son ou de la vidéo en temps réel sur le Web. Le streaming est aussi appelé *flux continu*.

tag : *Voir* **balise**.

télécharger : Action de récupérer ou d'envoyer un fichier sur un serveur. Les anglophones disposent de deux mots bien pratiques, *download* et *upload*, suivant que l'on récupère ou que l'on envoie un fichier.

tel écrit, tel écran : *Voir* **WYSIWYG**.

témoin de connexion : *Voir* **cookie**.

thumbnail : Version réduite à la taille d'un timbre-poste (ou de l'ongle d'un pouce...) d'une image. On peut ainsi grouper plusieurs petites images sur une même page écran, afin d'en avoir un aperçu rapide. *Imagette* selon le *Journal officiel*. Mais on parle généralement de *vignette*.

Toile : Mot français désignant le World Wide Web ou W3. Également appelée *toile d'araignée planétaire*, entre autres.

Top Level Domain (TLD) : Domaine de premier niveau, dans l'adresse d'un site Internet. Par exemple : fr, de, com, org, edu, etc. (il faut se souvenir que les adresses sont lues de droite à gauche en allant du général au particulier). Les ccTLD sont les domaines dépendant des pays (par exemple fr, de, ca pour France, Allemagne, Canada) ; les gTLD sont les domaines par objectif du site (par exemple com et org pour commercial et organisme). Abrégé en TLD.

Uniform Resource Locator (URL) : Adresse d'un document multimédia sur un ordinateur local ou sur le WWW. La structure de base de l'URL est à peu près celle-ci : protocole://serveur/dossier/document, ce qui donnerait l'adresse fictive suivante : `http://www.edition.edu/graphics/logo.png`. Les signes `http://` signifient Hypertexte Transfer Protocol. Les lettres `www` indiquent que l'ordinateur où est stocké le fichier est un serveur web. Le mot « edition » indique le sous-domaine, que de nombreux utilisateurs prennent pour le nom du site. Dans l'adresse `http://www.efirst.fr`, « efirst » est le nom de sous-domaine, ce n'est pas le nom du site de First Interactive. « fr » représente le domaine. Dans le premier cas, les lettres « edu » suivant le nom de domaine indiquent que le site relève de l'éducation. Le segment « graphics » est le nom d'un dossier du serveur web et la dernière partie, « logo.png», est un fichier de ce dossier, une image.

Les fichiers stockés sur un même serveur qu'une page web peuvent utiliser des URL relatives. Au lieu d'en indiquer le chemin d'accès depuis n'importe quel point du Web, on ne mentionne que le chemin d'accès au sein du même serveur. La page d'accueil du site du premier exemple pourrait faire appel à l'image logo.png, comme ceci :

```
<IMG src=»graphics/logo.png»>
```

upload : *Voir* **télécharger**.

upgrader : Mettre à jour un système.

URL : *Voir* **Uniform Resource Locator**.

Usenet : Réseau spécialisé de systèmes informatiques gérant les groupes de discussion Internet appelés *newsgroups.*

webmaster : Personne contrôlant un site web. Il peut s'agir d'un individu gérant un site d'une seule page ou du manager d'une grande équipe de développeurs créant des sites. *Webmestre*, en français, mot forgé sur *vaguemestre.*

WYSIWYG : Pour «What You See Is What You Get», littéralement «Ce que vous obtenez à l'écran est identique au résultat final», et depuis peu selon Adobe «tel écrit, tel écran». Se dit d'un programme de conception de pages web, par exemple, permettant de travailler directement sur la mise en forme des pages, en visualisant immédiatement le résultat, sans passer par le code.

Note : Vous trouverez un dictionnaire d'informatique très complet sur le site du «Jargon français» (`http://jargonf.org/wiki/Accueil`).

Index

D

E

F

G

H

I

T

U

V

W

Z

Achevé d'imprimer en France par EPAC Technologies

N° d'édition: 4550414326918

Dépôt légal: janvier 2018